O QUE
o sofrimento
ENSINA

CAIO FÁBIO

O QUE
o sofrimento
ENSINA

LIÇÕES OFERECIDAS POR
DORES INEVITÁVEIS

Copyright © Caio Fábio, 2018
Copyright © Editora Planeta do Brasil, 2018
Todos os direitos reservados.

Organizador de conteúdo: Carlos Fernandes
Preparação: Magno Paganelli
Revisão: Luciana Fiqueiredo e Ana Tereza Clemente
Diagramação: Bianca Galante
Capa: Rafael Brum
Imagem de capa: evgenij918/Fotolia

CIP-BRASIL. CATALOGAÇÃO NA PUBLICAÇÃO
SINDICATO NACIONAL DOS EDITORES DE LIVROS, RJ

Caio, Fábio
  O que o sofrimento ensina: lições oferecidas por dores inevitáveis / Caio Fábio – São Paulo:
Planeta, 2018.

ISBN: 978-85-422-1130-6

1. Sofrimento – Aspectos religiosos 2. Vida cristã 3. Deus 4. Fé 5. Confiança em Deus I. Título

18-0332   CDD 248.861

Índice para catálogo sistemático:
1. Sofrimento - Aspectos religiosos

2020
Todos os direitos desta edição reservados à
EDITORA PLANETA DO BRASIL LTDA.
Rua Padre João Manuel, 100 – 21º andar
Ed. Horsa II – Cerqueira César
01411-000 – São Paulo-SP
www.planetadelivros.com.br
faleconosco@editoraplaneta.com.br

À Hellena, ao Mateus, ao Heitor, à Lara e à Giovana, para saberem que o que mata é o que não dói, pois, na dor, forja-se o caráter que vence a loucura da existência.

Agradecimento especial à minha filha do coração, Lutty, que foi a compiladora, organizadora e a alma impulsionante do livro!

SUMÁRIO

APRESENTAÇÃO 9

INTRODUÇÃO 13

   1. A BÊNÇÃO DA DOR 15

   2. O SOFRIMENTO 34

   3. O PESO DO EXISTIR 59

   4. ALGUNS PRODUTORES DE SOFRIMENTO .76

   5. QUANTO MENOS AMOR, MAIS ANGÚSTIA 105

   6. A MENTE 114

   7. A MORTE, AS TRAGÉDIAS E AS CALAMIDADES 135

   8. A CONSOLAÇÃO 179

   9. COMO ENFRENTAR A DOR 184

   10. OS SALMOS E O CUIDADO DE DEUS .215

   11. A CURA DA ALMA E A PACIFICAÇÃO DO SER 230

CONCLUSÃO 248

Apresentação

O livro que você tem nas mãos nasceu da mais livre expressão existencial. É resultado de milhares de artigos que escrevi nos últimos vinte anos. Não existe, portanto, nenhuma preocupação quanto a definir de maneira etimológica as variáveis conotativas da maioria dos termos oriundos do Evangelho e da teologia. No entanto, é essencial que algumas definições básicas sejam afirmadas agora para facilitar a compreensão especialmente dos não afeitos a tais terminologias.

Por exemplo, sempre que você ler a palavra *graça*, que será abundante neste livro, entenda-a como o dom gratuito de Deus a toda criação. Assim, graça é todo processo de transformar a mais absurda existência em algo que possa construir o significado da vida. Ora, é nesse sentido que a dor, os desconfortos e os sofrimentos acabam por se tornar os mais ricos adubos e fertilizantes no chão histórico-existencial da jornada de todo ser humano.

Sem dor, a existência tem raízes rasas, e, sem a mais saudável interpretação da dor como sofrimento construtivo, ninguém se torna resistente o bastante para atravessar as intempéries do caminho. É essencial também afirmar que todos os fundamentos do meu pensamento têm em Jesus a pedra única de referência. Desse modo, não me dou o trabalho de explicar caso a caso os meus pressupostos. Sei que Deus É. Ao dizer isso, afirmo que Deus não existe, pois a existência se confina a criações e criaturas, ao que seja verificável, constatável, conclusivo. Ora, Deus não habita nenhum confinamento. Por isso, dizer que Ele existe é confiná-lo. O Deus que É é Aquele em quem as coisas existem, mas Ele não pode ser procurado entre elas, visto que Ele É para além do que existe, sendo apenas acessível aos entes finitos mediante a infinitude absurda do crer. Tudo quanto interpreto da vida parte desse acolhimento essencial plantado no meu ser.

Não posso omitir a importância recorrente no livro da expressão "mundo caído". Trata-se do conceito que aparece pela primeira vez no livro de Gênesis como "cardos e abrolhos" e acompanhado de afirmações como "entre dores, dará à luz filhos", "do suor do teu rosto viverás", "maldita é a terra por causa do homem". Na minha opinião, a decisão de desvincular-se de Deus na experiência humana não foi o elemento que introduziu a morte física ou a possibilidade de dores e acidentes no planeta. Mas significou uma mudança de paradigma interpretativo do homem em relação a Deus, a si mesmo e ao todo da criação, produzindo o que a teologia chama de percepção caída da existência.

A contrapartida da noção de queda é o conceito de redenção, que tem na simbolização da cruz a introdução do que pode ser a reinterpretação mais radical contra as perdas humanas. Não me refiro ao episódio da crucificação, que aparece como um espetáculo histórico da morte de Jesus, e sim à absorção em Cristo de todas as dores humanas e universais, de tal modo que a dor é afirmada, mas sua interpretação é positivamente alterada para sempre. Afinal, a cruz é o prelúdio da ressurreição e da vida, segundo o Evangelho.

Sendo assim, o olhar de Jesus é o meu ponto de partida, meu ponto de apoio, meu ponto de vista e meu ponto de chegada, ou seja, o ensinamento de Jesus é a chave com a qual abro todas as portas de compreensão da existência. A minha confiança no conteúdo deste livro está na certeza, já demonstrada, sobre o bem que fez às vidas dos milhares de leitores desses artigos ao longo dos anos. E sei que a leitura no encadeamento aqui proposto trará ânimo, alívio, consolação e coragem para o coração de muitas outras pessoas, incluindo você.

Os capítulos não estão organizados numa sequencia obrigatória de leitura, de modo que você tanto pode lê-lo da primeira à última página como também pode abri-lo em qualquer outro lugar e descobrir o que dirá especialmente a você.

Dito isso, inicio com um pequeno preâmbulo de como, durante toda a minha vida, eu sempre soube que teria de aprender a lidar, sem medo, com a dor e o sofrimento, por serem tão inevitáveis, como os melhores pedagogos da existência. Por isso, uma das primeiras afirmações do livro é sobre o que me é mais precioso nesta existência: saber que Deus é bom sempre, especialmente quando dói, e que os sábios aprendem a transformar sofrimento em crescimento interior e em resistência.

Uma das coisas que você compreenderá com esta leitura é que nenhuma dor, quando se aprende a discerni-la, produzirá amargura no coração. Nem as piores perdas, os maiores agravos ou as mais chocantes amputações nos anulam ou nos diminuem em relação aos poderes vindos da percepção criativa e fortalecedora do sofrimento.

INTRODUÇÃO

Deus é sempre bom

Deus é sempre bom!
Tenho todas as razões da vida e da morte para saber e crer que Ele é bom.
Na morte, Ele é bom.
Na vida, Ele é bom.
Na bondade Dele é que morte e vida se fundem.
Nas perdas, Ele é bom.
Nos ganhos, Ele é bom.
Na bondade Dele, perdas e ganhos se confundem.
Na perseguição, Ele é bom.
No aconchego de amigos, Ele é bom.
Na bondade de Deus, perseguição e aconchego são parte da mesma face de amor.
Na noite mais escura que as trevas, Ele é bom.
No dia mais claro que o sol, Ele é bom.
Na bondade de Deus, as trevas e a luz são a mesma coisa.
Nas profundezas do abismo, Ele é bom.
Nas alturas dos céus, Ele é bom.

Na bondade de Deus, abismo e alturas são sempre elevados.

Tu és bom, Senhor! Tenho conhecido Teu amor em todas as circunstâncias e, na Tua luz, tenho visto a luz, mesmo quando não enxergo nada.

Tua bondade é minha herança. Nela, minha casa espera sempre. Meus filhos, todos eles, os que de mim nasceram e os que Tu me deste para amar, têm a sua recompensa e o seu galardão na Terra e nos céus.

Em Ti, meu cálice sempre tem transbordado!

CAPÍTULO 1

A bênção da dor

A bênção da dor

Só a dor cura a vaidade humana.

> Sem a bênção da dor, ninguém seria salvo
> para a consciência do significado da vida.
>
> A dor faz parte.

A grande verdade prática acerca do crescimento humano num mundo caído (sendo o próprio homem um ser caído buscando ascender novamente) é que sem a bênção da dor, ninguém seria salvo para a consciência do significado da vida. Nós, entretanto, tratamos a dor como maldição, sem sabermos que, num mundo caído, os cardos, os abrolhos, os espinhos, o suor, o trabalho, o desejo dedicado a um só objeto de amor e o parto de filhos em dores são as bênçãos da graça de Deus para o homem caído.

"Maldita é a terra por tua causa", disse Deus.

"Pois a própria criação geme, aguardando para ser redimida do cativeiro de sua sujeição à vaidade por causa daquele que a sujeitou", disse Paulo, conforme essa minha paráfrase de suas palavras em Romanos 8. E acrescentou: "Na esperança de que também a criatura será libertada da servidão da corrupção, para a liberdade da glória dos filhos de Deus".

Assim, a terra foi amaldiçoada por causa da criatura (o homem), para que a criatura tivesse a esperança da salvação de sua própria escravidão à vaidade de ser e para se tornar primícias da criação em glória para Deus.

A terra amaldiçoada é o único lugar possível de cura para o homem endiabrado pela vaidade do suposto conhecimento do bem e do mal. Isso tudo, entretanto, não acontece sem dor. Pois só a dor cura a vaidade. Seja qual for a qualidade da dor, ela será necessária na transformação da vaidade do homem ao chamado da glória de Deus.

A boa resposta do homem à dor é a esperança de Deus para a cura humana num mundo caído! Portanto, a terra sob maldição é parte da graça que cura o homem de seu mal de vaidade essencial, a fim de conduzi-lo à glória de Deus no homem, que é moldá-lo a imagem e semelhança de Seu Filho.

Então, saiba: a dor faz parte...

Aliás, sem dor, tudo seria nada e, nada teria parte com a vida. Chegar à árvore da vida no estado no qual a árvore do conhecimento do bem e do mal nos deixou seria ficar perdido no estado fixado de queda. No entanto, espinhos, abrolhos, cardos, suores, esforços, limitações, impotência e fraquezas são o verdadeiro e precioso bem da vida em nós.

Também é por isso que conseguimos mergulhar mais profunda e alegremente no mar da existência real. Sim! Pois é pela apropriação da realidade que se sabe que é preciso aprender a passar por espinhos para chegar às fontes; atravessar cardos para chegar ao mar; usar abrolhos como decoração no deserto; amar com desejo de cativar a um só; comer apenas porque se trabalha; e chorar os filhos que nasceram do prazer.

Ou de que mais é feita a presente existência?

Paulo ensina que aquele que deseja se encher de glória na esperança da glória de Deus tem antes aprender a se gloriar nas próprias tribulações, pois somente a tribulação, ou a provação, ou a tentação, ou as fraquezas nos fazem viver para a eternidade.

Num mundo caído, a falta de limitações e de dificuldades é o diabo para a alma humana. O homem, entretanto, chama de bênção justamente aquilo que dele tira a vereda da consciência. O estranho é que a dor não gera o egoísta mas o altruísta; enquanto a ausência de dor gera autoindulgência aos desejos e caprichos da vaidade e, portanto, gera o egoísta.

Essa é mais uma forma de afirmar o que Jesus disse com total simplicidade: "Aquele que ama a sua vida neste mundo a perde, mas aquele que aborrece a sua vida neste mundo a preserva para a vida eterna".

Desse modo, aquele que existe odiando a tudo o que dói, e apenas chamando de bênção aquilo que não dói, será aquele que se perderá para o sentido da vida.

Aquele, porém, que abraça a dor natural das coisas estabelecidas por Deus, e que evita a dor que vem do mal que se faz contra a natureza das coisas, e que beija em fé a dor que é filha do absurdo (que nunca deve ser buscada, mas, uma vez advinda sobre nós, deve ser transformada para o nosso bem), esse será sempre o ser mais enriquecido na jornada sobre o chão dessa terra amaldiçoada pela vaidade humana.

Os que veem a vida desse modo são os que se tornam pessoas das quais o mundo não é digno, conforme Hebreus 11.

Ora, embora haja a crença de chegar a Nova Jerusalém quando toda dor cessará, ainda aqui neste mundo algumas pessoas crescem não para o fim da dor, mas para a transformação de toda dor em gratidão. Tal qual a mulher que estando para dar à luz sente dores, mas já as sente como quem se alegra no fato maior que um novo homem está sendo trazido ao mundo.

Sim! Há pessoas que crescem em fé e entendimento espiritual que as possibilita viver o "apocalipse da dor como dor" e as faz viver na "Nova Jerusalém" existencial na qual a "dor já não existe como dor", mas como meio de graça para transformações mais profundas, conforme o ensino dos profetas, de Jesus e dos Seus apóstolos.

Dessa maneira, sempre lembre que, mesmo que passemos por aflições no mundo, é preciso ter bom ânimo, pois Jesus venceu o mundo. Em Jesus, o mundo foi relativizado em suas falsas importâncias e valores, inclusive no significado da dor.

Jesus é o Senhor de todos – de Buda, Sócrates, Freud, Jung, de mim e de você

Só em Jesus enfrentamos a dor dentro da realidade.

Seja fugindo pelo amor, seja se ausentando da realidade ou da nossa condição de indivíduos; seja tentando fazer as pazes com os monstros interiores ou buscando o alívio químico, todos nós tentamos fugir da dor.

Para Jesus, a dor tem de ser enfrentada, não evitada. Ele evita todas as dores desnecessárias, mas quando "é chegada a hora", Ele mesmo sabe para onde nos guiar.

Os gregos nunca pensaram o amor como felicidade sem dor. Suas tragédias pareciam revelar que sem dor ninguém ama nem vive, mesmo que por isso morra a morte dos amantes que vivem por amor.

"Tragédia grega!", dizemos nós do que é amor impossível ou extremamente doído. Justamente por isso, o sentido de amor apaixonado foi motivo de pânico entre eles. Estar apaixonado era estar louco, algo a ser evitado a todo custo, pois seria pela entrega à loucura do amor que se experimentaria a tragédia. Para os gregos, amor era mais desejo e sentimento de posse do que qualquer outra coisa, apesar de Sócrates e Platão terem ensinado outra coisa.

Muito tempo antes dos gregos fugirem da paixão por estarem apaixonados pelas suas tragédias, houve um homem, chamado

Sidarta, que vivia num lindo palácio. Seus pais queriam criá-lo longe das visões trágicas da existência. No entanto, um dia, ao ver pela primeira vez a vida que acontecia fora dos muros do palácio, o jovem Sidarta decidiu que conheceria aquilo de que tentavam poupar sua existência. E o que ele viu foi dor. Muita dor na existência. E nunca mais foi o mesmo. De fato, ofereceu seu ser à tarefa de descobrir um modo de diminuir a dor humana. Depois, alçou voos mais altos e percebeu a necessidade de "iluminação".

No início, ele entendeu que a equação era simples: as pessoas sofrem porque desejam, e desejam porque dão supremo valor à sua individualidade. Assim, quanto mais individualidade apaixonada, mais dor haverá, e, quanto menos disso houver, menos dor se manifestará na pessoa. Desse modo, o caminho de uma vida com ausência de dor, o que já seria felicidade, seria a via da diminuição da individualidade, que só perderia seu poder se fosse derrubada pelas privações autoimpostas, como jejuns, desconfortos, mendicância, exposição às forças da natureza e a aceitação resignada de todas as coisas. Sidarta percorreu esse caminho até a exaustão total. Foi apenas depois de muita meditação e conversas com pessoas de outras linhas de pensamento e outros tipos de busca que ele apareceu com o "caminho do meio", do equilíbrio, da harmonia, da moderação e do autocontrole, sem as polarizações e radicalizações praticadas por ele quando escolheu seu primeiro caminho. Entretanto, nem "o caminho do meio" o salvou do nirvana, do absoluto impessoal, do mar eterno, pois, para ele, felicidade absoluta só poderia acontecer com a dissolvência total do ser na existência. Para ele, o ser era um tudo-nada-eterno.

Por isso, para mim, o budismo não é uma religião, originalmente falando, mas uma espécie de psicologia do profundo. Os seguidores de Sidarta, assim como os de Jesus, é que fizeram a perversão chegar ao seu clímax: o surgimento de uma religião.

Então, falando em psicologia, e dando saltos milenares, chegamos ao modo moderno de sentir o amor, a dor, a culpa, o medo e outros sentimentos fazem seus ninhos no coração humano. De fato, seja qual for a linha terapêutica adotada, em suma, a psicologia e a psicanálise existem com a finalidade de ajudar o indivíduo a compreender a origem de suas dores, na esperança de que, livrando-se delas como quem se livra de assombrações, a pessoa encontre o caminho do melhor existir. Não há uma proposta de felicidade na psicanálise ou na psicologia, mas há uma declarada esperança de alívio. E, dado ao modo como certos psicoterapeutas se tratam e tramam a ciência que elegeram, pode-se dizer que, em muitos casos, tanto a psicanálise como a psicologia são religiões da "psique".

O século XX foi o século do analgésico e das drogas de alívio da dor. Apesar da resistência inicial dos psicólogos quanto ao uso de medicação nos tratamentos, com o passar do tempo e a pressão dos pacientes, quase toda terapia se faz acompanhar de algum alívio químico recomendado por algum psiquiatra. Assim, seja fugindo pelo amor, seja se ausentando da realidade ou da nossa condição de indivíduos, seja tentando fazer as pazes com os monstros interiores ou buscando o alívio químico, todos nós tentamos fugir da dor.

Ora, do ponto de vista do Evangelho, nada do que foi mencionado indica o Caminho. Indica, no máximo, uma via paliativa, que, pela verdade de Jesus, teria que ser chamada de via de fuga da realidade.

Partindo do princípio de que este é um mundo de dores, o Caminho de Jesus no que se relaciona à dor é autoexplicativo, pronto. Afinal, para Ele, a existência era a explicação. Da mesma forma, Ele considera que a constituição do ser humano está pervertida pelo egoísmo e manda que o "si mesmo" seja morto e crucificado. Entretanto, tal chamado à morte do " glorificado" pelas fantasias das construções humanas não equivale a uma convocação a nenhum tipo de fuga da realidade, pois é a verdade-realidade o poder que liberta.

Assim, para Ele, o que teria de morrer seria a fantasia. Em Jesus, não há truques. Em Jesus, não há mágicas, nem nos Seus milagres.

É por essa razão que Ele chora diante da morte de um amigo e também ante o futuro de morte que o aguardava em Jerusalém. Também em Jesus o amor não tem de ser evitado, embora as paixões precisem ser educadas no amor verdadeiro, aquele que se dá.

Nele, banquetes não são evitados e casamentos devem ser celebrados. E o mais chocante de tudo é que Ele, que manda negar o "si mesmo", não tem nada contra o verdadeiro eu, dizendo de Si mesmo a toda hora algum tipo de "Eu sou". Assim, para Ele, é com a morte do "si mesmo", que é feito de ilusões, que o eu ressurge limpo e livre pela verdade-realidade.

Para Jesus, a dor tem de ser enfrentada, não evitada. Ele evita todas as dores desnecessárias, mas quando "é chegada a hora", Ele mesmo sabe para onde nos guiar. Não sem medo, pânico, dor, pavor, suores de sangue... mas devemos enfrentar e seguir...

Ao final-eterno-começo, Ele não entrega seu ser ao nirvana, ao tudo e nada, mas ao Pai. E ainda diz àquele que sofre ao Seu lado que, naquele mesmo dia, a individualidade seria individuação plena, ou o paraíso, mostrando até o fim que a salvação está no enfrentamento da realidade, e não nas fugas que criamos. É preciso enfrentar a dor com coragem e vigor, confiando no amor de Deus. E tudo isso com a paz que Sócrates apenas sonhou em conhecer e com a leveza que Sidarta, dissolvido em luz, ainda não havia alcançado. Sem crises com o Pai, com Freud ou Jung.

Aqui, o filho freudiano não mata o pai, o pai-deus grego não mata o filho e o "eu" não se dissolve como em Sidarta. Aqui, é o Pai quem dá o Filho, é o Filho quem se dá voluntariamente e o Pai e o Filho são Um, não um tudo e nada.

Em Jesus, não há objeto de fuga, mas de transformação. Ele não busca o confronto, mas nunca foge dele. Ele abomina o narcisismo e a luxúria, embora, para Ele, nada disso tivesse a ver com rir, dançar, gargalhar e ser bem-humorado, como bem-humoradas são muitas de Suas falas e imagens, por vezes irônicas e até sarcásticas. Sim, Ele não fica "zen" nem na hora de ser traído por quem comia de Sua mesa. Ao contrário, pede "pressa".

Jesus é a pedra de tropeço para todos e é um golpe mortal no narcisismo dos humanos, pois não se priva de nada, nem de ninguém; não foge da dor, mas vive para curá-la. Celebra tanto a festa quanto a morte de um amigo com intensidade, enquanto mandava tomar a cruz e segui-Lo. Até o momento da crucificação, toda a caminhada com Ele foi na direção do que era vivo, humano e feliz por apenas ser.

Seu modo cotidiano de amar era diversificado e variava de pessoa para pessoa, com toda a propriedade. Ele ama tanto o "jovem rico", que o confronta até as vísceras, e ama tanto a "samaritana", que pede o que Ele mesmo está ansioso para lhe oferecer: água. Ele vai de um "eu tampouco te condeno" para um "ai de vós, fariseus" sem dar explicações. A declaração filosófica já é composta pela própria existência e pelo coração que nela se apresenta.

E Jesus é assim tão diferente de Sidarta, dos gregos, dos sábios da alma e de todos não só porque Ele era Ele. Mas, sobretudo, em razão de ser também a encarnação do paradoxo. Sim, Ele ensina que se pode ser feliz chorando, que se pode alcançar o inalcançável na humildade (sendo sempre aprendiz), que se pode ter sede de justiça sem ser infeliz, que pela mansidão se pode conquistar tudo em verdadeira felicidade e que até as perseguições injustas devem ser motivo de regozijo pessoal.

Para Ele, o importante era o modo de ver e interpretar. O olhar se ilumina quando entendemos que somos filhos do amor e que Quem está acima e dentro de nós é o Pai. Pela sua luz, toda dor vira riqueza; toda perda traz ganhos; toda injustiça traz glória; todo abuso se torna um uso divino; toda morte já não mata mais nada, a não ser a dor que já não é amarga.

Somente em Jesus o homem pode ser inteiro para viver Deus por inteiro, sem ter de deixar de ser quem é, sem precisar se dissolver ou fugir da realidade. Tampouco tem de entender ou achar explicações para nada, pois, para Jesus, não importava quem fosse o pecador (Ele não buscou nenhum culpado, pois culpados somos todos), se um cego ou seus pais: o que importava era voltar a ver.

Quando lhe puseram à ponta de um caniço algo que lhe aliviasse a dor, como naquele tempo era praxe, Ele não aceitou, pois decidiu viver tudo com toda a individualidade e lucidez. Por isso, perdoa enquanto morre; conversa enquanto geme; dá instruções de amor enquanto agoniza; fala de sede enquanto morre; experimenta tudo (está consumado) e não vê nenhum problema em ver amor no Pai apesar da dor.

É por essa razão que os outros, por melhores que tenham sido, ou por mais honestos e sinceros que tenham sido em suas buscas e esforços, são salvos por Ele. Os outros são humanos buscando luz. Ele é a Luz buscando os humanos. Ou outros eram homens. Ele é o Filho do Homem!

E se entendo só um pouquinho da alma de Sidarta e dos demais citados, se tivessem encontrado com Ele, em qualquer tempo, deixariam tudo e, em silêncio, O seguiriam, gratos. Afinal, Ele é a busca de todos os homens sinceros!

O Jesus em quem tudo morreu e recomeçou!

Jesus levou sobre Si as nossas dores e enfermidades.

Jesus sofreu não apenas o que Nele se viu como sofrimento histórico.

Jesus carregava todos os infernos possíveis em Sua existência!

Isaías 53 disse, cerca de oitocentos anos antes de Jesus começar a curar os doentes, enfermos e humanos carregados de moléstias e opressões diversas, que Aquele que viria seria o servo sofredor; que levaria sobre Si o pecado, as transgressões e as dores de todos, sendo Ele mesmo o mais rejeitado entre os homens, e que Ele, mais que qualquer outro, saberia o significado da dor, pois, além de tudo, Ele seria moído pelo Eterno, pelas angústias e sofrimentos de todos os demais humanos!

Jesus... o servo sofredor! O homem de dores! O homem que sabe o que é padecer! O homem moído pelo Eterno! O Filho do Homem!

Entretanto, Ele tinha boa saúde, era forte, suportava desafios físicos e psicológicos que poucos aguentariam e, além disso, também existia andando sempre na direção premeditada da morte, afastando-se dela apenas enquanto a hora não chegasse!

Teria Ele levado sobre Si as nossas dores apenas porque curou alguns ou muitos dos doentes que lhe trouxeram? Teria Ele sido o Servo Sofredor porque foi maltratado antes e durante a Sua execução? Teria Ele sido o mais rejeitado entre os homens apenas porque alguns dentre os judeus ou dentre a Sua parentela não O acolheram?

Assim, pergunto: não seriam as afirmações generalistas de Isaías pequenas demais na vida do homem Jesus?

Sim, pois, em Isaías, a dor parece estar restrita a um contexto específico, embora se enseje em um universo maior, quem sabe pelo mundo inteiro... Na vida de Jesus, todavia, não há espaço histórico para que Ele pudesse ser afirmado em dimensões tão abrangentes de sofrimento, apesar do esforço do diretor de cinema Mel Gibson em fazê-lo apanhar antes e durante a cruz como nunca se vira antes...

Na realidade, Jesus sofreu não apenas o que Nele se viu como sofrimento histórico. Quando Paulo diz que "Deus O fez pecado por nós", estava afirmando que Jesus, em suas dores, era um ente supra-histórico na existência, portanto, não podemos simplesmente recorrer ao "Direito Romano" da figura deputada forense e judicial como a "representante" dos demais. Seria como fazer do "Direito Romano" uma revelação divina, nascida nos mistérios da eternidade, o que é banal, tolo e louco!

De fato, quando se diz que Ele sofreu e fez tudo por todos é porque assim aconteceu mesmo, não sendo nem poesia, nem figura de linguagem e, menos ainda, um "artifício jurídico" resultante da "República Romana" e do seu conceito de "Deputado Representante do Povo".

"Ele levou sobre Si" é o que está escrito!

E isso era real e não apenas simbólico!

Assim, sem rodeios, o que se deve saber é que Jesus carregava todos os infernos possíveis em Sua existência!

Sim, todas as dores, de todos os tipos (...); todas as angústias e desesperos, de todas as formas, nuances e naturezas (...); todas as calamidades, perplexidades, pânicos, medos, tormentos e perturbações (...); todas as doenças do corpo, da alma e do espírito (...); todas as pulsões de agonia indizível e incompartilhável (...); todos os gemidos jamais ouvidos e todas as formas de pulsão de morte jamais descritos (...); todas as solidões, todas as rejeições, todos os desrespeitos, todos os descasos, todas as traições, todas as negações, todas as possíveis decadências do gênero humano (...); bem como todos os gemidos da criação! – tudo estava Nele e tudo se tornou Ele!

Jesus é também o andar doído, sofrido, angustiado, tentado, enlouquecido, abandonado, absurdo, moído e sem sentido de toda a humanidade!

Se não fosse assim, estaríamos olhando para o Jesus Deputado Universal dos Humanos sob a Lei Romana ou, numa outra perspectiva, sob a Lei dos Substitutos Inocentes Simbólicos entregues à divindade em favor dos demais!

Porém, nem Isaías, nem Paulo abrem tal precedente. Afinal, Ele foi tudo por todos, conforme Isaías, e foi feito pecado por nós, segundo Paulo.

Por essa razão, pode-se crer que Ele é o nosso Sumo Sacerdote, que conhece em Si todas as nossas dores e fraquezas, tanto quanto se pode crer também que Nele o mundo já acabou! Jesus é a história realizada, sendo, portanto, também, a escatologia realizada de todas as coisas! Quando Deus morreu em Cristo, o mundo acabou!

Imagine toda dor humana passada, presente e futura e saiba: tudo estava Nele, tanto quanto Deus Nele estava!

Se Deus estava em Cristo, tudo mais estava em Cristo, na mesma medida em que tudo existe em Deus!

Cristo Jesus é (...); todos os holocaustos e todos os absurdos (...); em estado supraquântico de convergência multiuniversal!

Cristo Jesus é (...); tudo quanto possa existir de catástrofe e calamidade natural conhecida e desconhecida no mundo, na Terra e em todos os universos!

Cristo Jesus é (...); tudo o que foi, está sendo e será criado!

Cristo Jesus é (...); tudo em todos!

Afinal, tudo existe Nele, e, embora Ele não seja o que Nele exista, tudo é Nele. O que implica, de todos os modos, que Ele é também tudo o que Nele existe, pois tudo Nele existe, ainda que isso nos seja não apenas um Mistério, mas uma impossibilidade do dizer e do expressar com códigos finitos, os quais sempre nos pedem que digamos que as coisas são Nele, embora Ele não seja as coisas que Nele são, a fim de que temerariamente eu não caia nas línguas que amariam acusar-me de panteísmo!

Ora, do mesmo modo que o mundo Nele acabou, também Nele o mundo recomeçou. Sim, Jesus, na Sua Ressurreição, é o novo céu e a nova terra!

Assim... Jesus... o servo sofredor! O homem de dores! O homem que sabe o que é padecer! O homem moído pelo Eterno! O Filho do Homem!

É também o (...) Jesus... O Criador do tempo-espaço, do não tempo, do não espaço, dos multitempos, dos multiespaços, das multidimensões, dos multiversos, dos multimundos, dos multisseres, das multialternativas, das multiliberdades, da multiforme graça, da única soberania!

Entender isso faz parte do que Paulo pedia que fizesse parte do entendimento espiritual dos discípulos, quando orava rogando que lhes fosse dado conhecer "o mistério antes oculto, mas agora revelado aos santos". Para o apóstolo isso implicava penetrar na altura, na profundidade, na largura e no comprimento do amor de Cristo que excede a todo entendimento.

Ora, meu discurso aqui parte da fé, que se estriba em revelação escrita e, sobretudo, encarnada em Jesus de que Deus estava em Cristo Jesus (fato-fé; fator-fé), fazendo da vida do homem Jesus a própria existência de todos os cosmos, com todas as suas dores e acasos, com todos os seus absurdos, com todas as suas mortes e, também, com todas as suas criações e recriações!

Jesus é o Big Bang e o anti Big Bang de todas as coisas!

Jesus é também o início, o fim e o recomeço de todas as coisas!

Em Jesus, tudo o que está sendo (...) **já não é; tudo o que ainda não foi (...) já aconteceu; tudo o que ainda será (...) já está Nele feito e consumado!**

Tudo o que Paulo, por exemplo, diz acerca de Jesus deve ser entendido não na perspectiva histórico-linear, mas, no mínimo, tendo em mente o discernimento da Física mais moderna (ainda pobre e rasteira) sobre realidades atemporais, quânticas, multiquânticas, multivérsicas, de cujas realidades o tempo-espaço são parte, mas jamais a coisa toda...

Quando se diz que Ele é o Alfa e o Ômega não se quer dizer que Ele foi o primeiro antes (...) e será o último depois (...) numa perspectiva linear é cada vez maior. Não! O que se quer dizer é que Nele tudo subsiste, sendo que tudo ; esse tudo que se vai podendo discernir em todas as formas de tudo e nada. Sim, em todas as formas de existência verificáveis, além das, por enquanto, ainda inverificáveis!

Assim, Nele estavam, estão e estarão todas as coisas!

Afinal, Nele foram criadas todas as coisas, as visíveis, as invisíveis, as conhecidas e as desconhecidas; portanto, Nele são todas as coisas. Assim, tudo o que existe, Nele existe; assim como todos somente podem existir Nele, até o que designamos como absurdo, mal e mau!

Esse é o contínuo amar-sofrer do Deus que estava em Cristo, o qual dá vida até àquilo que mata e, no sentido histórico, matava até mesmo o Autor da Vida!

Somente um Deus de amor é capaz de tal inconcebível loucura!

O que creio sobre Jesus, que no espaço deste texto só não é ainda maior porque temo que você possa não compreender. Mas virá o tempo em que direi tudo o que creio sobre o mistério de Deus em Cristo e, portanto, sobre as infinitamente loucas e não discerníveis perspectivas da loucura do Evangelho!

Em Jesus, até o diabo respira, suspira e trama em estado de derrota, perplexo ante o Amor Eterno.

O segredo não confessado de Paulo

O que era o espinho na carne?

> Sem que a graça se manifeste na fraqueza, não é e nem há graça.

> Não se tem de achar o espinho, ele nos acha; não se tem de procurar a fraqueza, ela existe em nós; não se tem nem de falar no assunto, ele tem voz própria.

Espinho na carne e carne no espinho! Que problemão! Será?

Paulo disse que teve grandes visões e revelações espirituais – foi levado ao Paraíso e ouviu o que ninguém ouve e sabe contar – e que, por causa disso, foi-lhe enviado da parte de Deus um mensageiro de Satanás para que o esbofeteasse, a fim de que o apóstolo não se ensoberbecesse com a grandeza das coisas que a ele estavam sendo reveladas.

Pediu a Deus três vezes para ficar livre daquele "espinho na carne". O Senhor, todavia, não o removeu, tendo apenas dito a Paulo "a minha graça te basta, porque o poder se aperfeiçoa na fraqueza".

Que espinho era esse?

Muita gente boa já fez considerações sobre o assunto. O espinho de Paulo já foi sua conjuntivite crônica, já foi a perseguição dos judaizantes, já foi o ter de trabalhar a fim de sustentar seu ministério, já foi o estilo calamitoso e desassossegado de vida que o acometeu, já foi a sua não aceitação pela igreja de Jerusalém, já foi muita coisa...

No início da década de 1970, nos Estados Unidos, e, depois, na década de 1980, no Brasil, o espinho de Paulo ganhou outro "diagnóstico". Li e ouvi pessoas tentando convencer o público do contrário. No auge da Teologia da Prosperidade, com seus líderes anunciando uma era na qual a fé curava tudo e que quem não fosse curado não havia crido, o espinho de Paulo deixou de ser associado a qualquer forma de doença ou debilidade física ou financeira.

Paulo não podia mais ficar doente e só passava privações por deliberação própria. Gostava! Virara o super-homem de Friedrich Nietzsche. Nem o próprio Nietzsche acreditaria que Paulo se tornou o super-homem dos cristãos, superior ao super-homem de Zaratustra. O fato é que Paulo, agora, não tinha mais permissão para adoecer. Seria falta de fé. Afinal, como poderia ele curar, se estava doente?

Num mundo no qual o poder é do homem, somente seres absolutamente sãos podem transmitir saúde. Afinal, o dom não é da graça, mas uma virtude desenvolvida pelo super-homem.

Assim, o espinho na carne de Paulo tornou-se qualquer coisa, menos uma doença física – psicológica ou afetiva, nem pensar! –, mas não foi identificado como nada objetivo. Apenas se sabia que Paulo tinha um "espinho na carne", mas não devia ser tão "importante", pois Deus não quis removê-lo.

Até mesmo a afirmação apostólica de que o espinho tinha finalidades terapêuticas não foi mais levada em consideração.

"Paulo ensoberbecer? Jamais!", bradam os santos mais santos que Paulo. Então, tiram os espinhos de Paulo por uma única razão: para nós, a graça não basta e o poder não se aperfeiçoa na fraqueza! Essa "graça" só basta como confeito ao bolo de nossas próprias virtudes.

Essa "nossa graça" não produz humildade e dependência ao Senhor, mas arrogância e autonomia em relação a Deus. Esse "poder" só se aperfeiçoa como atribuído ao sucesso das virtudes da "fé" obstinada e que chega aonde quer, porque assim quer. Esse "poder" produz seres malévolos, e essa "fé" pode até colocar o indivíduo onde ele quer, mas não o põe onde Deus deseja.

Para que se entenda o que aconteceu a Paulo, não se tem de saber o que aconteceu com ele, mas em sua vida interior.

E, para sabermos do que se trata, basta que olhemos para nós mesmos. O tempo gasto tentando saber informações históricas sobre o "espinho histórico" de Paulo rouba-nos o tempo da viagem para dentro de nós mesmos, onde o fenômeno se repete, ainda que tenha outra cara, talvez diferente da de Paulo.

Há três princípios para compreender o que o apóstolo está falando.

1. O princípio das polaridades: à toda virtude humana – se assim pudermos definir o que não nasce em nós, mas vem de Deus – corresponde um polo desvirtuoso. Então, é a abundância do pecado que faz superabundar a graça. Ou seja: é porque a mulher da noite escura havia se dado em muitos falsos amores – na vivência de sua própria carência –, que, agora, ela ouve o elogio do Senhor dizendo que ela "muito ama". Tanto amor! Mas e o que havia dentro dela? Os produtos daquela mesma virtude já tinham tido cara de leviandade, promiscuidade e vagabundagem – para os espectadores, como o fariseu dono da casa. Desse modo, sempre que se virem grandes virtudes, pode-se saber que existe o equivalente polar dentro do mesmo ser. Daí grandes "revelações" se fazerem acompanhar de "mensageiros de Satanás", a fim de equilibrar o bem em nós. Não há em nós equilíbrio nem para se viver o bem absoluto. Nada absoluto pode ser dado a um ser caído. Corrompe-o. Adoece-o e o faz cair da graça. O único absoluto que não se corrompe num mundo caído é o Absoluto do amor de Deus. Afinal, este é o mundo caído. E, nele, muitas vezes é do abismo que somos catapultados aos céus mais elevados na graça!

2. O princípio da corruptibilidade de qualquer poder sem fraqueza: todo poder, num mundo caído, corrompe; quanto mais todo poder! Não apenas os poderes político, econômico, intelectual e cultural corrompem e se tornam instrumentos de controle e soberania, mas até mesmo as virtudes do poder ético, da moral, da santidade e da própria sabedoria, quanto mais a revelação! Por isso é que todos os homens que manifestaram o poder de Deus na Bíblia tiveram de viver em fraqueza. Poder de Deus sem fraqueza gera o diabo no ser. Transforma o "querubim da guarda" no "acusador dos irmãos". Para o bem da própria alma, o ser tem de conhecer, sem poder realizar tudo o conhece; saber, sem atingir tudo o que discerniu; alcançar, sem poder dizer que chegou lá sozinho. É assim que precisa ser num mundo caído!

3. O princípio da graça só opera como graça produtiva na fraqueza: sem que a graça se manifeste na fraqueza, não é e nem há graça. Pois, nesse caso, a virtude humana e a glória são de quem pensa que conseguiu por conta própria.

Para que a graça cresça em nós, nunca pode haver dúvida acerca de, pelo menos, duas coisas: a primeira é que "não vem de nós", e a segunda é que "não vem de nós para que ninguém se glorie".

Então, alguém pergunta: Por quê? Ora, digo eu: é que eu sou como eu sou, e você é como você é! Você poderia se imaginar como um ser todo-poderoso e, ainda assim, essencialmente bom?

Logo que algumas pequenas conquistas aparecem no horizonte mais banal – não importa se promoções ou se revelações –, o indivíduo já começa a mudar. Chega ao ponto em que a pessoa já fala de si mesma como se fosse uma "terceira pessoa", um ente diferenciado dele – como se eu só me referisse aos meus gostos como "o pastor Caio gosta disso" – e que passa a ser tratado como o santo do próprio "santo".

É quando sou o santo de mim mesmo!

Poder nas mãos do homem tem de se fazer exercer com espinho na carne.

E graça na vida humana tem de ser experimentada em fraqueza. Do contrário, o ser se converte em diabo.

Então, aprende-se que é melhor ter revelações e, ainda assim, ter de conviver com o mensageiro de Satanás que nos esbofeteia, que ter apenas cogitação de poder humano e de sabedoria humana, sem qualquer espinho na carne!

E pior, sem também ter a satisfação de ouvir Jesus dizer: "A minha graça te basta, pois o poder se aperfeiçoa na fraqueza". Não se tem de achar o espinho, ele nos acha! Não se tem de procurar a fraqueza, ela existe em nós! Não se tem nem de falar no assunto, ele tem voz própria!

O segredo é aceitar o fato e não deixar de buscar conhecer todos os andares dos céus dos céus, sabendo que não é a minha virtude que me leva tão alto, mas a graça que usou a minha fraqueza para revelar tanto, a quem, antes de tudo, já sabe que não tem do que se gloriar.

Interessa muito pouco saber qual era o espinho na carne de Paulo. Interessa mesmo é saber que ele tinha de estar lá.

A era do desassossego

O poder se aperfeiçoa na fraqueza.

As fraquezas são a "cruz" que Paulo diz que precisam ser "completadas" em nós.

Desvestidos de qualquer justiça própria ou arrogância, abrimos em nós mesmos o espaço para que o poder de Deus se expanda no vazio de autoconfiança e arrogância de nosso ser.

Não é coincidência que a palavra gritada por Jesus na Cruz, ou "Está Consumado", seja aquela que dá raiz à palavra grega usada por Paulo, quando afirmou que o "poder se 'aperfeiçoa' – na fraqueza".

As fraquezas são a "cruz" que Paulo diz que precisam ser "completadas" em nós. Ele chega a asseverar que tem "comunhão com os sofrimentos de Cristo" e, ainda, que "completava em sua carne o que restava dos sofrimentos de Cristo": ambas as afirmações aparentemente contraditórias na boca de um homem que afirmava que morrera com Cristo, e que Nele, não somente ressuscitara, mas também estava assentado nos lugares celestiais.

Assim, o apóstolo que recomenda descanso na fé e afirma que a justiça de Deus já é toda nossa em Jesus também abre o espaço contraditório para afirmar que há uma "comunhão" e um "completar" dos sofrimentos de Cristo em nós. Mas como é isso?

A questão é que estamos diante de duas dimensões, uma ligada à "salvação e às últimas coisas" e uma outra relacionada à existência humana. Então, quando Paulo diz que "já está tudo feito" em Cristo, ele fala das coisas pertinentes ao ser eterno em nós. No entanto, quando ele fala da necessidade de se "completar" ou ter "comunhão" com os sofrimentos de Cristo, ele apenas se refere ao progresso do ser nesta dimensão, na qual nada se completa sem dor e sem cruz.

Portanto, assim como na cruz está tudo feito por e para nós diante de Deus, assim também, na experiência da fraqueza, nós entramos num processo de complemento existencial dos benefícios da cruz em nós; assim como também, desvestidos de qualquer justiça própria ou arrogância, abrimos em nós mesmos o espaço para que o poder de Deus se expanda no vazio de autoconfiança e arrogância de nosso ser, a energia divina flui de modo muito mais límpido por meio de nós, pois não tem em nossa autoimagem narcísica o impedimento maior à sua manifestação.

Portanto, sou completo em Cristo a fim de poder ficar completo na experiência existencial de hoje, na qual a fraqueza é o instrumento da completude da graça e do poder de Deus em nós.

No entanto, só é assim porque já está pago na cruz. Do contrário, com que categorias, em que mundo e sob que lei a fraqueza seria justamente a mídia do poder de Deus?

Somente Naquele da Cruz é que o poder vem da fraqueza. E é de tal fraqueza que vem o poder da ressurreição de entre os mortos, que opera o bem da vida em nós e, por Sua graça, também por nossas mãos.

CAPÍTULO 2

O sofrimento

A diferença entre sofrimento e dor

Há quem sofra de sofrimento.

Sofrimento é a interpretação traumatizada de uma dor tópica.

O medo de sentir dor exacerba a dor.

Jesus teve sofrimento sem trauma ou vitimização. Todas as demais pessoas acrescentam sempre algo à dor, como sofrimento. Não temos isenção nem no sofrer.

A dor é concreta, é objetiva. O sofrimento é subjetivo. O sofrimento é a interpretação da dor. Sofrimento é a interpretação traumatizada de uma dor tópica, porque a dor em si é infinitamente menor ou insignificante.

Há muita gente viciada em sofrimentos subjetivos, que, não importando o pretexto da dor, serão usados pelo indivíduo como artifício para experimentar o pior sofrimento possível. Sim, há pessoas que sofrem de sofrimento. São dores que não são reais, não são dores objetivas.

Aquilo que é associado à dor, seja de natureza moral ou punitiva, é o que vai potencializar a percepção de sofrimento do indivíduo em relação àquela dor tópica. Sofre-se o trauma de uma interpretação, de uma exacerbação, de uma magnetização de significados inexistentes na dor em si. Então, o sofrimento é ampliado, e outros valores punitivos são agregados: dor na alma, dor mental ou dor fantasmagórica, que nada têm nada a ver com a questão objetiva.

Muitas pessoas relatam desconfortos insuportáveis, quando, na realidade, a única coisa que precisariam fazer era levantar, andar e sair. Mas o indivíduo não consegue, fica paralisado, pois a ideia de sair já é um sofrimento associado à maldição, perseguição etc. O indivíduo tem todos os agentes da paranoia para fazer com que o mal-estar que sente diariamente não seja suficientemente forte para fazer o que sua razão manda. É também um sofrimento deixar aquilo que é infinitamente menor ou desproporcional em relação à dor em si. A pessoa fica ali, presa para sempre, sofrendo de sofrimento, e não das coisas concretas.

O medo de sentir dor exacerba toda dor para além da dor em si.

Vício em sofrimento é algo miserável. É praticamente uma perversidade querer conviver com os outros quando somos viciados em sofrimento. É impor nossa agonia exagerada, nosso drama, nossa fantasia de sofrimento, até despertar o cinismo alheio, pois é preciso se utilizar de indiferença, senão ninguém suporta. Quem aguenta viver com uma pessoa para quem uma picada de mosquito é como se um avião tivesse caído sobre a casa? Não faz sentido; não é possível aguentar reações tão extremadas quando não há nenhuma relação de causa e efeito entre o que está acontecendo e o que está se manifestando como sintoma.

A mente lida bem com causa e efeito, com o que é proporcional. Mas não é fácil lidar com um sofrimento fantasioso, de uma construção fantasiosa de dor. Além de serem totalmente infelizes, as pessoas que maximizam a dor são deixadas sozinhas, rejeitadas, desprezadas, abandonadas. Talvez você seja esse tipo de pessoa assim, que atribui outros elementos à desgraça da sua vida, quando, na verdade, sofre de desproporções, exagera em todos os níveis. Quem assim vive, jamais será feliz, e as pessoas ao seu redor sofrerão sempre.

Em nome da vida, é preciso se livrar desse comportamento.

Por que se preocupar com a origem do sofrimento?

A discussão desse tema vem da nossa mente adoecida.

> Morte e vida são a mesma coisa; alegria e sofrimento também: todos vêm da mesma fonte.
>
> O conflito que muitos têm sobre a bondade de Deus ou sobre Sua natureza é apenas fruto do equívoco de "pensar Deus" a partir de si.

Como explicar o mal e o mau? O que Deus tem a ver com isso? Sim, o problema do mal não tem nada a ver com Deus, mas com o homem. O mesmo se pode dizer do sofrimento. Deus não tem problemas. O homem tem. E não é pela "solução" desses problemas humanos que a fé cresce em alguém. De fato, o mundo conheceu a fé pelas suas próprias "pesquisas" e sabedoria. Toda a tentativa dos mestres e teólogos da "igreja" de explicar o problema do bem e do mal não passou de presunção da sabedoria grega batizada com o nome de teologia cristã. Não é à toa que a defesa da fé é chamada de "apolo-jética", e a arte de compreender é chamada de "hermenêutica". São poderes dos deuses gregos Apolo e Hermes, batizados pelos cristãos. O "cristianismo" gosta mesmo é de batizar o paganismo e, por vaidade, convertê-lo em propriedade sua.

Faz muito pouco tempo que os homens chamam o fim da existência física de "morte". Também faz muito pouco tempo que a noção de sofrimento os atingiu conscientemente. A própria perspectiva do significado de morte e sofrimento pode ser alterada. Isso porque a "morte" hoje não significa a mesma coisa que significava há alguns milhares de anos. O mesmo se pode dizer do sofrimento. A modernidade inventou muito mais dores do que toda a humanidade havia conseguido racionalizar como noção e conceito antes de nós.

Há quem se angustie com a origem do mal e do sofrimento. Por que, então, também não se angustia com a origem do bem? Mas essa é outra questão.

Ora, mal e sofrimento nasceram quando surgiu nosso atual estado de consciência. Aqueles que nos antecederam na escala evolutiva também morriam, mas não se sentiam como nós nos sentimos em relação à morte; sofriam mutilações e doenças, mas não se sentiam amaldiçoados; perdiam filhos, mas isso fazia parte do processo natural e comum a todas as criaturas; assistiam a lutas e conflitos sangrentos e de morte, mas não era nada diferente de leões disputando inocentemente um território.

Adão e Eva viviam no paraíso apenas porque a culpa que resulta da presunção do conhecimento do bem e do mal não lhes havia mudado a consciência.

O que se chama de queda foi algo que aconteceu internamente, nos ambientes da percepção, tanto do mundo à volta como de si, não num jardim exterior. A árvore do conhecimento do bem e do mal poderia ser qualquer árvore, bastava que fosse experimentada com aquela expectativa de poder. Portanto, o poder da "árvore" estava na expectativa e na decisão do comensal. Um comensal desavisado não teria sentido nada.

Totem e tabu!

Antes disso, a morte era parte da vida, e a vida era parte da morte. Por isso se diz no texto hebraico do Gênesis: "No dia em que dela comeres, morrendo, morrerás". Nosso ego é fruto dessa percepção, e é a partir desse ego que sentimos hoje aquilo que chamamos de morte e de sofrimento. É também a partir dele que surge a noção de bem e mal.

Houve a queda. Porém, nada mudou dramaticamente na Terra para além de nós. Até a dor de Eva, ao dar à luz filhos, é resultado dessa sofisticação de sentir existencial. O primitivismo até hoje muda as noções de sofrimento e de bem e mal. Uma mulher de classe média no Rio de Janeiro perde um bebê nos três primeiros meses da gestação e entra em depressão. As mulheres do interior do Amazonas têm quinze filhos, perdem sete antes dos 12 anos de idade e nenhuma delas entrem em depressão, porque, para elas, isso faz parte. Nenhuma delas faz perguntas aos céus acerca do bem e do mal. O mesmo se pode dizer de índios.

Eu disse que houve a queda, mas que nada havia mudado dramaticamente para além de nós.

Sim, antes da queda, os mares sempre foram lugares de seres engolindo seres, e, na Terra, a evolução, com suas adaptações e mutações, continuava a acontecer, sendo que parte inevitável do processo era a morte. Mas, ainda assim, a Terra era o paraíso.

A queda é na mente!

Morte e vida são a mesma coisa. Alegria e sofrimento também. Todos vêm da mesma fonte. E Vida, com v maiúsculo, é feita de morte e vida, com letras minúsculas. Sempre foi assim. E nada há de mal nisso, exceto para o homem.

E por que somente o homem sente assim?

O homem é o ser que caiu para a dimensão da presunção do conhecimento do bem e do mal. É dessa presunção que vem nossa interpretação e nossa designação do que seja o bem e o mal.

Deus é. Não está sendo. Todavia, tudo o que está sendo está sendo em Deus, de tal modo que Deus não é o processo, mas o processo é em Deus. E o processo implica alternâncias, ciclos, aparecimentos e desaparecimentos, fim e começo de existências. E por quê? Não sei. Mas talvez seja porque esse é mesmo o caminho da vida. Com certeza, deve ser.

Deus, no entanto, é Aquele e Aquilo em que todo esse processo acontece, sendo que, para aqueles que estão no processo, a viagem é linear, embora, em Deus, o alfa e o ômega sejam a mesma coisa, assim como a luz e as trevas.

O processo acontece em Deus. Deus, porém, não é o processo. Ele o transcende, embora a viagem da vida aconteça Nele.

Não existe mal? É claro que existe. Mas só existe na mente do homem. É do coração do homem que nascem todas as coisas que destroem a vida. De tal modo que a angústia do homem pela questão do bem e do mal é também fruto da produção da culpa consciente acerca do fato de que nossa intervenção na existência deixou de ser apenas instintual e passou a ser conscientemente praticada pela presunção do saber do bem e do mal, o que é muito mau, pois, dessa forma, o homem se arroga a decidir o que é e o que não é mal, assim como as nações decidem quando uma guerra é boa e quando ela é má.

Baleias não são assassinas, elas apenas matam. Homens, porém, podem ser homicidas – e potencialmente são –, mesmo quando não matam.

No entanto, o conflito que muitos têm sobre a bondade de Deus ou sobre Sua natureza é apenas fruto do equívoco de "pensar Deus" a partir de si.

"Eu e Deus andamos em caminhos diferentes e temos entendimentos diferentes", disse Deus por Isaías.

Portanto, sei em parte o que é o mal e o que é o sofrimento, mas apenas em parte. Na realidade, sofro muito mais é da presunção moral de designar o bem e o mal, da capacidade de ter real discernimento deles.

Por que o urubu é "meio que do mal", e a pombinha branca é símbolo do Espírito Santo? Deus ama mais a pombas do que a urubus, por acaso? Deus faz distinção entre eles? Na verdade, Deus se utiliza de nossos códigos para se comunicar conosco. Nós, porém, não devemos pensar que Deus seja do tamanho de tais analogias ou comparações.

Que dizer dos prazeres maus e dos sofrimentos bons?

De fato, toda a noção do homem sobre tais coisas vem apenas de sua própria experiência de dor ou prazer. Daí, na maioria das vezes, o bem esteja associado àquilo que dá prazer e bem-estar, e o mal tenha a ver com aquilo que é desconfortável ou traz dor.

A própria discussão, tendo o "homem" como o centro da questão, já revela como esse tema é produzido pela nossa própria mente adoecida, pois não se tem a mesma preocupação com o destino de todas as criaturas do planeta. Para nós, não há morte quando se tira um peixe do rio e se come. Morte há quando um de nós é comido pelo peixe. Portanto, morte é algo que só existe para nós.

Os de consciência mais elevada preocupam-se com a natureza. No entanto, eles mesmos sabem que, na natureza, só existe morte quando o homem faz suas intervenções. Do contrário, o ciclo de morte e vida das criaturas não os escandaliza – nem a mim –, já que aquelas mortes são apenas parte da engrenagem da vida.

Passando para a ideia metafísica do mal, como Lúcifer, sinceramente, não vejo na Bíblia quase nada a respeito. O que deixa cada vez mais claro que a existência do diabo é criada ou alimentada pelo que vai nos corações humanos. O diabo que vejo na Bíblia é sempre humano. Até o rei de Tiro, de onde se tira a ideia de Lúcifer e sua queda, é uma imagem humana. Portanto, não é possível saber como o diabo virou diabo, mas é possível pelo menos constatar que suas diabruras são do campo do humano virado ao avesso.

Por isso, é mais fácil discernir Lúcifer no Lúcio do que num querubim que não conheço. Jesus não deu atenção a essas questões e tratou o mundo como ele era; apenas disse que os humanos o haviam corrompido pelo egoísmo. Ele não trouxe nada para o campo da metafísica, mas sim para o coração e para as manifestações humanas.

Viver é sofrer?

Viver tem sofrimentos, mas viver não é sofrer.

De acordo com Jesus, o sofrimento humano mais radical vem da culpa de ser.

Viver é apenas sofrer para quem não tem na dor um sentido que a transcende, sendo isso justamente o que Jesus ensinou.

De acordo com Jesus, o sofrimento humano mais radical vem da culpa de ser. Isso porque quem acha que existir é culpa e pecado em todas as coisas, acha que viver é sofrer. No entanto, para aquele que conheceu o perdão de todas as coisas e, pela fé, entendeu que todas as coisas são puras para os puros, que tem o discernimento do que convém e edifica, abandonando o que não convém, nem edifica – sim, para esse tal, nenhuma dor será mais mortal, visto que, em Jesus, ele já está livre de toda a condenação.

Precisamos descansar no que Está Feito.

Sei que temos aflições, mas, com bom ânimo, vencemos o mundo e as dores. Viver é também sofrer, porque o ato de existir é maior do que a dor, mas não é apenas sofrer! Sim, existe, em toda dor, uma pulsão de vida que a transcende. Até mesmo na existência dos suicidas, pois, ao se matarem, não buscam a morte, mas sim a chance de um alívio. Ora, buscar alívio é pulsão de vida!

Bem-aventurados os que choram, sofrem, são perseguidos, sentem sede de justiça, esforçam-se inocuamente pela paz, pois serão consolados, verão o reino, herdarão a terra e serão ajuntados aos homens dos quais o mundo não era digno, os profetas. Assim, viver é apenas sofrer para quem não tem na dor um sentido que a transcende, sendo isso justamente o que Jesus ensinou.

Deixe o Evangelho da graça entrar em você, pois, quando isso acontecer, e você descansar pela fé, suas dores existenciais darão lugar a regozijo e prazer, mesmo nos dias escuros e de dor.

Para mim, a vida em Cristo tem sofrimentos, mas não é sofrer. Ao contrário, e paradoxalmente, mesmo quando dói, tenho uma estranha alegria brotando dentro de mim na forma de uma consolação que é melhor que a própria vida. A consolação no Espírito é vida, e vida em abundância.

Amar é sofrer?

O que dói mesmo é não amar.

> O amor tudo sofre apenas porque não sofre como
> quem perde, pois o amor nunca perde nada.

Podendo evitar a dor, eu a evito. Mas a dor inevitável, sendo vista como o outro lado da bênção do sentir, é apenas uma dor.

Felicidade não é facilidade! Por isso, do ponto de vista de Jesus, os bem-aventurados são os humildes, os que choram, os mansos, os que buscam justiça, os puros de mente, os que vivem pela paz e todos os que são perseguidos por fazerem e serem como Jesus e os profetas.

Facilidade tem sido confundida com felicidade, porque as pessoas julgam o sucesso pelo destino mensurável, e não pelo caminho imensurável. Por isso, destino é um deus na Bíblia; um deus pagão. Jesus não é destino; Jesus é o Caminho, a Verdade e a Vida, e o destino é o Pai, sobre Quem Ele diz: "Ninguém vem ao Pai, senão por mim".

Então, o alfa e o ômega não somam para criar o destino, mas para o ser, pois o destino do Caminho em Jesus é nos chamar para Deus. Assim como Ele disse que o Pai-destino estava Nele (vem ao Pai), o que faz com que o destino seja a jornada, o Caminho, já que o alvo nos habita.

Portanto, a felicidade não está na facilidade do Caminho, mas na alegria de provar cada momento da viagem com a língua do amor e não temer nada que venha a acontecer, pois tudo faz parte do caminho no Caminho e, assim, tudo é felicidade, é bem-aventurança. O que faz feliz é amar cada momento no dia chamado hoje e, em cada um deles, ver o significado que o amor dá a tudo.

Quem não ama, nunca chora, mas também nunca vive.

Quem não sofre, nunca ama e, assim, nunca vive.

O amor sofre a dor como amor, e o amor tudo sofre apenas porque não sofre como quem perde, pois o amor nunca perde nada, nem quando não ganha nada, o que é impossível de acontecer.

Depois, o que é sofrer? Por que sofrer é tão ruim assim?

"É assim mesmo, meu filho!", disse papai, tentando engolir, sem conseguir. E todas as vezes que você falava no amor de Deus no ouvido dele, ele ria de alegria...

Todas as pessoas felizes que já conheci pensam e agem dessa maneira: mudam tudo conforme o amor, resistem pacificamente a tudo o que é contra o amor e, mesmo assim, se contentam com tudo o que lhes venha, sem deixar de transformar o que for possível na sua realidade. O que não é passível de mudança é jogado fora como lixo. E essas pessoas seguem...

Foi e é um prazer sofrer com meu pai, minha mãe, meus filhos, meus amigos e todo ser humano!

Seria isso uma espécie de piedoso masoquismo?

Certamente não, pois, podendo evitar a dor, eu a evito. Mas a dor inevitável, sendo vista como o outro lado da bênção do sentir, é apenas uma dor. Dor sem moral e sem filosofia dói muito menos, e até para de doer. Sim! É apenas uma dor, que vai adoçando o coração, a tal ponto desse tornar calma e serena; afinal, emoções são naturais e, além disso, sofrer nem sempre dói e, chorar, menos ainda, visto que o que dói mesmo é não amar. Esse é o grande sofrimento e a grande angústia humana!

O amor tudo sofre, porque tudo crê; e tudo suporta, porque tudo sofre, crendo. Por isso, também jamais acaba, jamais se acaba e jamais acabou com ninguém. Ao contrário, sem ele, não há vida.

Assim é o amor. Assim é a vida. Qualquer outra coisa nem mesmo os vegetais conhecem, porque as plantas também sentem quem ama e quem não ama.

Um caminho excelente

O sofrimento como escolha moral.

Somos viciados em dor e sofrimento.

É possível se sentir mal por estar se sentindo bem e se sentir bem por estar se sentindo mal.

Somos viciados em dor e sofrimento. De fato, a maioria de nós se sente mal quando está se sentindo bem por muito tempo. Muitas vezes, essa percepção é inconsciente. Nesse caso, o sentir-se bem se torna um nada sentir. Então, vamos em busca de um novo sentir... Isso porque esse "sentir-se bem" contraria a noção de virtude religiosa que habita o nosso inconsciente coletivo, visto que, na nossa alma coletiva, toda virtude está associada ao sofrimento.

É moral sofrer!

É imoral não sofrer!

Até o amor que deveria ser alegre é experimentado como sentimento que é validado pela capacidade de sofrer. Desse modo, o amor deixou de ser a vida e passou a ser um sentimento na vida. E, para um ser que sofre quando não sofre, amor tem de ser a mais profunda expressão da capacidade de sofrer.

Ora, mas não está dito que o amor tudo sofre?

Sim, o amor tudo sofre, porque, no verdadeiro amor, tudo é nada e nada é tudo, pois o amor vem antes do tudo ou do nada, é absoluto. E o absoluto É. "É" vem antes de tudo ou nada. "É" vem antes de todo ser ou não ser. Precede todas as coisas, tanto todas as coisas do tudo, quanto todas as não coisas do nada.

Porque Deus é amor, tudo e nada provêm de Deus. Assim, Deus não é tudo nem é nada. Nele, o tudo e o nada são as coisas que não são. E assim nasce o ser e o existir.

Deus não é tudo. Tudo não é Deus. Deus não é nada. Nada não é Deus. Tudo e nada acabam sendo a mesma coisa. Sendo que o que é e o que não é, ambos são.

Deus está acima de tudo e nada. Tudo e nada em Deus são. E Ele é Aquele que diz "Eu sou".

O ser nasce do absurdo, e o existir nasce do absurdo do ser!

O caminho da vida é fruto de paz e confiança, que nascem da fonte dessa percepção de Deus. Do Deus que é amor que tudo sofre e, por isso, nada sofre.

Digo isso porque me parece que toda bondade é buscada como caminho de sofrimento. E, se não for assim, a maioria não se sente bem. O bom tem de sofrer. Por outro lado, o mal tem todo direito ao prazer.

Assim, é possível se sentir mal por estar se sentindo bem e se sentir bem por estar se sentindo mal.

Por que será que ao mau se permite o que é prazeroso, e ao bom só se concede o que é doloroso?

Por que será que nos sentimos indignos quando nosso bem-estar não nos custou nada?

Ou por que será que damos valor de bênção ao bem-estar e de maldição ao mal-estar?

Existe bem-estar e mal-estar? Ou será que é apenas uma invenção nossa? Ou mesmo uma sujeição nossa aos deveres morais que se disfarçam de sentimentos?

É claro que, em Jesus, a dor dói e a alegria se mostra como prazer. No entanto, Ele não carrega dentro de Si coisa alguma que não seja amor. Em Jesus, a gente pode ver todas as caras do amor. Isso porque Dele, fonte única do amor, vêm todas as possíveis aplicações do amor nas situações de contradição desta vida.

Assim, Ele tanto sofre tudo, quanto sofre nada, e tanto sofre nada, quanto sofre tudo. Por isso, não faz sentido quando dizem que Lázaro morreu e Jesus se enche de emoção, e até de choro, quando o vê morto. Ora, amava o Senhor a Lázaro. Sim, amava-o com esse amor tudo e nada.

O caminho do homem, no entanto, viaja do estar bem para o estar mal. O caminho da verdadeira vida chama a todas as formas de experiência de estar bem. São as tais "todas as coisas que cooperam".

Paz e confiança só acontecem quando deixa de haver para nós tudo e nada, e começa a existir apenas aquilo que é.

Neste eterno instante do ser, todas as coisas beijam a cara de Deus. Quem começa a fazê-lo, deixa de pensar e, depois, até de sentir com as categorias do bem e do mal. Quando bem e mal acabam, é porque nasceu a confiança, que sempre chega trazendo a paz em seus braços.

Esta é a paradoxal vida abundante!

Inexiste seguro divino contra dores e enfermidades

Todos os males podem acontecer a qualquer um.

Muita gente boa de Deus geme dores atrozes todos os dias.

Parece que não há mais humanos na Terra e, além disso, parece que os únicos seres que importam e que não deveriam sofrer são os da nossa casa.

Existe na mente da maioria dos crentes a ideia de que alguém que serve, confessa e ama a Jesus recebe certa imunidade em relação aos males e doenças desta Terra caída. Porém, isso nunca foi nem é verdade.

Fatos tristes e dolorosos acontecem todos os dias, aos montes, aos crentes de toda a Terra. No entanto, como a propaganda falsa da "igreja" é que os de Jesus moram na "terra de Gósen" do planeta Terra (terra de Gósen era o lugar onde os hebreus moravam no Egito e onde as "pragas" não chegavam), então, quando as pedras e chagas chegam à casa-gósen dos crentes, a maioria perde a fé.

Culpa de quem ensina essa mentira como se fosse uma verdade!

Crente pode ter males congênitos, pode sofrer de qualquer forma de enfermidade e está sujeito a todas as coisas que todos os demais seres humanos estão sujeitos na Terra. Ah, se eu contasse a você quanta gente boa de Deus geme dores atrozes todos os dias! A questão é que a "igreja" vive de propaganda enganosa, fazendo comércio de curas e vendendo saúde em troca de dízimos e frequência aos cultos. Então, quando os males se instalam, os crentes sinceros e enganados sofrem agonias.

Você já viu um "pastor" desses que dizem que "crente não adoece" sofrer surpreso quando algo assim acomete à casa dele?

Garanto a você que apenas os sinceros e ingênuos ficam surpresos. Os demais, saiba, procuram um médico e se tratam na surdina pois se divulgarem algo assim, temem que o povo perca a certeza de que eles e suas "igrejas" sejam "os reis da cura", o que é péssimo para os negócios!

Você já viu algum pastor na televisão divulgar algo sobre o sofrimento humano?

Não! Eles apenas apresentam uma cura a cada cinco mil doenças oradas e não curadas. Ora, é a partir dessa "uma cura divulgada" que os demais 4.999 doentes se mantêm em esperança. Sim, sempre crendo que um dia chegará a vez deles, como o paralítico do tanque de Betesda, quando o "anjo mover as águas". E o tal anjo só move as águas nas "igrejas" dos "pastores" que vendem cura e enganam o povo!

Creio em milagres e já os vi e vejo aos montes. Mas também conheço a dor humana e sei que milagres acontecem, mas nunca em série e, além disso, também sei e vejo que nem todos são milagrosamente curados. Sim, a maioria precisa viver a vida toda tendo toda sorte de cuidados.

A questão, para mim, é outra. O que você prefere, sofrer tendo fé em Jesus e recebendo de Seu consolo e carinho, ou, quem sabe, sofrer sem Jesus, pois, em sua cabeça, se há sofrimento, é porque Deus não está presente?

Portanto, além dos tratamentos próprios, você deve parar de pensar que Deus "aprontou" alguma contra você e sua casa. Afinal, tal dor só pega com essa força quando acontece com a gente mesmo ou com algum familiar. Mas há dezenas de pessoas sofrendo de males semelhantes e, durante todo esse tempo, você não deve ter feito perguntas a Deus sobre isso.

De fato, parece que nossas questões são sempre e apenas deflagradas pela nossa própria dor. Nesse caso, parece que não há mais humanos na Terra e, além disso, parece que os únicos seres que importam e que não deveriam sofrer são os da nossa casa. Muitos sofrimentos se cumprem em muita gente boa de Deus espalhada pela Terra!

Responda-me: você nunca pensou que as dores e anomalias deste mundo poderiam também chegar à sua casa?

As tempestades acometem a todos. Tanto a casa erguida sobre a areia como a que foi erigida sobre a rocha são espancadas pela vida e suas tempestades. A diferença é que a casa sem fundação boa cai ante a chuva e o dilúvio da dor, mas a casa erguida sobre a rocha passa por tudo e, pela fé na Palavra de Jesus, permanece inabalável.

Aproveite essa situação para crescer na fé!

Em Jesus, não há males que sejam maus, a menos que corrompam a alma.

O culto ao trauma de existir

As pessoas perderam a capacidade de enfrentar as realidades da vida.

Cada vez mais, viver gera o existir em crise total e com trauma de quase tudo.

A alma humana precisa ser sensível, sem ser frágil.

Certas realidades da vida – e aqui falo das implacáveis e, portanto, inevitáveis – são as mais qualificadas expressões e ilustrações do significado do equívoco humano conforme sua construção de alma.

Por exemplo, todos os seres humanos cedo sabem que um dia irão morrer!

Hoje, no entanto, essa certeza não é natural, pois é psicologicamente e subjetivamente negada para grande parte das pessoas no mundo urbano moderno ocidental.

No passado, desde cedo era sabido que os avós morreriam. E se não tivéssemos tido a chance de conhecê-los, logo era explicado que haviam morrido. Da mesma forma, se não tivessem a infelicidade de passar por essa perda antes de ter essa noção da finitude dos pais, crianças acabavam sabendo que seus pais morreriam algum dia. E essa compreensão se estendia a todos os seres humanos. Em tese, era por isso que as pessoas tratavam o morrer com familiaridade simples, especialmente se seguisse a ordem natural das coisas.

Além disso, as crianças eram expostas aos funerais, que quase sempre aconteciam no ambiente da casa, e para o qual todos os parentes e amigos vinham a fim de velar e reverenciar aquele ente amado que partiu. Desse modo, pelo menos do ponto de vista da aceitação da realidade da morte, as crianças e os adultos estavam muito mais preparadas do que hoje para a inevitabilidade da morte.

Sim, havia sofrimento, mas se sabia que coisas eram assim mesmo. Era possível evitar essas conversas em algumas famílias, mas não se criava uma fuga deliberada da realidade inevitável, e, na maioria das vezes, a alma vivia sem deixar aquela possibilidade afligir o cotidiano.

Do mesmo modo, sabia-se que os filhos iriam crescer e partir e, em algumas culturas, havia data predeterminada para que isso acontecesse. Quando o partir não significasse uma grande mudança geográfica, seria minimamente uma mudança de *status* em relação aos pais, uma vez que chegasse a hora de o filho tornar-se adulto para si mesmo e para o mundo. Em muitos casos, tal tempo de emancipação implicava passar a morar longe, e todos estavam cientes de que assim seria, embora, na maior parte das famílias, especialmente as mães, se buscasse viver sem pensar muito sobre o assunto até que o dia chegasse. Em geral, não havia nenhum trauma em relação a essa sequência da vida.

Adoecer também era parte simples do existir em qualquer tempo, idade ou fase da vida. Do mesmo modo que se sabia que filhos poderiam morrer prematuramente.

De algumas décadas para cá, no entanto, tem-se tentado afastar o fato da morte da percepção de todos, especialmente de crianças e adolescentes. O morrer tem provocado fuga psicológica da realidade, é mesmo um fenômeno inevitável, fato simples, natural e inerente ao mero existir.

O que se nota é que o fenômeno urbano, com sua complexidade, associado ao culto à psicologia do trauma da alma, fez com que todos esses temas fossem tratados em estado quase permanente de autoengano em todas as famílias e almas humanas. Prova disso é o modo como o assunto morte é tratado. Logo alguém diz: "Vira essa boca para lá!" ou pergunta com reprovação: "Que papo é esse?". Se há criança no ambiente, alguém ou muda de assunto, reprimindo o responsável pelo tema com um olhar, ou mesmo diz aos pequenos: "Não, ele está brincando!".

Ora, a morte não tem de ser tratada com indiferença jamais, mas com naturalidade sempre. Mesmo a morte que aconteça como um acidente ou um anacronismo, pois existir é estar dentro do ambiente da possibilidade frequente do morrer. Como atualmente não é assim, as pessoas ficam muito devastadas com a morte.

Hoje, o que se vê para todos os lados são casais em tratamento de depressão grave até anos depois de terem perdido um filho que nem chegou a nascer. Se tiver nascido e sido levado na infância, o trauma para alguns pais parece ser de um poder tão devastador que, para alguns deles, não existe nem mesmo mais a possibilidade de que vivam juntos como casal em razão da morte do filho que lhes era comum. Então, divorciam-se em face da morte!

Em uma escala não tão abrangente ou generalizada – porém muito presente na classe média e entre os ricos –, está a realidade de que os filhos vão crescer e sair de casa. Assim, com o prolongamento dos cursos acadêmicos obrigatórios, adia-se como se pode esse momento, que, no passado, até em razão dos estudos, impunha-se mais cedo.

A psicologia enfraqueceu a alma humana com o seu culto profissional ao trauma como um poder devastador a ser "tratado", "trabalhado", "classificado" e/ou devidamente "medicado" e "processado".

Já a urbana modernidade, com seus recursos médico-hospitalares, ou mesmo com os meios científicos de prolongamento da existência – sendo isso também vinculado a uma grande expectativa redentora e salvadora que se atribui à ciência médica –, desenvolveu uma expectativa falsa sobre a vida, de um lado hipertrofiando o significado traumático das perdas e, de outro lado, pela mesma razão, fragilizando muito a alma humana para esses enfrentamentos naturais inevitáveis.

A realidade é simples: a humanidade que tem acesso aos meios de comunicação e aos recursos da modernidade existe em estado de alienação e autoengano sobre o significado natural da morte, da saída dos filhos de casa, do desenvolvimento natural dos filhos e, portanto, existe em estado de culto ao trauma e, mais do que isso, em estado de fuga ou de tratamento da dor.

Nesse pacote traumático também existe a negação do envelhecimento, que buscamos ignorar ou adiar com "cirurgias plásticas" ou pela negação da idade ou mediante a adolescentização da velhice.

A fragilização psicológica dos que têm mais acesso à educação produz gerações cada dia mais antinaturais frente aos conhecidos e simples fatos da vida.

Ao observar aquilo que "traumatiza" as pessoas de modo "devastador", verifica-se que estamos vivendo numa espécie de existência, de jogo de computador, de uma busca permanente de uma vida de desenho animado, ou mesmo de um mundo ao estilo cibernético do "ambiente".

A consequência é o enfraquecimento da alma humana, cada dia mais despreparada para lidar com os fatos da existência sem transformá-los em "trauma devastador". Cada vez mais, viver gera o existir em crise total e com trauma de quase tudo! Isso porque, além do culto ao trauma, legado da psicologia, há o estado de negação da natureza das coisas, bem como vive-se em estado de imersão na existência sem nenhuma graça de transcendência. O que faz com que a morte e os demais fatos simples da vida sejam tratados o tempo todo como crises traumáticas hipertrofiadas. Ora, pessoas buscam tratamento para superar a morte ou desaparecimento de animais de estimação, por exemplo, tamanho é o estado de fragilidade!

Devo também acrescentar que a caracterização do *bullying* faz com que crianças fiquem mais traumatizadas por outras crianças na escola hoje do que jamais ficaram. Sim, pois, em todas as épocas, crianças foram molestadas e chateadas por outras crianças nos ambientes públicos ou escolares. Atualmente, porém, tal importunação ou violência – das quais, na minha geração, quase ninguém escapou, mas passou por elas quase sempre sem trauma – demanda assistência especializada e tratamento prolongado. Não que o *bullying* não tenha de ser enfrentado com energia, mas sem superlativação do seu significado psicológico enfraquecedor e traumatizante, evitando-se, assim, o direito traumático que se oferece à criança chateada ou incomodada pelo desconforto ou pela agressão.

O fato é que a alma humana, mesmo sendo sensível ao extremo, no passado era muito mais forte do que hoje. Prova disso é que as grandes evoluções da filosofia, da teologia e da psicologia aconteceram no tempo em que tudo o que hoje é "trauma" não passava apenas da categoria de fatos naturais da vida. A alma humana precisa ser sensível, sem ser frágil. Sim, a sensibilidade da alma não tem de ser sinônimo de fraqueza da alma!

As almas mais poéticas, mais filosóficas, mais psicológicas, mais sensíveis que já passaram pela história humana foram também as mais fortes e, paradoxalmente, as mais expostas à dor, ao trauma e à percepção como experiência do desconforto. Na Bíblia, o maior exemplo disso são os salmistas, os profetas e os apóstolos, que, submetidos a toda sorte de perdas, traumas e privações, tornaram-se os seres mais fortes que já se conheceu diante da morte, das perdas, dos traumas, das angústias, dos desprezos, das rejeições, dos desconfortos e dos anacronismos e casuísmos da existência.

A fuga da realidade, do natural, cria o autoengano da imortalidade, a síndrome do ninho vazio, o culto ao trauma e todas as formas de fragilidade que somente tornam a existência um viver de muito mais dor!

A Bíblia nos ensina com simplicidade na história de Jó, que suportava até o que era excessivo e insuportável. E ensina ainda que insuportável também é conviver com amigos que não saibam lidar com os anacronismos dos fatos cruéis da existência e que ficam paralisados por traumas, buscando explicações para o inexplicável.

No filme *O Auto da Compadecida*, um dos personagens repete constantemente a mesma frase, a fim de explicar o inusitado da existência. A frase, de fato, deveria ser parte não do nosso simplismo, mas da simplicidade do nosso existir. "Ah! Eu não sei como é que foi... eu só sei que foi assim!"

Ora, viver em Deus é fato simples da fé confiante, como aquela frase. Afinal, o que passar disso é loucura. Ainda que eu não saiba de fato como as coisas são e, na maioria das vezes, nem mesmo o porquê, sei pela fé, com tranquilidade, que são como são e pronto. Portanto, basta!

Foi Jesus quem disse a Pedro: "O que eu faço, não entendes tu agora, mas entenderás depois".

Geração algodão-doce

Quanto mais facilidades, mais fragilidades.

> O que se tem cada vez mais hoje é uma geração de longevos idiotizados e musculosos, mas sem tutano no ser, sem perseverança, sem alegria genuína, sem um olhar limpo; geração sempre angustiada, sôfrega, afetivamente carente, quase em depressão, sempre correndo, sem tempo, autocentrada, solitária.
>
> O ideal é que sejamos longevos, resistentes psicologicamente e maduros conforme a idade cronológica.

Um jovem de 30 anos de hoje muitas vezes ainda não casou e não saiu de casa, mesmo que trabalhe, e sente-se um menino. A mesma pessoa, cinquenta anos antes, estaria esmagada por responsabilidades e preocupando-se com a aposentadoria mais do que com lazer, viagens ou aquisições. É uma pena que tal "longevidade" não se faça acompanhar da bagagem de vida que antes existia nas pessoas. Atualmente, todos são muito fracos e imaturos. As exceções, em geral, acontecem apenas entre os mais pobres. No entanto, falando do todo, esta geração é fraca.

Sim! Sabem muita coisa mas são insensatos. Fazem muitas coisas mas realizam quase nada. Pensam em dinheiro, depois em ter filhos. Antes se pensava em ter filhos e, então, corria-se atrás do dinheiro. Se houvesse alguma separação conjugal, coisa muito rara, a mulher e os filhos tinham prioridade em tudo. Não era uma questão de leis, mas de honradez. Hoje se discute na justiça. Há leis, mas não se tem humanidade.

Antes, os filhos tinham prazer em ajudar os pais, mesmo que eles nada precisassem. Era uma honra, um privilégio. Hoje, os filhos se penduram nos pais e se fazem de crianças imaturas até quando seja possível.

O que se tem cada vez mais hoje é uma geração de longevos idiotizados e musculosos, mas sem tutano no ser, sem perseverança, sem alegria genuína, sem um olhar limpo; geração sempre angustiada, sôfrega, afetivamente carente, quase em depressão, sempre correndo, sem tempo, autocentrada, solitária.

Vejo que a minha geração é mais fraca de caráter e disposição do que a de meu pai. Meu pai é uma exceção. Até aos 8 anos de idade, ele se arrastava pelo chão, pois, com um ano, teve paralisia infantil e perdeu os movimentos da perna direita. Tudo para ele era muito difícil. Mas brincava. Jogava bola no gol ou na defesa. Fazia barra e se exercitava muito com os braços. Ficou muito forte e musculoso. Amava ver os outros se divertirem. Seu maior lazer, no entanto, era a leitura. Aos 18, foi incumbido pelo pai, que morria lentamente, de cuidar dos negócios da família, pois os demais irmãos homens estavam estudando fora do Amazonas. Viajava quinze dias de ida e quinze de volta. Às vezes, ficava semanas na beira de um rio esperando o batelão chegar para resgatar a borracha e a castanha. Sem uma alma a milhas de distância. Sozinho. Com chuva. Muita chuva e mosquito carapanã. Queixadas, porcos do mato o cercavam querendo comer a castanha. Ele os enxotava noites e noites a fio. Cursou todo o curso de direito passando suas férias no seringal. Namorou por carta durante quase dois anos. Aprendeu a esperar, a ficar só, a aguardar as estações.

Eu, de minha parte, só vi televisão aos 10 anos de idade, mas nunca mais fui o mesmo. Até os 18, foi uma loucura só. Embora, aos 18, ao me converter, da noite para o dia, tenha virado homem. E foi assim desde então. Mas estou longe de ter aprendido a paciência natural que norteava meu pai. Hoje busco crescer nas coisas que, nele, pareciam parte de tudo.

Quanto mais facilidades, mais fragilidades!
Quanto mais expectativa de longevidade, mais retardo!
Quanto mais instantaneidade, mais impaciência!
Quanto mais celular, menos tutano!
Quanto mais computador, mais com puta dor!
Quanto mais fora, menos dentro!

Sempre foi assim. Hoje, porém, essas coisas são ambições comuns e, assim, essa é a fraqueza geral.

O que fazer? Impor dificuldades a fim de obter bons resultados?

Não! Pais têm de ajudar os filhos sempre, mas sem que a ajuda os retarde.

E mais: se você é desta geração virtual, sem mangueira no fundo do quintal, então, salve-se disso buscando saber que um homem é homem quando nasce, e que a fase de menino deve começar a acabar com os sinais de maturação do corpo.

Antigamente, a relação entre maturidade física e psicológica era natural. Hoje, o homem de 35 anos já tem fios brancos no cabelo, mas vive como um eterno adolescente na idade.

As mulheres casam tão tarde, que, não raramente, precisam de ajuda médica para escolher um bom óvulo. Antes, elas tinham filhos um pouco depois de fisicamente estarem prontas para gestar e também os tinham com facilidade e os criavam com alegria. Era um privilégio.

Para mim, no entanto, nessa área, o que há de mais feio é uma velha assanhada e sem noção. Sim! Velhinhas que não querem ser chamadas de avó, pois isso "depõe contra". Velhinhas que escondem a idade. Velhinhas que não podem ver um homem. Velhinhas sem amor. E velhinhos também. Tudo igual para quem sente. Mas para quem vê, parece que na mulher, além de ridículo, é ainda a perda da própria natureza.

Esse pode parecer um discurso careta, mas, creia, não é. E, além disso, também não é um discurso saudosista, a não ser quando se trata do bem de ser bem humano, algo cada vez mais raro. Digo o que digo em busca de força e saúde para a alma, pois os dias adiante de nós serão dias muito maus e não serão próprios para esta geração algodão-doce.

O ideal é que sejamos longevos, resistentes psicologicamente e maduros conforme a idade cronológica. E mais: que, sendo assim, sejamos também dotados de alegria genuína, como era com os antigos, que já são apenas grata memória.

Gente com imunidade espiritual e psicológica baixa

O sistema imunológico do meio cristão não funciona.

O meio cristão, em geral, não tem nenhuma imunidade contra o vírus da culpa (que é uma espécie de HIV psicológico), visto que tudo o fragiliza até a beira da morte.

> A lei só tem o poder de danar e condenar todos os indivíduos e de gerar neuroses e paranoias, mas não tem o poder de pacificar o coração, a ajudar o indivíduo a crer.

O meio cristão, em geral, sofre de Aids psicológica. Ou seja: não tem nenhuma imunidade contra o vírus da culpa (que é uma espécie de HIV psicológico), visto que tudo o fragiliza até a beira da morte. Essa é a razão também porque somos tão escandalizáveis. O sistema imunológico não funciona e a pessoa sempre tem uma crise, fica com medo de "contrair" algum mal.

Há quem vá mais adiante nesse quadro de "Aids psicológico". O legalismo da lei (equivocadamente chamada de palavra e evangelho) pode mergulhar o indivíduo num poço fundo de culpa. A lei só tem o poder de danar e condenar todos os indivíduos e de gerar neuroses e paranoias, mas não tem o poder de pacificar o coração, a ajudar o indivíduo a crer. A lei não carrega fé, somente a presunção humana de poder agradar a Deus pela perfeição pessoal. Ora, nada adoece mais uma alma do que isso!

Do ponto de vista psicológico, esse medo de contrair enfermidades é chamado de hipocondria. De fato, a baixa imunidade espiritual e psicológica pode deixar a pessoa paranoica e hipocondríaca. O problema muitas vezes é o sentimento de culpa, em razão de se ter tido uma educação cristã neurótica na dimensão da sexualidade, como acontece com frequência.

Quanto mais se estiver vivendo as culpas do passado, mais pecados e descontroles haverá na vida no presente. As culpas do passado sempre se fazem justificar como verdadeiras, "obrigando" o indivíduo a fazer as coisas que reprova, a fim de poder dizer para si mesmo que seu autodiagnóstico está correto, agradando a hipocondria que o habita.

Enquanto a pessoa não conhecer a graça de Deus conforme o Evangelho, não terá outro caminho senão o do vício culposo. Sentir culpa é algo que vicia e adoece a alma mais que qualquer coisa. Pode ser que a pessoa conheça um pouco a Bíblia e chame de palavra os equivocados e legalistas discursos que ouviu, mas ela mesma ainda não creu no Evangelho. Então, surge a certeza de que os pecados passados, presentes e futuros já estão pagos por Jesus desde antes da fundação do mundo. Antes de qualquer passado, já havia a cruz.

Descansar na graça é saber que os pecados estão perdoados em Jesus, e, também, saber que isso acontece todos os dias. O Cordeiro de Deus tira, no presente, o pecado do mundo. Sim, Ele tira... todos os dias.

Se a pessoa confessar e crer que os pecados estão perdoados, tomando posse disso pela fé no Deus que é fiel mesmo quando somos infiéis, e mais, se ousar crer que nada pode separá-la do amor de Deus – visto que não somos nós quem O amamos, mas é Ele que nos ama de fato –, sim, se a pessoa crer nisso, descansar, confiar e se entregar a essa fé, duvido que todos esses bichos não irão embora!

No site, há conteúdo sobre a graça de Deus que o indivíduo leva meses e meses para ler... e tudo está ali, disponível e com grande poder de ajudar milhares de pessoas. O que mais vejo acontecer ali é cura, especialmente a cura da culpa, que é uma façanha que somente é realizada na graça de Deus.

Se a pessoa crer, tudo isso acabará. Então, se pode experimentar o que é vida abundante! E ninguém deve subestimar a capacidade inconsciente que a gente tem de boicotar e fazer mal a nós mesmos.

Jesus já nos libertou do passado, do presente e do futuro, pois nenhuma dessas coisas pode nos separar do amor de Deus.

CAPÍTULO 3

O peso do existir

Realidade e contentamento

Todas as estações da vida contribuem para o bem daqueles que amam a Deus.

Nasce-se muitas vezes depois de nascer e morre-se muitas vezes antes de morrer.

Jesus diz aos Seus discípulos: "No mundo tereis aflições, mas tende bom ânimo, eu venci o mundo". Esse é o antídoto do Evangelho Dele para a propensão do coração humano em abraçar a amargura e a mágoa em vez de ser aquilo que gera vida e contentamento grato.

O livro de Eclesiastes é chocantemente real. Nele, a verdade aparece como desnudamento da realidade. Eis aqui uma de suas partes mais simples e belas: "Tudo tem o seu tempo determinado, e há tempo para todo propósito debaixo do céu. Há tempo de nascer e tempo de morrer. Tempo de plantar e tempo de arrancar o que se plantou. Tempo de matar e tempo de curar; tempo de derrubar e tempo de edificar. Tempo de chorar e tempo de rir; tempo de prantear e tempo de dançar. Tempo de espalhar pedras e tempo de ajuntar pedras; tempo de abraçar e tempo de afastar-se de abraçar. Tempo de buscar e tempo de perder; tempo de guardar e tempo de lançar fora. Tempo de rasgar e tempo de coser; tempo de estar calado e tempo de falar. Tempo de amar e tempo de odiar; tempo de guerra e tempo de paz" (3, 1-8).

A vida acontece nessas estações, invariavelmente. Mudam as faces das coisas, mas, em si, são as mesmas. Nasce-se muitas vezes depois de nascer e morre-se muitas vezes antes de morrer. É assim com cada uma das demais coisas descritas como parte desta existência debaixo do sol.

As experiências, entretanto, é que acontecem em camadas diferentes da vida. Às vezes, são literais, mas, na maioria das vezes, os valores das perdas e dos ganhos são de natureza imponderável, pois são coisas do coração. No entanto, não há humano que exista e não experimente, de algum modo, todas aquelas estações. E, neste mundo caído, temos de vivê-las para poder entrar na vida.

A questão é apenas uma: o que a gente faz com cada uma dessas estações da vida? No que as transformamos, ou no que elas nos transformaram?

Você pode sair doce, sadio e lúcido de todas elas; levá-las como palavra de vida na consciência e viver melhor. Ou, então, você pode prová-las como arrogância, quando é "agradável", e como amargura, quando "dói". No fim de tudo, a existência terrena tem a ver com o que fazemos daquilo que acontece conosco e ao nosso redor, em toda a sua diversidade.

Jesus diz aos Seus discípulos: "No mundo tereis aflições, mas tende bom ânimo, eu venci o mundo". Esse é o antídoto do Evangelho Dele para a propensão do coração humano em abraçar a amargura e mágoa em vez de ser aquilo que gera vida e contentamento grato.

Há muitos anos, dei-me o trabalho de conferir o máximo de experiências históricas simbólicas, psicológicas e espirituais que Jesus teria vivido, como Ele as teria experimentado, e que tivessem o significado do tempo descrito em Eclesiastes 3. Verifiquei que Ele as provou todas e que todas estão nos evangelhos para nós. Ele diz: "Bom ânimo, eu venci a existência debaixo do sol, com todas as suas contradições.

Sou o sacerdote de cada experiência existencial. E venci a existência".
Crer nisso é carregar graça no peito o dia todo, todo dia e em qualquer situação. Especialmente, porque não estamos falando apenas de uma maneira positiva de viver, mas da experiência da fé como relação indissolúvel com Deus, em Cristo.

Isso é estar em Cristo no existir!

Paulo é um discípulo explícito dessa experiência existencial. Veja o que ele diz, escrevendo de dentro de uma prisão: "Alegrai-vos sempre no Senhor. Aprendi a viver contente em toda e qualquer situação. Tanto sei estar humilhado como também ser honrado. De tudo e em todas as circunstâncias já tenho experiência, tanto de fartura como de fome; assim de abundância como de escassez. Tudo posso Naquele que me fortalece".

Olhar a existência em Cristo nos dá esse olhar do Eclesiastes, ao mesmo tempo em que nos faz transcendê-lo sem negá-lo. Então, tanto o polo da humilhação quanto o da honra são visitados com consciência. A abundância e a escassez não são estranhas e em nenhuma delas nos falta algo. A bênção de ter uma consciência grata e crescente em contentamento é valor em nós, pois todas as estações da vida contribuem para o bem daqueles que amam a Deus.

Você gosta do livro de Eclesiastes?

Em Eclesiastes, a vida é como ela é.

Seu grande milagre é o discernimento de como a vida é, sem os autoenganos aos quais nos entregamos a fim de diminuir a nossa dor sobre os esmagadores fatos da existência humana na Terra.

Sem o realismo de Eclesiastes, não se faz a apropriação da certeza de que, no mal de hoje, pode habitar meu bem eterno, e também não nos entregamos com confiança à certeza de que o verdadeiro bem não está disponível aos sentidos.

Uma das razões pela qual o livro de Eclesiastes é tão pouco lido nada tem a ver com sua profundidade ou complexidade, pois, como em toda genuína sabedoria, o que é verdadeiro se faz entender com simplicidade. Portanto, não são as dificuldades de compreensão que impedem a leitura, a aceitação e a vivência proposta por Deus em Sua palavra no livro atribuído a Salomão. O que dificulta é justamente o poder esmagador de sua simplicidade baseada na observação da história, tal qual ela se mostra aos olhos, sentidos e percepções humanos. E, entre essas observações, aparece de modo esmagador o desmantelamento de todas as fabricações de causa e efeito criadas pelos amigos de Jó.

Em Eclesiastes, a vida é como ela é: sem tentativa de abençoar a inegável queda dos humanos no planeta Terra.

Outra razão é o fato de Eclesiastes não falar abertamente da eternidade – no máximo, diz que o espírito volta a Deus, que o deu –, não fala nem do céu, nem do inferno e seca a vida aqui, na arena das competições, dos julgamentos, dos esforços inúteis, das jactâncias idiotas, dos sucessos imerecidos, dos insucessos injustos, dos poderosos insensatos, dos sábios desprezados, dos ricos sem apetite, dos ricos estéreis, dos justos esquecidos, dos esnobes afamados, dos governadores cercados de puxa-sacos incompetentes, dos bens materiais que não promovem nem paz nem sono, das vitórias logo esquecidas, das alegrias alienantes, das tristezas que melhoram a alma, dos afazeres que nada mais são do que vaidade e corrida atrás de vento. Por isso, o livro de Eclesiastes é insuportável, ele é histórico demais e realista demais. Nele não há milagres. Seu grande milagre é o discernimento de como a vida é, sem os autoenganos aos quais nos entregamos a fim de diminuir a nossa dor sobre os esmagadores fatos da existência humana na Terra.

Precisamos, todavia, lê-lo, pois sem a percepção de como a vida é, jamais "cai a ficha" e, enquanto a ficha não cair, não mergulhamos nunca no mundo da graça e da providência de Deus.

Sem o realismo de Eclesiastes não se faz a apropriação da certeza de que, no mal de hoje, pode habitar meu bem eterno, e também não nos entregamos com confiança à certeza de que o verdadeiro bem não está disponível aos sentidos!

Forçados a existir

E, quem sabe, a mudar e viver.

Tragédias idênticas geram resultados opostos, dependendo da atitude de cada um.

É sabendo ganhar e perder, celebrar o nascimento e chorar a morte, propor paz e enfrentar a guerra... e todas as demais contradições e antíteses da existência... que nos arrependemos, nos construímos e descontruímos, nos transformamos pela renovação da mente e, assim, apresentamos um culto racional.

Eclesiastes 3 nos diz que há tempo para todas as coisas debaixo do sol. Assim a vida acontece e se constrói, enquanto se desconstrói, a fim de que apareça um terceiro termo: você maior, mais amadurecido, mais sábio, mais humano, mais humilde, mais felizmente desenganado. E isso nada tem a ver com o filósofo Hegel. Tem a ver com a vida. Não é teoria, é realidade. Não é filosofia, é existência. Quem pode negar?

Mas também pode gerar o oposto, ainda como um terceiro termo: você menor, mais revoltado, mais insensato, mais arrogante e cheio de certezas, mais endurecido e mais hostil a qualquer mudança.

Não é à toa que o caminho da vida, em Jesus, nasce de seu oposto: a morte. É como a semente de trigo, que, se não morrer, jamais dará frutos. Não há dúvida de que a nossa existência acontece assim, para o bem ou para o mal.

Tragédias idênticas geram resultados opostos, dependendo da atitude de cada um. O mesmo se pode dizer de qualquer outra forma de experiência. Mas todos nós haveremos de experimentar os opostos, tão certo como nascemos e morreremos. E essa realidade é tão implacável que as pessoas a "experimentam", conforme Eclesiastes, até depois de mortas. Suas histórias de vida deixam para os vivos os resultados finais da experiência da existência. E é aí que os opostos aparecem também: nas conclusões!

Há também aqueles que parecem viver para fugir de toda e qualquer contradição na vida. Isso porque são defensores de causas de grande coerência, vitais para certas formas de exercício de poder: a total correção e a mais absoluta previsibilidade.

Então, nasce um filho desse indivíduo, por exemplo, que o força a lidar com aquilo que ele confessa abominar. Essa pessoa poderá crescer e viver para discernir que seu mundo era feito de uma fixidez incompatível com a vida e se adocicará. Ou se encherá de ódio, até pelos seus, os que dizia amar, apenas porque eles não se fizeram conforme a sua imagem e semelhança, e desconstruíram o seu ideal de mundo.

É abraçando a imagem de Deus no meu próximo, mesmo o mais diferente de mim em ideias e até em comportamentos pessoais, que eu encontro a imagem de Deus crescendo em mim. E é me fechando para o próximo que não é conforme a minha imagem e semelhança, que eu perco a imagem de Deus em mim. Pois aquele que preocupado em ganhar a sua vida, perde-a; aquele, porém, que a perde, esse a ganhará.

É sabendo ganhar e perder, celebrar o nascimento e chorar a morte, propor paz e enfrentar a guerra... e todas as demais contradições e antíteses da existência... que nos arrependemos, nos construímos e desconstruímos, nos transformamos pela renovação da mente e, assim, apresentamos um culto racional, que é a consciência de que, nesse movimento todo, de mais e de menos, de ter ou não ter, de perder e ganhar, é que aparece sempre você-mais-você, sempre saindo das cinzas...

Ao final, o resultado poderia ser o fim da contradição instituída na vida como amargura. Mas, para os que creem, esse será sempre o caminho para a reconstrução... até o dia em que o mortal será absorvido pela vida.

Ora, isso digo eu, não o "pregador" em Eclesiastes. Afinal, para ele, a morte ainda era a última palavra na existência, mas, para mim, a última palavra é "Ele não está aqui... ressuscitou, como havia dito".

É também nesse crescendo que se vai derrubando e soerguendo as novas percepções de que a própria Bíblia foi escrita e, quem não a ler também assim, não deixará jamais de viver apenas das vaidades e das vaidades que se fazem debaixo do sol. De seus encantos mortais nunca se livrará, mesmo quando anda de colarinho clerical ou vestido de sacerdote ou de monge.

Unidade do ser no casamento da dor com a alegria

Em Jesus, o paradoxo dor e alegria tem a síntese de toda saúde e plenitude.

A alma não cresce sem dor e não se mantém sem alegria.

Essa é a fórmula da vida abundante, que nunca se aliena nem foge de dor alguma, antes a encara sem carranca, pois carrega em si um significado mais profundo do que a dor, o qual faz a pessoa transformar qualquer pedaço de si mesmo num guisado existencial de alegria.

Nascer dói. Mas são os sorrisos entre mãe e filho que dão à criança o seu sustento existencial. Passar cada fase interpsíquica dói, mas é a alegria da emancipação de cada nova estação alcançada o que faz a pessoa manter-se no crescimento sem adoecer. E assim vai até a última passagem, quando também dói, mas a alegria da morada eterna e das memórias dos legados deixados sustenta o espírito-alma na travessia.

De fato, dor sem alegria mata e rouba as memórias que integram a existência humana. Pois, quando a pessoa não se torna a própria tristeza pela dor, deixando de ser ela própria e abraçando um eu-de-dor, pode haver o autoesquecimento inconsciente ou mesmo deliberado (o pior caso), que, sendo fruto da dor reprimida, produz também um outro eu: vazio, contido, silencioso e sem alegria.

O livro de Eclesiastes nos diz que a sabedoria habita a casa do luto, e não da alegria. Porém, também nos diz para nos alegrarmos todos os dias possíveis, pois muitos serão e são os dias de trevas e dor. Ora, assim, Eclesiastes está dizendo que a alma não cresce sem dor e não se mantém sem alegria.

Jesus diz que no mundo se tem aflições e nos pede para ter bom ânimo. Promete que em meio às muitas dores recebamos uma alegria que o mundo não conhece, não pode dar, mas que também não pode de nós tomar. E aqui reside mais um paradoxo: Jesus, a alegria dos homens que O amam, é também o varão de dores e que sabe o que padecer!

Nos evangelhos, somos apresentados ao Jesus que sofre a dor do mundo enquanto se alegra na companhia dos homens, especialmente daqueles que sentem as dores de sua própria inadequação à vida.

O pastor da ovelhinha perdida sente dor, mas, quando a encontra, abraça-a com alegria. A mulher que perdeu a dracma sente dores e inquietações, mas quando a encontra, dá uma festa para as amigas. O pai do jovem que abandonou o lar sente dores e chora a morte de um filho morto em vida, mas uma vez que o vê chegando, dá a maior festa que pode fazer no improviso da alegria.

Assim é Jesus no Evangelho! Assim é o Pai de Jesus! E assim devem ser os filhos do Pai e irmãos de Jesus!

Meu pai e minha mãe são algumas das pessoas de dores mais intensas que já conheci e, ao mesmo tempo, provavelmente as mais alegres! Sofreram perdas e experimentaram todos os cadinhos de dor, mas fizeram sopas de felicidade dos pedaços de carne de alma que lhes foram arrancados pela vida. Por isso, tornaram-se tão sadios e sãos como foram!

Paulo é quem nos oferece a fórmula do paradoxo da alma que abraça a dor e vive de alegria. "Em tudo, recomendado-nos a nós mesmos como ministros de Deus: na muita paciência, nas aflições, nas privações, nas angústias, nos açoites, nas prisões, nos tumultos, nos trabalhos, nas vigílias, nos jejuns, na pureza, no saber, na longanimidade, na bondade, no Espírito Santo, no amor não fingido, na palavra da verdade, no poder de Deus, pelas armas da justiça, quer ofensivas, quer defensivas, por honra e por desonra, por infâmia e por boa fama, como enganadores e sendo verdadeiros, como desconhecidos e, entretanto, bem conhecidos, como se estivéssemos morrendo e, contudo, eis que vivemos, como castigados, porém não mortos; entristecidos, mas sempre alegres; pobres, mas enriquecendo a muitos; nada tendo, mas possuindo tudo."

Essa é a fórmula da vida abundante, que nunca se aliena nem foge de dor alguma, antes a encara sem carranca, pois carrega em si um significado mais profundo do que a dor, o qual faz a pessoa transformar qualquer pedaço de si mesmo num guisado existencial de alegria. Quem assim entende, é feliz. Quem não compreende isso, vive em fuga de fantasmas ou na companhia deles – mesmo que em suposto estado de esquecimento!

É na presença dos inimigos e das adversidades que se bebe do cálice que transborda em alegria!

Há um déficit de esperança na alma humana

E cada vez mais há angústia, medo e depressão.

A salvação em tal tempo é ter o selo do Cordeiro na fronte, ou seja, na mente.

Quem desejar viver e sobreviver em nossos tempos precisará ter mais que religião nas crenças da vida e terá de possuir e ser possuído pela genuína esperança que só se encontra no Evangelho vivido, crido e praticado.

Pelo medo e pelo pânico, muitos caem em estado de timidez mórbida, sem saberem bem o que lhes está acontecendo... Outros dizem ter perdido o interesse pela vida... Cresce sempre o número dos deprimidos que não sabem que estão profundamente deprimidos... Sim! Muitos apenas dizem que perderam a vontade de tudo... e não sabem que essa falta de vontade de tudo é depressão...

Há muitos que me escrevem deprimidos também em razão do ministério pastoral... dizem que querem pregar apenas o Evangelho, mas que se desanimam ao verem que o povo quer seguir as miragens e as fantasias ditas em nome das doutrinas de vanglória "evangélica"... Existem também aqueles que tentam dar um toque bíblico-existencial ao que sentem e, assim, identificam-se com o Eclesiastes de Salomão, embora, de fato, estejam mesmo tristemente deprimidos... Há um déficit de esperança na alma humana e que só tende a crescer com esses tempos...

Aquele poço de "híbridos" da angústia descrito no livro do Apocalipse parece dar seus primeiros sinais de que está para ser destampado... Nesse tempo se diz que os homens desejarão morrer, mas que a morte fugiria deles...

A salvação em tal tempo é ter o selo do Cordeiro na fronte, ou seja, na mente. Todavia, entre os cristãos, a mente está em estado de morte, tamanha é a certeza intrínseca da catástrofe, enquanto a mente tem de confessar "palavras de vitória" irreal...

Jesus disse que um dos sinais dos tempos finais seria o fato de que os homens desmaiariam de terror e medo ante as coisas que estariam para acontecer na Terra. Pois bem, este tempo chegou. Não chegou ainda em sua plenitude, mas já nos deixa perceber seus contornos de angústia...

Agora mais do que nunca se estabelecerá a diferença entre Evangelho e cristianismo. Os filhos da religião cristã que não tiverem Evangelho na alma ficarão caídos, desesperançados e sem rumo na existência. Os filhos do Evangelho, contudo, permanecerão firmes na esperança eterna e, assim, passarão por tudo olhando para o alto, de onde vem a sua salvação!

Dentro de pouco tempo, a desesperança, o medo e a angústia invadirão o ambiente do cristianismo como religião praticada em nome de Jesus. Ora, a força de tal invasão será tão avassaladora que se verá muitos "cristãos" buscando a morte. Hoje já me assusta a quantidade de pessoas que me escrevem desejosas de saber se o suicídio não resolveria a situação de angústia de suas almas. Não é mais hora de brincar de Deus nem de Evangelho!

Quem desejar viver e sobreviver em nossos tempos precisará ter mais que religião nas crenças da vida e terá de possuir e ser possuído pela genuína esperança que só se encontra no Evangelho vivido, crido e praticado.

Quem achar que basta continuar a vida no estado de pulação irreflexiva proposto pela "igreja das fantasias" cairá em profunda depressão tão logo o cansaço dos muitos e nervosos pulos lhe alcançarem o espírito... Gente, é hora de ter Jesus vivo no coração, e não nas pulações gospel-aeróbicas dos cultos vazios da "igreja"!

Agora chegou o tempo de ver quem carrega o Evangelho no coração e quem apenas vive de pulação e distração gospel. Olhe para você mesmo e não desvie as razões de sua angústia e depressão para fora de você, pois é em você que a desesperança habita. E não se engane dizendo: "Ah! Sou de Jesus! Como posso viver tão sem alegria de ser?". Sim! Pare com tal engano afinal, ser de Jesus é ter Jesus, em vez de apenas ser membro de um clube viciado e semimafioso.

Agora é a hora!
Quem for de Jesus e do Evangelho suportará!
Quem for apenas da religião sucumbirá!
É assim que é! É assim que cada vez mais será!

A existência e o significado de existir

Nem a morte faz cessar a existência; apenas remete para outra existência, mas nunca para a inexistência.

> Nada é mais radical do que existir. E também nada é mais definitivo do que existir.
>
> Para viver, a gente precisa ter um significado maior que a presente existência.

Durante algum tempo, existir me foi penoso demais. Nada é mais radical do que existir. E também nada é mais definitivo do que existir. A questão é que inexistir não é mais uma possibilidade para quem está vivo. Não existe uma tecla de *delete* na existência. Mesmo que você se suicidasse, isso não faria você parar de existir, apenas remeteria você para outra existência, nunca para a inexistência.

Há três coisas simples que desejo dizer.

1. Para viver, precisamos ter um significado maior que a presente existência. Se nossa esperança se limita apenas a esta vida, nós somos os mais infelizes de todos os homens. Ninguém que seja sensível consegue sacar da própria existência toda a razão para viver. O livro de Eclesiastes confirma o que estou dizendo. Se olharmos a vida apenas com olhos "existenciais", não nos será possível encontrar significado para a existência. Tudo se torna absurdo. Tudo é vaidade e corrida atrás de vento. Nada faz sentido. A sabedoria de Eclesiastes pergunta: "Separado de Deus, quem pode comer, beber ou se alegrar?". Sem Deus enchendo a nossa existência pela fé, jamais haverá vida em nós. Nesta terra de agonias, só é possível viver pela fé. Sem fé, é impossível agradar a Deus e é também impossível agradar a nossa própria alma com satisfação. Sem entrega em fé, nenhuma existência conhecerá a vida e jamais conseguirá, por conta própria, encontrar o seu próprio significado.

2. Para viver, também temos de aprender que o significado da vida passa pelas pequeninas coisas da existência. Eclesiastes nos diz que a "paga" pela dor e pela contemplação do absurdo na história que nos cerca é a bênção de poder comer o pão, beber o vinho, amar e ser amado.

3. O segredo disso tudo, humanamente falando, é viver entre a visão de que a existência é uma bobagem e, ao mesmo tempo, é sublime. Existimos nesse limiar entre o bobo e o sublime; entre a vaidade e o que permanece; entre o que perece e o que é eterno. Assim, temos de viver os dois polos da vida; do contrário, eleger um lado pode tornar o existir muito penoso na terra. Quem vive só das aparências desta vida e de suas vaidades haverá de se cansar e mergulhar na total falta de sentido para ser. Já quem viva apenas de ponderar o significado de todas as coisas e, em razão disso, mergulha num mundo de buscas interiores da verdade sublime, também corre o risco de passar a ser uma pessoa muito *blasé* e permanentemente enfadada com a bobagem de todos os que conseguem sacar algum ânimo daquilo que emana da simplicidade da vida.

Viver não é especialmente difícil apenas para alguns. É duro mesmo. No entanto, não tenho dúvida de que o peso que algumas pessoas carregam tem dois componentes bem básicos: um orgânico e outro psicológico. No fim, as duas coisas sempre se retroalimentam.

Ora, se já é duro viver para quem está razoavelmente estável nessas duas áreas, não há dúvida de que pode beirar o insuportável para quem carrega mais peso ainda. No entanto, a pior angústia é a que não tem causa. Essa angústia essencial é uma desgraça para o existir. E, estranhamente, às vezes, as pessoas atribuem essa agonia a alguma crise existencial profunda, seguida de depressão e de reflexão filosófica pessimista, e então se abisma naquela angústia que gostaria de poder apertar o botão *delete*. No entanto, quando você descobre que toda angústia tem uma causa, seja ela qual for, a verdade dessa descoberta liberta você. Você pode até não deixar de sentir algumas agonias, mas já não a chamará de essenciais – inominável –, mas pelo seu próprio nome, e isso faz toda a diferença. A verdade, até quando é um diagnóstico, liberta a gente!

De qualquer modo, muitas vezes, há necessidade de que se procure ajuda médica imediatamente. Nesses casos, é bom começar com um clínico geral, que poderá encaminhar a pessoa para um psiquiatra e um neurologista e, posteriormente, para um psicoterapeuta. É bom considerar também a possibilidade de fazer uma pesquisa séria sobre a química do corpo a fim de verificar se os elementos minerais e hormonais estão em ordem. Há muita gente sofrendo de depressões horríveis que têm uma natureza essencialmente orgânica. Recuperando-se o equilíbrio do sistema orgânico, a mente começa a se sentir capacitada a se expressar por um corpo que lhe seja útil e responsivo. Seu corpo existe. Seu cérebro existe também. Você tem nervos e uma infinidade de alquimias acontecendo em seu organismo. Isso tem de ser levado muito a sério.

Já tive depressão de morte. Durante um ano e meio – de abril de 1998 a setembro de 1999 –, eu pedia todos os dias que Deus me levasse. As dores emergiam de todos os meus poros. Doía de dentro para fora e de fora para dentro. E não era nada subjetivo. Tudo tinha nome. Portanto, o volume das aflições era enorme, mas suas causas não eram desconhecidas. Com certeza, isso me ajudou. Entre as coisas que muito me ajudaram, uma das mais importantes foi a natureza. Descobri que se ficasse em casa, num quarto escuro, gemendo e chorando, eu morreria de pena de mim mesmo, tristeza e impotência. Então, saí. Acordava e ia para o mar. Tinha de ficar ao ar livre. Sei que Deus usou o ar livre para também me salvar. Depressão ao ar livre é diferente de depressão em quarto escuro. Deixar-se expor ao impacto da sensorialidade natural – água fria, sol quente, mergulho refrescante, uma nadada aflita, uma oração embaixo d'água, mergulhando etc. – são graças divinas numa hora em que a alma quer entrar numa cova e pedir para si a morte. Eu preferi o sol, a terra, a água e o ar.

Por fim, gostaria de pedir que você pegasse a Bíblia, abrisse os Salmos e os lesse todos os dias, várias vezes por dia. Leia em voz alta. Faça deles a sua oração a Deus. Além disso, é importante sair com amigos e também se deixar tocar. Digo: abraçar, estar presente, perguntar coisas da vida dos outros que não sejam "profundas" e que abrem caminho para amizades. Pratique isso com fé.

Saia de você. Saia de casa. Saia da casca!

De onde vem o sentido de sua vida?

Jesus dá sentido a tudo o que Ele mesmo chamou à existência.

Jesus ensina que o significado de cada um de nós não vem de fora, mas de dentro, do íntimo, da certeza de viver em Deus, por Deus e para Deus.

Quem crê mesmo em tais verdades não se sente sozinho nunca, nem abandonado, nem largado, nem traído, nem coisa alguma, uma vez que seu significado venha de sua consciência em fé, e não da afirmação do mundo ou de qualquer outro suposto validador de significados humanos.

Ao descerem do monte onde aconteceu a transfiguração (Mateus 17), os discípulos Pedro, Tiago e João perguntaram a Jesus se Elias não deveria vir antes da manifestação plena do Messias. Jesus lhes respondeu: "Sim, Elias virá e já veio, mas fizeram com ele tudo quanto queriam!".

Ora, os três discípulos tinham acabado de ver Elias com Moisés no monte, conversando com Jesus sobre a cruz, de acordo com a narrativa de Lucas. Provavelmente, viera daí o súbito interesse na vinda de Elias. Sim, depois da rejeição da oferta das três tendas, uma para Jesus, outra para Moisés e outra para Elias, o que sobrara era o adiamento da cruz, pois, de fato, eles sabiam, intuíam, mas não compreendiam e, menos ainda, aceitavam...

Jesus, todavia, preparava-os para o reino de Deus e não para os reinos deste mundo! Por isso, disse-lhes que Elias já viera e fizera tudo o que tinha de fazer (referindo-se a João Batista), mas que o povo não notara e as autoridades ainda o matariam...

Desse modo, Jesus também ensina aos discípulos que o significado da vida de um homem não decorre da percepção de terceiros, nem de visibilidade, nem de fama, nem de glória, nem de louros, nem de vitórias reconhecidas como tais pelos demais homens, nem de coisa alguma desta Terra ou da presente ordem de coisas. Antes, ensina Ele, o significado de cada um de nós, como o de Elias e João Batista, não vem de fora, mas de dentro, do íntimo, da certeza de viver em Deus, por Deus e para Deus! E isso ainda que se morra sozinho e em razão de caprichos e banalidades...

O que não podemos esquecer nunca é o sentido das coisas, conforme Jesus diz que elas sejam aos olhos de Deus! Sim, nos evangelhos, todas essas ordens estão invertidas. O que é elevado entre os homens é abominação diante de Deus, garantiu-nos Jesus. Entretanto, mais do que em qualquer outro lugar, é na história do rico e do Lázaro que melhor se vê o que Jesus ensina sobre isso.

Na história de Jesus, o pobre tem nome, o rico não; o pobre não tem nada mas herda tudo, enquanto o rico tem tudo mas não herda nada; o pobre vai para o seio de Abraão, enquanto o rico vai para o inferno; o pobre está em gozo, enquanto o rico está em tomento; o pobre morre sozinho entre os homens mas foi levado por anjos, enquanto o rico morre com um séquito mas vai para o lugar sem amor... Tal é a inversão dramática de sentido e significado que o Evangelho afirma!

Na verdade, quem crê mesmo em tais verdades não se sente sozinho nunca, nem abandonado, nem largado, nem traído, nem coisa alguma, uma vez que seu significado venha de sua consciência em fé, e não da afirmação do mundo ou de qualquer outro suposto validador de significados humanos. Afinal, Elias viera, fizera tudo, mas ninguém vira... Jesus, porém, viu e soube, e esse era o único sentido que daria a Elias/João ou ao João/Elias o significado de existência que qualquer ser humano necessita, a fim de viver sem medo!

Assim, pergunto: de onde vem o significado de sua existência?

Ou será você mais um desses que ambicionam o céu, mas amam mais ainda as glórias dos que na Terra são glorificados?

Quem vive de buscar afirmações humanas e históricas morrerá sem sentido.

Ora, o que aqui digo é lei da vida segundo Jesus, e bem-aventurado é todo aquele que entende e vive por meio de tal sentido. Aliás, o único possível...

Dois Eclesiastes na mesma existência

A diferença de um Eclesiastes apenas sábio e filosófico e um Eclesiastes cheio do Espírito da glória eterna.

> O tempo e a fraqueza do corpo trazem muitas palavras de sabedoria silenciosa e de pacificação, muito mais ainda quando se tem na glória eterna a nossa satisfação, não a nossa esperança de fuga.
>
> Jesus disse: "No mundo tereis aflições. Mas tende bom ânimo. Eu venci o mundo!".

Deus sem a esperança da vida eterna é Deus para a Terra e para os homens e não salva o ser para além da própria dor do ir morrendo.

Sentimos devagar que tudo quanto um dia nos parecia essencial, vai perdendo o peso da essencialidade e, por outras entradas da vida, milhares de pequenos filetes de significado vão irrigando a nossa alma. Os prazeres dão lugar às alegrias, as conquistas dão lugar à paz, os sucessos são vencidos pelo silêncio, as concorrências pelos lugares bons e certos. O que antes era euforia, agora é enfado. O que fazia a juventude saltar como potro é o que, agora, nos segura firme no mesmo lugar, o corpo. O que antes era fácil, agora já não inspira nem desejo de alcance. O que antes se queria saber, agora se prefere até ignorar. A vaidade da existência vai perdendo poder ante a sabedoria da verdade, especialmente ante a verdade do Evangelho.

Todavia, não devemos ter dúvidas de que o tempo e a fraqueza do corpo trazem muitas palavras de sabedoria silenciosa e de pacificação, muito mais ainda quando se tem na glória eterna a nossa satisfação, não a nossa esperança de fuga.

Afinal, Jesus disse: "No mundo tereis aflições. Mas tende bom ânimo. Eu venci o mundo!".

CAPÍTULO 4

Alguns produtores de sofrimento

A culpa

A culpa gera medo e aumenta o peso do existir.

> A força que moveu a humanidade, mais que qualquer outra, foi a culpa.
>
> Como o sexo é o clímax de toda experiência sensorial que os humanos podem ter, foi o ponto de convergência de quase todas as neuroses.

A culpa habita a essência humana. A força que moveu a humanidade, mais que qualquer outra, foi a culpa. A culpa vem da primeira transgressão. Uma coisa é conhecer uma lei: "Da árvore do conhecimento do bem e do mal, não comerás, pois, se dela comeres, morrendo, morrerás". Outra é conhecê-la como transgressão.

O conhecimento informativo não gerou culpa, nem vergonha, nem medo, nem fuga. Mas, quando o "fruto" foi comido, antes despertando fortemente o apetite, foi como o gosto de "pular a cerca"... Despertou também os sentidos estéticos, pois o fruto era belo de se ver, e criou uma ambição de autodivinização, de ser como Deus, conhecedor do bem e do mal. Ah! Então, veio a experiência de conhecer a lei...

Somente a transgressão à lei dá conhecimento dela, pois a lei só se faz conhecer como culpa ou medo. É dessa culpa essencial que procedem todas as neuroses humanas. E como o sexo é o clímax de toda experiência sensorial que os humanos podem ter, foi o ponto de convergência de quase todas as neuroses.

"Vendo que estavam nus, fizeram para si coberturas... cintas de folhas de figueira." Foi como a culpa primeiro se expressou: como negação do prazer. O bem virou mal. O mal virou bem. Houve uma inversão. O mais belo se tornou o mais feio, e o mais digno se transmudou em vergonha. O grito de gratidão pelo prazer – "Esta afinal é minha carne!" – passou a ser algo de que a alma precisava se des-culpar... e ter muita parcimônia.

Assim, a vida humana é culpa...

Culpa de ter nascido...

Culpa de gostar do que se diz que não se deve gostar...

Culpa de amar quem está proibido...

Culpa de ser amado e não corresponder...

Culpa por não se fazer amar...

Culpa por não ter conseguido chamar de amor àquilo que um dia se pensou que era...

Culpa de não ser compreendido...

Culpa de ter gerado filhos... e não conseguir controlar os seus destinos...

Culpa de possuir...

Culpa por não conseguir possuir...

Culpa de não ter sucesso...

Culpa de ter sucesso...

Culpa de se ser feliz...

Culpa de ser infeliz...

Culpa de não alcançar as expectativas projetadas...

Culpa da honra, da desonra, da cobiça, do poder, da fraqueza, do desejo, da inapetência, do orgulho, da cobiça, da falência, culpa... de ser.

É da culpa que vem todo o resto... vergonha, medo, fuga e, sobretudo a fobia da morte.

Culpa e medo são a antítese de graça e paz!

A psicanálise pode ajudar muito no problema da culpa, identificando-a como neurose e ajudando o indivíduo a diminuir o peso de seu existir. Mas somente quando se toma consciência de que Jesus se fez pecado, culpa e vergonha por nós, é que se está no caminho da libertação da culpa, a fim de que se vá aprendendo a viver sem ela, até que se entre na paz.

A psicanálise faz melhor caminho que a árvore do conhecimento do bem e do mal pode fazer com os recursos que a ela estão disponíveis no Éden... Digo, quase todos os recursos, pois há um, o único, que a psicanálise não pode ainda perceber. Ou o percebe, mas o simboliza demais, esvaziando assim o seu poder real e eficaz. No Éden, Deus cobriu o homem e a mulher com vestes de pele de um animal... roupas de sangue... sangue de outrem. Freud não era o segundo Adão! Somente no segundo Adão, e em sua obra consumada aos olhos do Criador, é que a culpa pode cessar por completo.

Somente quem crê que Deus aceitou como consumado tudo o que o homem devia a Ele, que o primeiro crente é Deus, pois Ele creu no sacrifício de Cristo e que se Deus aceitou a Cristo, então, quem o aceita, aceita aquilo e Aquele que por Deus foi aceito no lugar de todos os homens, sim, somente esse ser humano vai começar a entrar na paz!

Aos olhos de Deus, o pecado foi aniquilado na cruz, conforme a epístola aos hebreus. Os pecados que faziam separação entre nós e Deus foram de todo removidos. Por isso, todo aquele que invocar o nome do Senhor será salvo.

Ora, essa salvação não é apenas um passaporte para a eternidade. Ela é sobretudo uma certidão de libertação da culpa, da vergonha e do medo... inclusive o medo da morte. É sem culpa que nós temos de tratar dos nossos pecados. Pois com culpa apenas os aumentaremos e os fixaremos mais profundamente em nós... como "pecados próprios". Eu preciso não ter pecado para começar a pecar cada vez menos!

Somente aquele para quem toda condenação já foi cancelada é que pode começar a andar de modo a não se condenar tanto e, assim, pecar menos, pois a condenação apenas nos faz pecar mais e mais.

Santidade é o estado de todo pecador que vive sem culpa, porque creu na graça que é maior que a árvore do conhecimento do bem e do mal. Esses, os que assim creram, desistiram da tal árvore exatamente no momento em que admitiram que a salvação é pela fé.

Inverte-se a ordem gnóstica. Não é o conhecimento que gera a fé. É a fé que gera um conhecimento em fé, que é um conhecimento que se assume como fé na graça e que se entende como sendo também graça, e não autodesenvolvimento. Eis a esperança para crescer para além de todas as neuroses, embora esse seja um caminho estreito... e poucos o acertem. É estreito para o conhecimento, mas é tão largo quanto a fé, isso para quem crê! Quem crê não será confundido, nunca mais.

O medo

O medo é antítese da fé.

O medo é a certeza da desproteção.

Todo aquele que vive tomado de medos assim existe porque não se pôs em descanso na confiança absoluta no cuidado divino, mesmo a mente queira entrar em pânico.

Medo é o mal feito absoluto na alma. O medo decorre do sentimento de fraqueza objetiva e subjetiva. Nem sempre o medo é objetivo. Na realidade, na maior parte das vezes, o que o medo imagina é quase sempre pior que a coisa que se teme.

O medo é a certeza da desproteção!

Por isso, aquele que teme não foi ainda aperfeiçoado no amor de Deus. Se alguém crê no amor fiel de Deus não teme mais nada, pois esse amor cuida de medo absoluto.

Ora, o medo produz tormento... Logo, **todo aquele que vive tomado de medos, existe assim porque não se pôs em descanso na confiança absoluta no cuidado divino, mesmo quando a mente quis entrar em pânico**!

"Bem-aventurado é aquele cuja mente está posta em Deus", paráfrase de Isaías. Meu pai costumava dizer que quando o medo entra pela porta, é porque a fé já saiu pela janela. Então, se pode dizer que: "O medo é a certeza inconsciente de todas as coisas que se teme e a inconsciente entrega à possibilidade de experimentar tudo aquilo de que se tem pânico e pavor".

Tenho medo de tudo que seja mais forte do eu e tenha poder de me ferir. Portanto, não entro em jaula de leão, não abraço cão que eu não conheça, não monto em cavalo bravo, não pulo no Rio Amazonas, não mergulho em Igapó, não entro no mar quando está ressacado, não procuro caminho ruim se levo minha mulher ou filhos comigo, vigio a minha casa fechando as portas, não brinco com bicho venenoso, não fico à toa com metal na mão quando chove e há raios, não escolho o caminho da turba...

Entretanto, se o leão, o cão, o cavalo, a cobra, o assaltante, o ladrão me atacarem, viro bicho, viro leão, viro cão, viro a besta do cavalo bravo.

E perco o medo!

Papai também me dizia: "Fuja de tudo o que você puder fugir como mal, mas se não der mais, então, coma a onça, engula a cobra, devore o bicho, pois será a sua única alternativa. Mas lembre: de certo ponto em diante, nunca corra, nunca vire as costas... afinal, a hora será de enfrentamento".

Isso é com o mundo natural...

Mas e o perverso? Ora, suporto o perverso e não brigo com ele. Mas um perverso tentando sequestrar minha família terá de me matar. Sim, pois todo o temor que me faz evitar tudo o que seja realmente perigoso some quando o perigo se torna uma ameaça real. E aí, então, o bicho sou eu, pois pela agressão à vida meu medo desaparece.

Por outro lado, se temo os poderes da natureza ou do ódio humano até que seja impossível recuar diante do ataque, as demais coisas não me assustam nem antes, nem durante, nem depois. Jesus me deu a garantia de que se eu estiver Nele, esses poderes rosnarão, mas já não me morderão, não me assustarão, pois são cães que ladram, mas já não mordem.

Não tenho medo da morte, nem do diabo, nem dos demônios, nem de anjos, nem de criaturas com poderes espirituais, nem de óvnis, nem de ET, nem de coisas espantosas, nem do fim do mundo, nem de nada. Assim, tenho medos racionais e que devem ser parte do meu sentido sadio de autopreservação.

Temo a maldade dos homens, pois são maus e podem fazer mal. Mas a maldade do diabo está limitada pela fé que a pessoa tenha em Jesus. Assim, não tema a morte, pois ela não mata e já morreu. Não tema o diabo, pois, se você crer, ele não vai fazer mal à sua vida.

Não tema nada que não seja deste mundo, pois o outro mundo obedece ao poder de seu espírito em Cristo. E, neste mundo, a maldade natural tem permissão/poder/dimensão de nos fazer o mal físico, se for o caso.

De mesmo modo, não tema o futuro, nem as coisas espantosas, nem as dores por vir, nem as tribulações, nem a Besta, nem a Babilônia, nem a grande prostituta, nem o Dragão, nem a morte, nem o inferno, pois, na cruz, já estão despojados e com seu destino garantido: o lago de fogo.

Jesus queria que Seus discípulos não temessem nada. "Não temais, pequenino rebanho, pois meu Pai agradou-se de dar-vos o Seu reino!"

Medo exala... vibra... se revela sem palavras... convida o atacante... estimula-o... faz o mal sentir que a pessoa o quer... Por isso, não tema nada. O medo apenas realiza o temor.

O que recomendo, então? Macheza? Ah, não! Jamais! Macheza não adianta contra o medo essencial. O que recomendo é a única coisa que pode vencer o medo em nós: a confiança que decorre da certeza do amor de Deus por nós, conforme Paulo garante em Romanos 8.

Ande com medo, e os passarinhos, os gatos, os cães, as cobras, os ratos, as baratas, os insetos, os grandes animais e os pequenos, os homens maus, os oportunistas, os golpistas, os estelionatários e os sedutores saberão disso e, por isso, atacarão você.

O medroso sempre é atacado! Viva com medo, e tudo assombrará e até atacará você. Ande sem medo, e apenas lhe atacará aquilo que não o assustará, pois até os cães sabem a quem atacar. Uma alma com medo é um convite a ser agredida, abusada, usada e, depois, descartada.

Confie. Ande sem medo.

O verdadeiro amor de Deus em nós nos livra de todo medo e reduz os ataques ao apenas inevitável.

O que tira o medo do coração é crer que nem morte, nem vida, nem coisas do presente ou do porvir, nem qualquer criatura, desta ou de qualquer dimensão, terão o poder de vencer você, pois, em Jesus, você não apenas está garantido, mas também é mais do que vencedor.

Pânico é o mal desta era... É a doença do medo em estado de desamparo... Cuide para que sua alma não se torne um berço fofo para a instalação do pânico. Crescendo sem pai, sem mãe, sem avô e avó, sem amparo, sem amor, sem cuidado, sem Deus e sem fé, até as crianças já sentem pânico hoje, desde a idade mais tenra.

Portanto, seja você uma ilha de confiança para você mesmo e para os que estejam ao seu redor. Não porque você é o "chão" dessa "ilha", mas porque nela você pisa no chão da rocha eterna.

Chegará a hora em que o maior bem de um homem será a sua confiança, pois com ela andará entre serpentes abrasadoras sem temer o mal.

O medo das coisas excelentes

Você tem medo de ser feliz?

> Somente você mesmo pode explicar por que, ante tanta certeza, esperança, graça e amor, sua alma prefere o pânico, o medo, as incertezas, as dúvidas e as confusões.
>
> Barre esse espírito de morte e de medo do que é bom, e que lhe é oferecido como todo bem no Evangelho da vida.

O chamado do Evangelho só não é megalomaníaco porque Jesus, de fato, ressuscitou dos mortos. Do contrário, a oferta do Evangelho seria inconcebivelmente constrangedora. Aliás, tudo em Jesus é assim. Afinal, somente a divindade de Jesus pode salvá-Lo de sua mais total megalomania. O fato é que, se dizemos que Jesus é Deus, por assim crermos de coração, então, o que seria megalomania agora é divindade.

Entretanto, diante de Jesus, temos apenas duas opções: ou O vemos como Deus, ou O vemos como doido, pois somente Deus poderia dizer o que Jesus disse sem parecer um exagerado, um doido, ou melhor: o Doido dos doidos.

Mas, se Ele é Deus, então, o que seria megalomania é agora promessa de Deus sobre os homens. Sendo assim, vale perguntar: por que será que os cristãos sempre dão mais valor ao que é inferior e não àquilo que é superior? Não será porque nossa escolha revela nossa pequenez e nosso assombramento ante as coisas excelentes?

Ou será medo de ser feliz?

Sim! Tente responder, pois somente você mesmo pode explicar por que, ante tanta certeza, esperança, graça e amor, sua alma prefere o pânico, o medo, as incertezas, as dúvidas e as confusões de uma jornada na qual primeiro Deus cria, depois se esfola para consertar; na qual a graça é sempre menos forte na consciência do que a lei da morte; na qual tudo de mau é mais forte que tudo de bom; na qual o pecado vence a cruz; na qual o diabo vence Jesus; na qual o velho desbanca o Novo Eterno; na qual Adão é maior que o Salvador; na qual a serpente vence o filho da mulher que lhe pisa na cabeça; na qual cada maldição da queda é guardada como herança moral e honrada; na qual a escritura é maior do que a palavra; na qual o sábado das tradições humanas é maior que o homem sem nome; e na qual, digo, nessa jornada, tudo o que se escolhe é contra nós mesmos, ainda que em face da oferta do Evangelho e ante o olhar de graça do Cordeiro Eterno.

Pense nisso e se você identificar que, em você, tem sido assim, pergunte: de onde vem esse espírito de morte, que só me impulsiona a escolher o pior?

Sim! Barre esse espírito de morte e de medo do que é bom e que lhe é oferecido como todo bem no Evangelho da vida.

A ansiedade

A cura desta droga está na fé.

> Ansiedade gera neurose assim como produz uma mente paranoica.
>
> Na base de quase todas as enfermidades da mente está a desconfiança essencial.

A ansiedade é uma droga. Uma das piores que existem. Foi por essa razão que Jesus dedicou tanta atenção a ela. Mateus 6 expressa bem a preocupação Dele com o poder doentio da ansiedade. A ela, Jesus reserva significativo espaço no bojo de Seu ensino essencial: o sermão do monte. De fato, isoladamente, é o assunto tratado de modo mais ilustrado e longo em todo o sermão (Mateus 5-7).

E por quê? Ora, as razões são muitas. E os leigos logo as associam às dificuldades da existência em todos os tempos; os psicólogos não resistem à tentação de associá-la ao mundo estressado no qual todos vivemos, tratando, assim, não da própria ansiedade, mas dos agentes contemporâneos de sua emulação.

De fato, há muitas causas secundárias quando se pensa em ansiedade. No entanto, há três causas essenciais.

1. A ansiedade como perversão do olhar prospectivo. De fato, só somos ansiosos porque fomos dotados da bênção do olhar prospectivo. Fomos feitos capazes de olhar para o futuro mediante a imaginação, a lógica histórica, a acumulação de experiências e, sobretudo, em razão da necessidade humana de pensar no dia de amanhã, no qual, miticamente, estocamos o bem e o mal, dependendo de nosso estado de espírito. Todavia, a ansiedade é uma perversão de uma virtude: a bênção do olhar prospectivo. Na realidade, a ansiedade é a esperança vivida como experiência do pecado de ser, o qual se manifesta como incapacidade de crer no cuidado de Deus em razão de nosso descuidado para com Ele em amor. Assim, ansiedade é a expectativa de que, no amanhã, estaremos em perigo. O pecado perverteu todo olhar perspectivo e prospectivo.

2. A ansiedade como a esperança da queda. Na realidade, a ansiedade é a maligna manifestação da "esperança na queda". Num mundo no qual o ser se sabe afastado de Deus, toda expectativa é sempre contra nós, e sua forma existencial e psicológica de fazer desesperança é mediante a ansiedade.

3. A ansiedade como desconfiança de Deus. Quando Jesus enfatizou a ansiedade como problema, o que Ele diagnosticou como causa foi a falta de confiança real no Deus real, no Deus que cuida, que é Pai, que está atento, que se dedica a ervas e pássaros e, portanto, tem muito mais razão para cuidar da existência humana. E tudo quanto Jesus disse sobre a ansiedade culmina com um convite à entrega total à confiança no reino de Deus, ou no Deus que reina sobre a vida, especialmente sobre os detalhes mais sutis. Então, Jesus mandou que a fonte da energia espiritual e vital de cada um de nós se concentrasse apenas nas coisas que carregam o espírito do reino de Deus, pois, assim, seremos *vistos por Deus*, que é o que faz com que todas as coisas necessárias à vida nos sejam naturalmente acrescentadas.

Onde há ansiedade ainda não há a prevalência da confiança. Ou, então, aí se instalou "um vício de sentir contra nós", que só pode ser vencido com a entrega em fé ao amor e aos cuidados misteriosos do Pai.

Sim, a ansiedade essencial é fruto da desconfiança básica de todo homem.

O que se crê é que ele, o homem, é o responsável pela sua própria vida e saúde enquanto é ameaçado por todos os lados, tanto pela competição horizontal como também pelo sentimento de abandono em relação a Deus. Daqui nascem todos os males!

Então, entra em campo o time da ansiedade, com todos os seus infindos craques de angústia e surtos de insegurança e carência e, paradoxalmente, tomado de ambição e desejos fantasiosos de segurança e poder. Ansiedade gera neurose, assim como também produz uma mente paranoica. A pessoa cai no responsabilismo neurótico", ou entra no estado de desconfiança essencial (paranoia), amedrontada em relação ao que possui e que pode lhe ser tirado, tanto por homens como por doenças ou pragas invisíveis.

Ora, essas coisas nascem da ansiedade, assim como a retroalimentam. Então, a ansiedade neurótico-paranoica gera a síndrome do pânico, a hipocondria, a depressão e os surtos de perseguição ou de angústia e medo de morrer. Na base de quase todas as enfermidades da mente está a desconfiança essencial. A desconfiança essencial é a primeira filha da ansiedade do mesmo modo em que é sua mãe. Sim! Pois o ansioso cai na desconfiança essencial, e a insegurança essencial é o que gera ansiedade. É o ciclo da morte...

A cura para esse mal é a fé. Por isso, Jesus apenas mandou confiar no amor do Pai. E mostrou como é idiota pensar diferente. Afinal, pergunta Ele, quem pode o quê?

E mais do que confiar, Jesus disse que a cura total dessa ansiedade essencial vem, em primeiro lugar, da busca do reino de Deus em nós. O reino de Deus em nós! O reino de Deus em nós é construído do material da confiança que o coração possui quanto ao amor de Deus por nós.

O reino cresce com amor! Sim! Ele só se dilata em nós pelo amor e pela confiança no amor de Deus! Quem crê que é amado pelo Amado anda sem ansiedade... Isso muda até mesmo a configuração de nosso cérebro de suas produções químicas... Muda tudo!

Você quer a mudança? Jesus diria: "Vem e vê!", afinal, esse cardápio não é para ser conhecido; é para ser comido como vida, pela fé!

A vitimização

Sentir pena de si mesmo é uma miséria.

> Boa parte de nossas raivas e ressentimentos vem daquilo que a gente chama de "perversidades da vida", ou também de "injustiças do mundo", ou ainda de "catástrofes malignas".

> Deus não me deve nada. Ele me deu vida; que mais desejo? Ele me redimiu antes de me criar; que mais desejo? Ele me dá fé quando não há razão nenhuma para confiar; que mais desejo?

Deus perdoou o mundo, pois, em Cristo, o reconciliou consigo mesmo. A questão é: você também já perdoou o mundo? A gente fica sempre falando em perdoar o irmão. Mas para perdoar o irmão tenho de, antes, perdoar o mundo. Tenho de perdoar a humanidade a fim de poder me perdoar e entender o meu irmão.

Boa parte de nossas raivas e ressentimentos vem daquilo que a gente chama de "perversidades da vida", ou também de "injustiças do mundo", ou ainda de "catástrofes malignas". O fato é que nossos ressentimentos são mais profundos do que sabemos. As pessoas têm raiva de onde nasceram, da família que tiveram, da condição econômica na qual viveram, das lutas e durezas da sobrevivência, de defeitos físicos ou de malignidades que chegam na forma de tragédias...

Há também aqueles que apesar de ricos prefeririam ter nascido pobres, se, na troca, pudessem vir pais amorosos, e não os distantes e indiferentes que possuem. Então, alguns culpam o Estado; outros, a história; outros, as religiões; outros, o país, a raça, o continente, a nação, o povo, os pais, os irmãos, os vizinhos e quem passar por perto. Mas essa raiva é raiva do mundo e das injustiças que nele nos acometem.

O mundo que preciso amar é a criação. O mundo que tenho de não amar é o sistema de injustiças e iniquidades. E o mundo que devo perdoar é o meu mundo, feito de humanos como eu, e que, deliberada ou inconscientemente, pratica o que pratico. Quando todo ressentimento do mundo é tirado de nós, o coração começa a não ter mais reclamações a fazer. Aqui acaba a raiz de toda autopiedade, que é também o fundamento de todo ressentimento e o gerador de todas as invejas.

Todo invejoso é um ser ressentido com o mundo, com as oportunidades que acha que não teve enquanto outros tiveram; com os dons e talentos que outros possuem enquanto a mesma coisa não lhe acontece nem com muito esforço; com qualquer coisa que aconteça ao outro e a pessoa julgue que não era para o outro... ou de quem se acha melhor que o outro ou se julga bom demais e, ainda assim, não tem o que deseja, de tal modo que quem quer que tenha o objeto do desejo de tal pessoa, passará a ser objeto de inveja, que é, de fato, ressentimento com o mundo e, no fim da linha, raiva de Deus. Deus não me deve nada. Ele me deu vida; que mais desejo? Ele me redimiu antes de me criar; que mais desejo? Ele me dá fé quando não há razão nenhuma para confiar; que mais desejo?

Sou uma orgia de graça divina; sou a migalha do eterno banquete; sou nada e, ao mesmo tempo, sou parte do significado de tudo o que existe. Meu Deus! Que posso mais querer? O Senhor é a minha porção e o meu cálice. O Senhor é o meu pastor e de nada me ressentirei, e de ninguém terei inveja.

Deus se reconciliou com o mundo em Cristo?

Se assim é, a fim de que eu possa ser seu embaixador, preciso também ter perdoado o mundo todo. Só então chego reconciliado a fim de anunciar a reconciliação.

Somente gente reconciliada com Deus e com a humanidade pode levar boa nova na vida e na boca. Do contrário, até a fala sobre amor tem cheiro de ódio disfarçado de bondade.

A tristeza

Você se entregou ao vício da tristeza?

Tenha cuidado com a tristeza.
A tristeza se torna vício mental pela perseverança nela, pela continuidade nela, pela chocante dedicação a ela.

A tristeza, assim como a amargura, o mau humor e todos os sentimentos ruins que podemos ter são viciantes. São vícios. Tenha cuidado com a tristeza. Sei que a tristeza é um vício. Não só sei em mim, porque já senti e vivi viciado pela tristeza, especialmente de 1999 em diante. A tristeza se torna vício mental pela perseverança nela, pela continuidade nela, pela chocante dedicação a ela. Então, torna-se um significado interpretativo, um modo de ser, uma atitude, um comportamento.

Entender-se é meio caminho para se curar. Conhecereis a verdade, e a verdade vos libertará. A tristeza não viciada habita no campo das tristezas alegres e das alegrias lacrimejantes.

Jesus ensinou que o feliz, o bem-aventurado, chora... é perseguido e vive insatisfeito com a falta de justiça na Terra, enquanto se regozija e exulta. Ou seja: em Jesus, a alegria de ser e o choro de ver e sentir não existem em compartimentos separados, mas, antes, fundem-se numa só coisa, na qual alegrias são ungidas com lágrimas, e lágrimas são enxugadas pelas próprias mãos felizes daquele que as derrama. E tudo isso é doce! Isso porque temos este tesouro em vasos de barro, para que a excelência do poder seja de Deus, e não da nossa parte.

Assim, em tudo somos atribulados mas não angustiados; perplexos mas não desesperados; perseguidos, mas não desamparados; abatidos mas não destruídos; trazendo sempre no corpo o morrer de Jesus, para que também a vida de Jesus se manifeste em nossos corpos mortais. Temos o mesmo espírito de fé, conforme está escrito: cri, por isso falei; também nós cremos, por isso também falamos, sabendo que Aquele que ressuscitou o Senhor Jesus nos ressuscitará a nós com Jesus e nos apresentará com todos os irmãos (2 Coríntios 4:8-10; 13-14).

E é assim porque agora sabemos que tudo existe por amor a nós, para que a graça, multiplicada por muitos, faça abundar a ação de graças para a glória de Deus. Desse modo, sabemos com certeza que todas as coisas provêm de Deus, que nos reconciliou consigo por Cristo, que estava em Cristo reconciliando o mundo consigo e nos confiou o ministério da reconciliação por meio da palavra. Esse é o caminhar existencial de um embaixador da graça.

A vida com Deus é paradoxo que se resume na fé! Essa alegria de ser Nele convive com todo tipo de contradição. Por isso se demanda que caminhemos com muita perseverança nas aflições, nas necessidades, nas angústias, nas agressões de todo tipo, nas polêmicas, nos trabalhos, na pureza do ser, na humildade no saber, na longanimidade, na bondade, no Espírito Santo, no amor não fingido, na palavra da verdade, no poder de Deus, usando armas de defesa e de ataque, por honra e por desonra, por má fama e por boa fama; como enganadores porém verdadeiros; como desconhecidos porém bem conhecidos; como quem morre, e eis que vivemos; como castigados porém não mortos; como entristecidos mas sempre nos alegrando; como pobres mas enriquecendo a muitos; como nada tendo mas possuindo tudo.

Num mundo caído, não há outra forma de ser feliz sem ser cínico! A saúde existencial e psicológica convive com o paradoxo, pois é assim o caminho de Deus num lugar que já foi um jardim e hoje é um deserto de serpentes abrasadoras e onde o que mais cresce são espinhos e abrolhos.

"Jesus chorou... Jesus exultou no espírito..." são fórmulas existenciais completamente harmonizadas Nele. Para nós, os filhos do benefício, haverá sempre a memória da "terra distante" a fim de que haja sempre a grata alegria pela "casa do Pai". Nossa consciência da graça é quase sempre do tamanho da consciência de nossa própria queda. O Espírito que geme por nós é o mesmo que nos enche de alegria!

A carência

A alma carente é vulnerável.

> A carência humana é filha da insegurança mais essencial, que se manifesta como a falta de significado de uma existência que não se sabe objeto de amor divino.
>
> Se há uma época na qual a alma não pode brincar é a nossa, pois tudo à nossa volta sugere carências e inseguranças, o que faz com que aqueles que não se sabem amados por Deus entreguem-se cada vez mais avidamente àquilo que é morte.

A carência humana é filha da insegurança mais essencial, que se manifesta como a falta de significado de uma existência que não se sabe objeto de amor divino. Quanto menos certeza do amor de Deus, mais vulnerável a alma fica para o diabo. A maioria se deixa levar e manipular até o ponto de ir fazendo cada vez mais mal a si, podendo mesmo vir a se matar, seja pelo suicídio, seja pelo suicídio homeopático de uma existência que só escolhe o que lhe faz mal. As mulheres carentes sabem disso melhor do que ninguém.

Nossos dias, no entanto, são maus, pois, como o amor está esfriando, o que se verá será uma expansão sem precedentes da falta de afeto, o que gerará cada vez mais doenças de alma, e o fruto mais comum dessa falência psicológica é a carência afetiva.

Se há uma época na qual a alma não pode brincar é a nossa, pois tudo à nossa volta sugere carências e inseguranças, o que faz com que aqueles que não se sabem amados por Deus entreguem-se cada vez mais avidamente àquilo que é morte. Fora do amor de Deus, todo pastoreio é de morte! Somente no amor de Deus, a alma tem a âncora que pode sustentá-la nesses dias gelados e sem amor.

Do contrário, pela ausência do amor de Deus, cresce a insegurança essencial e, com ela, vêm as carências difusas, as quais são o tapete vermelho e o passaporte para o diabo de uma existência controlada e escravizada pela tirania da necessidade. A palavra "repele" a necessidade e estabelece a vontade. E, assim, quebra o ciclo animal, no qual a necessidade dita as regras da sobrevivência. Somente a palavra gera um homem livre para viver e viver em e para Deus. Assim, a obediência à palavra é a verdade que liberta, que só é realizada em nosso favor – graça – no Filho de Deus, pois, se o Filho vos libertar, verdadeiramente sereis livres!

O autoboicote

Você se permite ser feliz?

O autoboicote acaba por tornar o indivíduo um ser que associa alegria e prazer à proibição, fazendo com que a pessoa acabe por se proteger da própria alegria e prazer de viver e realizar.

As pessoas se aprisionam no autoboicote. É um processo sutil, que vai inviabilizando a vida, pelas escolhas loucas promovidas pelo medo, pelas inseguranças, por culpa, por sentimentos estranhos e quase suicidas no coração.

Autoboicote é o movimento, muitas vezes inconsciente, de arruinar a própria proteção do desejo, de trabalhar contra a própria vontade confessada. As pessoas tornam-se adversárias de si mesmas. Autoboicote é algo neurótico. É uma espécie de autoproteção.

Classicamente falando, esse estado psíquico seria o resultado de experiências sexuais infantis e, algumas vezes, até indisponíveis para o consciente, mas que demandaram da pessoa, no nível inconsciente, uma ação coercitiva e de autoproteção contra o que estava acontecendo. Tais reações teriam tido o papel de proteger o indivíduo quanto àquilo que teria acontecido antes de o sujeito estar preparado. Tais experiências ou acontecimentos em uma idade muito tenra seriam aqueles que desenvolveriam a autoproteção, e, quando tal estado se desenvolveu a partir de um acontecimento prazeroso, porém "proibido", o psiquismo cria a barreira ao prazer. Seria a chamada "neurose de proteção".

A questão é que essa função psíquica, se não descoberta e elaborada, acaba por tornar o indivíduo um ser que associa alegria e prazer à proibição, fazendo com que a pessoa acabe por se proteger da própria alegria e prazer de viver e realizar. Ou seja: tudo o que é gostoso e bom deve ser objeto de uma certa rejeição ou até de indiferença. Desse modo, sempre que algo fica bom, a pessoa se defende do prazer, reagindo a ele como algo proibido, ainda que inconscientemente.

Há vários tipos de autoboicote. Há os deliberados, que são aquelas coisas que fazemos contra nós para nos livrarmos de outras ruins, que criamos ou facilitamos, nos servem de álibis para não aceitarmos convites, parcerias, propostas etc. A pessoa constrói um cenário para se safar de outras coisas que julgue ruins para ela.

Há autoboicote como forma de autofelicitação semi-inconsciente. Alguns tem consciência dessa atitude, e outros nem tanto. Os primeiros não estão tão alienados assim e podem ser mais facilmente iluminados. Esses usam o autoboicote como disfarces psicológicos, moedas de troca com familiares, amigos etc., de maneira tão imperceptível, que as pessoas ao seu redor nem notam muito. Os que se autofelicitam nem mesmo se dão a essa verificação, pois já faz parte de sua proposta de vida. Ou seja, todo mundo que se relaciona com esse tipo de pessoa sabe que, de vez em quando, alguma coisa vai dar muito errado com ela.

Às vezes, isso tudo é colocado na conta do azar ou da carência. A carência pode estar presente, mas outras vezes, não. Há um autoboicote operando num processo quase totalmente inconsciente, mas, sob olhar mais atento, percebe-se que a indução a esse processo pode ser consciente e proposital. Exemplo disso é quando uma pessoa não permite que haja paz, harmonia, leveza, alegria completa em nenhuma relação. Há sempre um jeito de as coisas ficarem em 80%. Essa pessoa coloca a sua marca de inviabilidade, não permitindo que a plenitude seja alcançada. Há um compromisso culposo com a infelicidade, seja porque essa pessoa deixou outras que estão infelizes até hoje para trás, seja porque não se sente bem sendo feliz, quando outros que se vinculam a ela são infelizes.

Há ainda aqueles que fazem autoboicote totalmente suicida, frequentemente numa ignorância e estupidez total. São os que cortam a base onde pisam. Exemplo disso são pessoas que odeiam, que guardam ódio no coração, que consideram a amargura um direito delas, que violam aquilo que Jesus ensina como princípios da lei da vida.

As pessoas se aprisionam no autoboicote. É um processo sutil, que vai inviabilizando a vida, pelas escolhas loucas promovidas pelo medo, pelas inseguranças, por culpa, por sentimentos estranhos e quase suicidas no coração, ou até por vingança, como no caso de filhos que se autoboicotam com a intenção de machucar os pais.

Mesmo nos mais sadios, em alguma medida, o autoboicote está presente. Trata-se de uma angústia da felicidade, do tipo: não mereço ser feliz, por isso, eu estrago. É uma calamidade, mas a alma humana é terrivelmente suicida. Na mesma medida em que afirmamos não querer morrer, ambivalentemente temos um caso extraconjugal com a morte, de maneira velada e sutil, mas presentes na existência.

Temos de querer nos curar do autoboicote, uma vez que somos informados e tomamos consciência do processo. Os que desejam se curar, curados são. Mas há quem não deseja ser curado, pois o autoboicote já faz parte de um *script* da vida, de um argumento lamentoso e negativo da existência. Esses continuam deliberada e perigosamente sendo os piores adversários de si, jogando contra si na vida. Só ficam satisfeitos quando ganham de si; quando se humilham; quando fazem o ser público não prevalecer, porque o ser privado buscou a desgraça do próprio indivíduo nas realidades públicas da vida. O indivíduo diz no coração: agora você ficou na situação em que coloquei você. O ser humano fica tão dividido contra si mesmo, existem forças dentro dele tão estranhas, tão alienígenas, que literalmente é uma esquizofrenia não clínica, não internável, e o indivíduo trabalha contra si o tempo todo. Quando está ficando bom, ele estraga; quando está para dar certo, ele arruína; quando tem tudo para acontecer, ele decide que aquilo será perigoso. Por exemplo: posso me apaixonar, posso amar, posso me entregar, dessa vez parece que não vou me controlar, então é melhor me autoboicotar.

Autoboicote se vence com autovigilância, com autofiscalização. A pessoa tem de prestar atenção. Precisa observar os processos mentais. Deve prestar atenção às viagens interiores, observando o tempo em que ela fica com as coisas funcionando no automático, com a cabeça dando tratos a uma bola perversa, construindo um ninho peçonhento sem que ela perceba, recarregando-se com negatividades.

O que ajuda imensamente é, na graça de Deus, sem medo e sem culpa, buscar conhecer as causas do autoboicote, que não precisam passar necessariamente pelo diagnóstico clássico da neurose de defesa associada a práticas sexuais precoces. Há outras questões igualmente importantes, como a criação ("Você não fez mais do que a sua obrigação") e a religião, com as culpas e proibições a toda sorte de prazer que ela ensina constantemente. Ora, essas duas situações são, em si mesmas, fatores importantíssimos a serem discernidos quanto ao que produziram na alma, no que tange a tornar a pessoa em um indivíduo que se proíbe ao que é prazeroso.

"Esquecer das coisas que para trás ficam", segundo Paulo, é o único modo de poder caminhar para as coisas que adiante de nós estão. "Esquecer", aqui, é tirar as emoções da memória; é poder lembrar sem angústia do ocorrido e suas culpas; é poder discernir sem medo; é poder entender o processo sem culpa; é poder encarar os fatores na fonte e não considerá-la poluída.

Na graça de Deus, esse "esquecer" equivale a lembrar positivamente; significa aprender com o passado para o hoje e o amanhã; significa deixar o que se discerniu como ruim, a fim de prosseguir para o que é bom. Ora, tudo isso só pode acontecer quando a alma já não teme se ver, e isso só acontece sob a certeza da graça.

O processo de cura e libertação só pode acontecer quando a pessoa deixa de mascarar o mal-estar com a culpa, sem atribuir tudo à neurose pecaminosa, assim, sofrendo porque sofre... A culpa não deve mascarar o sentir, e é importante ir cada vez mais fundo até às raízes dessa pulsão de autoboicote. Quem sofre desse mal, deve fazer essa jornada sem medo. Deus sonda o interior, e para Ele as trevas e a luz são a mesma coisa.

O autoengano

No autoengano, ninguém encontra o Evangelho como verdade libertadora.

A pessoa começa a criar as condições para poder viver em fantasia e, desse modo, virtualizar a realidade, sempre pisando num chão "real", porém corrompido pela imaginação.

Todos nós temos muitos autoenganos, mas a vida de certas pessoas é toda feita de autoengano.

Autoengano é a construção da mente em desconexão com a verdade, pois, embora o autoengano em geral se vincule ao que chamamos de "mundo real", acontece sobre a premissa da fantasia ou da realidade adaptada à conveniência, mas sem vínculo com aquilo que, no mundo real, é verdade sobre o mundo, sobre nós e sobre o próximo.

Autoengano é o capricho da vontade alterando a realidade--verdade, seja inconsciente ou semiconscientemente, ou mesmo de modo consciente no início – para, então, depois, em razão da necessidade de conforto psicológico, a pessoa fazer o processo todo imergir no subconsciente num processo de fuga.

É assim que a pessoa começa a criar as condições para poder viver em fantasia e, desse modo, virtualizar a realidade, sempre pisando num chão "real", porém corrompido pela imaginação, um chão-lugar--no-mundo-real. Embora à semelhança de um estado esquizofrênico--unificado (monofrênico) o indivíduo surtado de autoengano veja como verdade e realidade aquilo que ele mesmo criou para seu próprio conforto ou conveniência psicológica de engano, a fim de não encarar a verdade.

Ora, quem se entrega ao autoengano (mesmo que seja devocional e piedosamente como os crentes costumam fazer), jamais encontrará o Evangelho como verdade libertadora, pois, no autoengano, não há graça. Onde há graça, há verdade e, no autoengano, não há verdade, apenas a adesão à fantasia que escraviza a alma, impedindo-o de viver no chão da realidade-verdade, que é o único-lugar-existencial no qual a libertação acontece.

Todos nós temos muitos autoenganos, mas a vida de certas pessoas é toda feita de autoengano! O caminho do Evangelho é livrar-nos do engano, do autoengano e da fantasia, a fim de colocar nossos pés no chão do caminho, que é a verdade, onde está a vida.

A mágoa e a amargura

Ambas são irmãs gêmeas da morte.

> Muitas vezes, a pessoa fica magoada e amargurada com alguém, ou até com a vida, e não sabe.
>
> A mágoa é fruto de trauma. Já amargura é filha do trauma que se tornou um filete de raiva ou até mesmo de ódio.

Muitas vezes, a pessoa fica magoada e amargurada com alguém, ou até com a vida, e não sabe. Isso acontece porque nos sentimos obrigados a negar essa realidade da nossa alma. Especialmente as pessoas mais bondosas, e que foram abusadas, tendem a negar a mágoa e amargura, ainda que sejam totalmente explicáveis pelo peso das opressões sofridas. Já os que apenas dizem "estou magoado, sim!", em geral, sofrem menos e têm mais chance de cura, pois um sentimento manifestado é luz.

Há grande poder de cura no discernimento e na confissão! Entretanto, os que guardam suas amarguras e mágoas sob o manto da piedade, geralmente, vão adoecendo pelo silêncio, pela negação, pela omissão, por não confessar.

Você sabe que leva amargura e mágoa no coração quando tem uma reação desproporcional ao ouvir o nome de certa pessoa com quem tem algum problema, por exemplo. Ou, então, quando reage mal a um fato de hoje com base em sentimentos acumulados sobre situação semelhante de ontem.

Casais podem saber se estão magoados e amargurados um com o outro quando uma conversa sobre certo tema acaba virando uma espécie de grande acerto de contas, em que sentimentos antigos são evocados com ares de atuais. Então, tudo vira lavagem de roupa suja!

A mágoa é uma hipersensibilidade emocional relacionada a um tema ou pessoa que um dia nos machucou. É como uma mancha roxa na alma. É um machucado emocional dolorido. Tocou, dói. A amargura, por conseguinte, ainda que seja quase a mesma coisa, é mais profunda, pois é mais dinâmica. A mágoa é passiva. Mas a amargura é ativa; cresce por si mesma, cria raízes e se expande, sempre agregando novos elementos para justificá-la. A mágoa é fruto de trauma. Já amargura é filha do trauma que se tornou um filete de raiva ou até mesmo de ódio.

Nem todo aquele que magoa alguém será visto como inimigo. Mas aquele que deixa alguém amargurado certamente será tratado como um inimigo e receberá todos os ataques do amargurado, que viverá dedicando muito de sua energia à vingança ou, no mínimo, à vitória sobre o outro.

A amargura é venenosa e cresce como um câncer. Ela cresce se não for combatida de frente. E não para de crescer até que destrua o outro. A amargura que não se converte em arrependimento pela graça não para nem quando destrói sua fonte, pois acaba se tornando um estado de alma no amargurado.

Em Hebreus está dito que uma raiz de amargura pode contaminar todos os vínculos à nossa volta. A amargura de um pode se tornar um espírito em muitos. Ande com o amargurado sem percebê-lo como tal e você sutilmente ficará como ele.

Por essa razão, quando um casal fica amargurado um com o outro, dificilmente haverá cura, a menos que surja uma grande e profunda consciência do Evangelho entre eles. Como diz o provérbio bíblico, é preciso parar o processo antes que se torne uma rixa, pois o sentimento contido, fruto da amargura, ali permanecerá até que algum se arrebente.

A amargura é um sentimento que inspira suicídio em quem o experimenta, e é homicida para quem se utiliza dele como arma e vingança.

Assim, observe os sintomas. E mais: fique livre disso enquanto você está no caminho com a pessoa, conforme Jesus ensinou (Mateus 5). Porque, depois, você pode ficar preso no cárcere espiritual que a amargura cria para o amargurado.

O ciúme

A besta do amor.

É muito ciúme a encharcar as nossas almas adoecidas.

Ninguém deve se submeter às cobranças de ciúmes loucos feitas em nome de amores que odeiem os que amem você ou que detestem os que você ame com amor sadio e verdadeiro.

A frase de Paulo "o amor não arde em ciúmes" acaba com muitos dos disfarces de amor que vestimos por ciúme. **É muito ciúme a encharcar as nossas almas adoecidas!** Sim, e em nome do amor; de um amor que é tudo, menos amor; que seria melhor definido como posse, ou poder, ou controle, ou vaidade, ou insegurança, ou propriedade, ou carência, ou medo, ou mesquinharia, ou idolatria afetiva, ou culto ao sangue familiar, ou sentimento narcisista, ou implicância, ou antipatia, ou simplesmente de maldade.

Assim, deve-se não apenas pensar no ciúme que nasce no coração de cônjuges ou namorados frágeis ou mesmo supostamente donos daqueles a quem pensam amar, mas também incluir em tal lista de enciumados os amigos, pais, avós, tios, parentes, irmãos, filhos, patrões, pastores e todo aquele que diz que sente ciúmes do que ama, gosta, lhe pertence ou é seu há mais tempo. Esses acham que amor e relacionamentos são baseados em "usucapião". Sentem ciúmes não apenas os cônjuges e namorados – os classicamente detentores do direito mortal ao ciúme –, mas também todos aqueles outros mencionados, numa doença do ciúme e suas expressões desgraçadas de amor falsificado.

São pais com ciúme do amor que seus filhos recebam de outras figuras parentais, como se ter um filho amado ou que ame a outros com qualidade de ligação filial fosse uma desgraça, uma perda, uma blasfêmia. Ou são avós sofrendo da mesma mesquinharia de alma, quando sentem que seus netos amam um outro que igualmente os ame, com amor de qualidade semelhante ao que vincula netinhos e avós. Ou irmãos que passam a odiar aqueles que recebem e doam fraternidade e irmandade aos seus irmãos de sangue (sangue!... grande porcaria!). Ou amigos que ficam loucos de raiva contra todo amigo do amigo supostamente amado. Ou parentes que passam a antipatizar com qualquer um que seja objeto de amor equivalente ao que se dê a um bom tio, tia, primo ou relativo, sem que nada oficial ou sanguíneo una o tal "parente afetivo" àqueles aos quais os supostos parentes de direito devotem amor enciumado como sendo um ente/ objeto da família.

São filhos zangados com os pais se eles amam outros entes (ou enteados) como filhos. Ou tios irados contra novos tios do afeto. Ou amigos sentindo-se traídos por novas amizades de seus amigos. Ou avós enlouquecidos pelo fato de que seus netinhos tenham avós do coração. Ou pais separados que não admitem uma relação de amor entre seus filhos e os novos cônjuges de seus ex-cônjuges. Ou pais se sentindo diminuídos pelo fato de os filhos passarem a amar e ser amados pelos sogros.

No caso dos patrões, pastores ou pessoas que exerçam influência sobre outras, não é nem em nome do amor que sentem seus ciúmes, mas em nome de uma fidelidade pela vinculação institucional. Então, esse ciúme equivale ao de um dono de fazenda pelas suas vacas e crias no pasto.

Para essas pessoas, parece que o melhor cenário seria aquele no qual seus filhos, pais, netos, amigos, parentes fossem desprezados em cada nova relação fora daquela que existe entre eles. Sim! Este é o tipo de amor que dizem ser o amor que sentem!

Deus me livre de tal amor, venha ele de onde vier. Não o quero. De fato, o abomino!

Que amor é esse que não ama também àqueles aos quais os que amamos venham a amar ou por eles ser amados? Ora, é fácil dizer: não é o amor que faz tais demandas, mas, sim, o sentimento mais animal e demoníaco possível, que é inferior ao que existe na natureza dos instintos entre muitos animais, em meio aos quais, por exemplo, uma tia aliá (elefanta) cria um elefantezinho como mãe.

Ninguém deve se submeter às cobranças de ciúmes loucos feitas em nome de amores que odeiam os que amam você ou que detestam os que você ama com amor sadio e verdadeiro! Sim, pois aceitar isso é abraçar doenças como se virtudes fossem.

Jamais me submeti e nem me submeterei a essa baixaria menor do que animal, pois, se amo, também amo a todos aqueles que amam os que amam. Assim como não aceito que aqueles que digam me amar demandem que meu amor se encolha para mais amores nesta vida.

O princípio bíblico é simples: aquele que ama o Pai também ama todo aquele que Dele é nascido, ou seja: todo outro a quem Ele chame de filho e a Ele chame de Pai! O que passar disso vem do diabo! O diabo é que ensina esses amores do inferno em nome da posse, do sangue, do DNA, do direito, ou de qualquer outro pretexto contrário à vida.

A inveja

Você consegue se alegrar com quem se alegra?

Chorar com os que choram é mais fácil do que se alegrar com os que se alegram, pois chorar com os que choram é identificar-se com o que é certo (o sofrimento). Mas se alegrar com os que se alegram é ter a capacidade de celebrar o raro, o inusitado e o que não é natural neste mundo de dores.

Há aqueles que "amam" você quando você está sofrendo e que o "odeiam" quando você está feliz.

Quem se alegra com os que se alegram e chora com os que choram é próprio em tudo o que faz, pois, pelo amor, abraçou a realidade e o fez sem medo, sem inveja, sem amargura, sem rancor e sem competição. Somente o amor verdadeiro produz essa segurança para ser.

Há pessoas que são capazes de chorar com os que choram, mas não são capazes de se alegrar com os que se alegram. No entanto, para todo aquele que se alegra com a alegria que a outros visitou, o chorar com os que choram é natural.

E por que quem é capaz de se alegrar com a bondade que pousou sobre outros é também capaz de chorar com os que choram? Lembrando que chorar com os que choram não necessariamente faz a pessoa ser capaz de se alegrar com os que se alegram. Afinal, quem terá inveja da dor dos doídos? Mas da alegria dos alegres muitos têm grande inveja!

Ora, é que é mais fácil para os inseguros ser humano a tristeza dos outros – realidade que a todos nivela nesta existência – que a alegria, já que a tristeza é algo de que todos têm farta experiência nesta vida, mas a alegria verdadeira poucos conhecem. Assim, chorar com os que choram é mais fácil do que se alegrar com os que se alegram, pois chorar com os que choram é identificar-se com o que é certo (o sofrimento). Mas se alegrar com os que se alegram é ter a capacidade de celebrar o raro, o inusitado e o que não é natural neste mundo de dores.

Então, se você deseja desenvolver boas coisas dentro de você, aprenda a alegrar-se de coração com os se alegram e, assim, você ficará livre de toda inveja.

Há, todavia, aqueles que "amam" você quando você está sofrendo e que o "odeiam" quando você está feliz. Todo aquele que assim sente é um invejoso em estado de luta permanente contra a inveja, daí viver em conflito. Chorar com os que choram é a dádiva de um certo "melhor do seu coração" e que, inconscientemente, camufla a inveja que impede o invejoso de se alegrar com os que se alegram.

Para esse invejoso, mais difícil do que suportar todas as coisas, todos os sofrimentos e todas as privações da vida é aguentar ver a bondade da graça de Deus se manifestar como alegria no coração de alguém que não seja o dele. O invejoso é capaz de se vestir de solidariedade quando vê o sofrimento; afinal, para ele, ser solidário na dor é uma virtude. No entanto, alegrar-se com os que se alegram é uma afirmação feliz sobre a bondade de Deus para com o outro. E disso somente os que não têm inveja no coração são capazes.

Então, sábio é todo aquele que de seu próprio coração varre toda inveja para sempre. Mas, para que isso aconteça, é preciso que a pessoa aprenda a se alegrar em ser quem é, pois, somente assim, ela não terá inveja da felicidade de ninguém.

CAPÍTULO 5

Quanto menos amor, mais angústia

A pior doença: uma disposição mental reprovável

Cada um deve se perguntar diariamente se suas ideias e percepções são sadias.

> Libertar-se do "estado mental reprovável" é um desafio para toda alma. Sem que se fique liberto disso, num exercício diário de conferência entre a consciência e o significado do amor, ninguém consegue amar e dar-se em amor.
>
> O "estado mental reprovável" é a própria corrupção do ser e a mais terrível doença da mente, pois não é necessariamente diagnosticável, mas é loucura existencial e sensorial em si mesma.

A capacidade de "deter a verdade pela injustiça" sempre se faz acompanhar de desprezo pela consciência e pela intuição sobre o que é genuinamente divino. Ora, quando alguém abraça essa determinação interior acaba por criar "uma disposição mental reprovável", conforme ensina Paulo em Romanos 1 e 2.

Há no ser uma percepção crônica e essencialmente pervertida em sua apreciação de todas as coisas. Além disso, a "disposição mental reprovável" é também resultado direto de alguém cultuar o homem, seja ele próprio (narcisismo) ou qualquer outro homem (idolatria) o objeto, seja pela via do egocentrismo como culto existencial, seja pela entrega a paixões doentias.

Quando se está disposto a trocar a verdade pela mentira, e a intuição do divino pela construção própria de qualquer forma de "Deus conveniente", surge o culto a si mesmo. E, com ele, nasce a disposição mental que se entrega com avidez a toda sorte de paixões que apareçam na alma. A alma adoece tanto que também as cria de modo fantasioso.

Isso acontece porque essas violações da consciência implantam no ser a vontade de apenas ser para si, e isso acima de tudo. Daí a própria alma acabar por construir seus próprios deuses, concretos ou apenas imaginativos, que existem para reforçar a disposição interior de agir conforme apenas o desejo pessoal já doente. Desse modo, não somente deuses de pau, pedra, madeira, gesso ou ouro são construídos, mas também deuses abstratos e que podem até mesmo ser chamados apenas de "deus", mas que nada mais são que "construções abstratas" que existem a fim de legitimar as paixões da alma doente.

Nesse caso, o "Deus" de cada um fica exatamente do tamanho da perversa paixão que alguém deseja expressar, pois a "disposição mental reprovável" precisa de "deuses" que lhe deem reforço e validação. Daí as grandes perversões da mente ser fruto direto das paixões que se colocaram acima de qualquer coisa, fazendo com que a pessoa (ou sociedade, no caso de virar cultura) se entregue a si mesma como se isso fosse uma lei divina.

Todos nós trazemos a norma da lei gravada em nossos corações. Ora, a fim de esquecer de tal norma inata é que criamos deuses que sejam "camaradas" em relação aos nossos próprios desejos e paixões, ou que "demandem" de nós como sacrifício os nossos maiores desejos e paixões, incluindo, nesse caso, todas as formas de sadomasoquismo, especialmente os de natureza psicológica sutil.

Seja como for, a "disposição mental reprovável" é sempre culto a si mesmo, privilegiando toda sorte de paixões, as quais terminam por escravizar a pessoa a seus próprios processos mentais, todos eles emulados pelas pulsões-paixões que eclodem do interior e se tornam "senhoras do destino" de homens e mulheres que a elas se entregam. Quando esse estado se estabelece, o sentido de realidade acaba, pois quem se entrega perde a capacidade de ver o todo da realidade possível e, assim, mergulham cegos no mundo governado pelos instintos e paixões, a ponto de apenas conseguirem enxergar a si mesmos, eliminando da percepção qualquer outro valor que não sirva aos propósitos da entrega para praticar "coisas inconvenientes".

Daí o resultado dessa instalação mental ser a deterioração do ser, colocando o indivíduo no caminho da falta de afeto, da busca implacável da realização de seus próprios desejos e cegando-o para a realidade maior que inclui todos os seres humanos.

Desse modo é que alguém possuído pela "disposição mental reprovável" não consegue ver mais nada além de sua própria pulsão e paixão, tornando-se o centro de qualquer mundo e jogando para escanteio qualquer interesse humano ou mesmo divino.

O problema é que esse "estado mental", uma vez instalado, não acaba apenas porque alguém se "converteu" ao "Deus das escrituras", pois, mesmo dentro do ambiente dos "convertidos", a disposição mental reprovável encontra seu caminho.

A pessoa não faz objetos de cultos, mas cultua o desejo e a paixão como deuses existenciais, que, nesse caso, podem até deixar de ser de natureza sexual ou explicitamente hedonista, podendo simplesmente aparecer como vaidade pela posição de si mesmo como objeto de "culto" dos outros no panteão das falsas importâncias.

Daí, não raramente, ser possível ver pessoas "cultuando a Deus", mas que trazem em si a doença do estado mental reprovável. Isso porque se tornam como aqueles que "aprendem, aprendem, sem jamais chegar ao pleno conhecimento da verdade".

No meio cristão, o tal "estado mental" é visto quase sempre apenas como uma maligna possibilidade das mentes pagãs. Nesse caso, os cristãos estão esquecidos de que o "estado mental reprovável" não se faz conhecer somente pelos objetos que explicitamente confessa cultuar, mas, sobretudo, pelos resultados existenciais que se fazem produzir na vida. O "estado mental reprovável" sempre gera grandes surubas humanas, conforme Romanos 1. Ora, tais surubas também podem ter cara cristã e se disfarçar sob as máscaras da moral e da piedade "para fora", embora, no interior, causem toda sorte de desconstrução. Onde quer que alguém se torne o centro absoluto para si mesmo, aí haverá toda sorte de resultados ruins, os quais podem também se manifestar com as caras religiosas que vemos à nossa volta.

Sim, a "disposição mental reprovável" é o que faz a pessoa se entregar às suas próprias paixões, sejam elas quais forem, mas que acontecem como formalização do desejo pessoal contra toda e qualquer manifestação da verdade. Ora, essa obsessão pode levar o indivíduo à suruba romana ou a qualquer outra forma de promiscuidade para a alma, incluindo a suruba religiosa, que é a vontade obstinada de aparecer ante os sentidos de todos, mesmo que isso acabe com a própria essência do Evangelho na alma do indivíduo.

Nesse ponto, fica impossível deixar de lembrar que os profetas sempre chamavam a perversão espiritual de "prostituição". A prostituição espiritual é fruto da "disposição mental reprovável" e põe o cultuador no lugar do Criador, que é bendito eternamente. Amém.

A "disposição mental reprovável" sempre cria objetos de culto, seja na forma de um deus pagão, seja na forma de um deus cristão. Entre os cristãos, esses "deuses" podem ser identificados como piedade pessoal, igreja, moral, poder, dinheiro, prosperidade e culto a um homem, normalmente alguém que passa a ocupar o lugar de Deus na alma humana, em alguma assembleia de cristãos idólatras. Ora, essa tal disposição mental é doença em si mesma. E ela tem o poder de cegar a pessoa para a realidade conforme o que seja amor. Além disso, os que se deixam levar por ela perdem a capacidade de amar, obedecendo apenas ao poder das pulsões pelas quais se deixam governar.

No entanto, essa disposição mental acaba por se tornar "cultura". Quando ela se torna cultura, algo terrível acontece, pois se torna um modo coletivo de pensar e sentir, que falsifica toda realidade possível. Um homem entregue a uma "disposição mental reprovável" vira o centro de qualquer mundo e nada mais enxerga além de seus próprios interesses, tornando-se, assim, a medida de todas as coisas, o que Jesus disse que jamais deveria acontecer.

O mandamento para não julgar – afinal, as medidas do julgamento voltam-se como juízo sobre o julgador – é também um mandamento para que ninguém se torne a medida de todas as coisas, pois quem julga chama para si a categoria de centro regulador da vida.

Libertar-se do "estado mental reprovável" é um desafio para toda alma. Sem que se fique liberto disso, num exercício diário de conferência entre a consciência e o significado do amor, ninguém consegue amar e dar-se em amor.

O pior de tudo é que esse estado mental é vicioso e tem o poder de perverter todos os sentidos. Por isso, que a ele se entrega deixa de percebê-lo. E, assim, sem que o saiba, muitas vezes passa a chamar a mentira de verdade; a injustiça, de direito; a paixão obcecada e doente, de amor irreprimível.

Não é de admirar que com tal estado se vá toda "afeição natural", conforme diz Paulo. Cada um deve se perguntar diariamente se suas ideias e percepções são sadias, ou se transformaram-se em fruto de um estado reprovável na mente.

Essa verificação tem de ser feita sempre, já que a possibilidade da perversão mental é real, porém muito sutil. E a única forma de controlar os possíveis surtos que remetem a esse estado mental é preservar a mente conforme o evangelho, o que, na prática, significa fazer aos outros o que se quer que seja feito a nós, especialmente quando estamos sob profunda necessidade e carentes de toda ajuda do próximo.

No mais, tem-se de manter a mente sob o controle da lei do amor, pois, do contrário, a legislação do egoísmo acaba por estabelecer o "estado mental reprovável", o qual é a própria corrupção do ser e a mais terrível doença da mente, pois não é diagnosticável, mas é loucura existencial e sensorial em si mesma.

O ódio e o pecado do ser

O ódio é puro estado de loucura.

> Quem odeia, torna-se escravo do ódio. Ora, o ódio tiraniza o ser porque o entrega à sua obsessão destrutiva pelo próximo.
>
> O amor é o único dogma existencial estabelecido por Jesus. Daí, na mesma medida, o ódio ser a maior blasfêmia.

Odiar é muito difícil. Pessoalmente, acho que é infinitamente mais fácil cometer uma violência, sair no tapa em razão de um destempero, ir à guerra e, até mesmo, matar, do que odiar. A violência é uma loucura. E o ódio é puro estado de loucura! Odiar demanda uma determinada "instalação" na alma que só pode acontecer como semente do mal. O ódio como estado do ser significa que o potencial do amor foi transmudado em seu oposto, tornou-se o antagonismo total da possibilidade da graça.

Onde há ódio, não há graça, e onde há graça, não há ódio!

Até o ofensor que peca contra o irmão setenta vezes sete é um filho pródigo da graça, pois para que alguém se arrependa tantas vezes e peça perdão, precisa pelo menos ter acessos súbitos de percepção do outro ofendido – o que só é possível como graça! Aquele que tem o dom desse perdão tão frequente e que perdoa, apesar de ser alvejado aleatoriamente, é, sem dúvida, filho da mais profunda graça!

O ódio, todavia, não conhece nem o perdão, nem o arrependimento – mesmo que seja como surto. Odiar é difícil, porque o ódio precisa se instalar como uma espécie de direito adquirido contra o ser do outro. E a experiência desse estado implica algo muito mais profundo do que cometer um pecado. Implica o verdadeiro estado de pecado.

Só o ódio instala o estado de pecado no ser, assim como é no crescimento do amor que a graça se enraíza como estado cada vez mais profundo do ser. Daí o apóstolo João dizer que aquele que odeia não conhece a Deus, pois Deus é amor.

Aquele que odeia nunca conheceu o amor. A ira é um acesso e o prolongamento de seu estado dá espaço para o diabo, na medida em que afasta o ser de sua única proteção: o amor. Sem amor, todos os flancos estão abertos para o que é mal. Mas, com ódio, o mal já tomou posição soberana na alma.

Odiar é difícil também porque aprisiona. Ninguém é livre para odiar. Quem odeia, torna-se escravo do ódio. Ora, o ódio tiraniza o ser porque o entrega à sua obsessão destrutiva pelo próximo. Odiar é difícil sobretudo porque aquele que odeia des-existe. Desiste de ser e existe para o não ser, para não viver, pois, sem amor, sobra-nos apenas des-existência. Ora, nesse estado, há apenas a morte como cenário para a vida. E a morte nunca embelezou a vida nem fez ninguém viver, e jamais o fará.

Aquele que odeia seu irmão traz em si a semente maldita. Assim como aquele que ama seu irmão carrega no ser a divina semente.

Creio no poder devastador do ódio. Há quem o busque e o pratique como direito adquirido. Mas também sei que sua experiência instala o do inferno no "HD" do ser como aplicativo primordial. A máquina psíquica passa a não "rodar" sem esse tal programa. Roda até congelar a existência na des-existência.

Então vem a morte, não daquele a quem se pretende fazer o mal, mas daquele que o intenta. A prolongada intenção de fazer o mal pelo mal pode criar o pior de todos os estados na alma: o da soberania do ódio! Entretanto, odiar é difícil apenas para aquele que vê o ódio como o pecado contra o ser. Quem se ama não consegue odiar, assim como também não consegue não amar de alguma forma o seu irmão

– mesmo que seja como expressão da misericórdia que chega como um relâmpago iluminando a noite da vingança.

O amor é o único dogma existencial estabelecido por Jesus. Daí, na mesma medida, o ódio ser a maior blasfêmia. O amor cobre a multidão de pecados. O ódio tenta esconder-se descobrindo pecados existentes e até fabricados contra o próximo. Por isso, aquele que ama vive com uma esperança redentora, e aquele que odeia existe movido pelas pulsões da destruição.

O ódio paralisa tudo: interrompe orações e nega a Deus, pois Deus é amor. E quem pode viver sem amor? Só conheci até hoje "existências" nesse estado, mas nunca vi vida nessas existências.

Odiar é difícil porque remete a vida para a morte. E quem consegue viver se já está morto?

A era da psicopatia

Olhe para o seu próprio coração.

A psicopatia é o mal da era.
Sem a prática constante do amor e sem que se exercite nele,
toda alma cairá na psicopatia como doença global.

Jesus disse que o esfriamento do amor faria a iniquidade se multiplicar na Terra. Por outro lado, a multiplicação da iniquidade esfria todo amor.

Portanto, seja porque o amor esfriou ou porque a iniquidade se multiplicou, o resultado é o mesmo: a era do gelo final. Os homens sem afeto, a vida sem amor, a existência como arte predatória e desalmada.

Hoje, a psicopatia é o novo mal da era! Já foi a histeria, depois a depressão, depois o pânico e, agora, a psicopatia. E pior: não há medicação para fazer amar com amor divino, sublime e verdadeiro! E mais angustiante ainda: de acordo com Paulo em II Timóteo 3, essa psicopatia atingiria inclusive os crentes dos últimos dias.

Falta de afeto, implacabilidade, arrogância, frieza, desconsideração, irreverência, culto ao próprio ego e, sobretudo, hipocrisia, pois têm forma de piedade, mas são filhos da piedade. Falam de Deus, porém O negam por suas próprias obras más. Principalmente, O negam por suas ações de manipulação do próximo e de sedução dele.

Psicopatia tem graus, níveis e estágios! Entretanto, sua maior marca é a falta de culpa no erro, falta de arrependimento a fim de consertar o erro e de afetividade quando a ofensa ao próximo não comove o agressor!

Veja se, apesar de todos os cultos que você frequenta, sua alma já não é a de um psicopata. Sem a prática constante do amor e sem que se exercite nele, toda alma cairá na psicopatia como doença global. Pense nisso, mas, sobretudo, olhe para o seu próprio coração.

O psicopata não é apenas o *serial killer* à solta. Este, na verdade, é apenas o último estado da psicopatia. Entretanto, há cada vez mais psicopatas no mundo. O psicopata não sente, não se importa, não ama, não cuida, não pensa em nada que não seja ele. Não ama a si, pois, na psicopatia, não existe sentimento nem emoção.

Outro termo para psicopatia, segundo a Bíblia, é a expressão de Paulo sobre o "homem cauterizado", que é o indivíduo que endureceu tanto, que não mais se move pelo amor ou pelo arrependimento que dê fruto de amor. Ninguém precisa disso. As razões do psicopata são como as do diabo. "Sou assim, porque não amo!"

Ora, se é assim, que mais se pode esperar do psicopata? Onde não há amor, só existe iniquidade! Não existe outra alternativa.

O mundo ficará cada dia mais cheio de psicopatas latentes, vivendo sem amor. Verdadeiros vampiros ambulantes, soltos nos bares, nas praias, nas boates, nas igrejas e candidatando-se a pai, mãe, padrasto, madrasta, amante, qualquer coisa. Mas tudo sem amor.

O psicopata é o ser que ama sentir-se descolado de tudo e todos.

Sim, ele ama não sentir e, para e por nada sentir, morrerá na alma.

CAPÍTULO 6

A mente

Saúde mental

Jesus é o exemplo da mente mais sadia possível.

A maior marca de saúde mental é a alegria de ser, amar, conhecer e participar da vida, fazendo isso com amor e bom senso, sem medo da dor, especialmente da dor do amor.

Quando uma pessoa se fixa num único tema na vida – seja pela via de um trauma, seja pela força de desejos reprimidos e transformados em "causa de vida" –, fica evidente o fato de que sua mente está viciada.

Uma das marcas de saúde mental de uma pessoa é a sua capacidade de variar temas, interesses, assuntos e uma abertura total para tudo o que seja humano e vida. Portanto, a maior marca de saúde mental é a alegria de ser, amar, conhecer e participar da vida, fazendo isso com amor e bom senso, sem medo da dor, especialmente da dor do amor.

Uma pessoa fixada num tema só, por mais que chame aquilo de "meu amor e minha paixão" ou, em certos casos, de "minha vocação" ou de "minha obrigação", torna-se juiz de quem não tem o mesmo interesse ou não o tem na mesma intensidade ou, ainda, de quem manifeste outros interesses e prioridades, juízo fundado em sua própria fixação. É vítima de um vício mental dos mais perigosos e também, por certo, dos mais capazes de reduzir a mente e a existência de uma pessoa a uma espécie de tara temático-existencial. Quando uma pessoa se fixa num único tema na vida – seja pela via de um trauma, seja pela força de desejos reprimidos e transformados em "causa de vida" –, fica evidente o fato de que sua mente está viciada.

A questão é que vícios mentais não são apenas coisas que permanecem na psique da pessoa. Em geral, quando não se trata de um problema congênito ou hereditário na área mental, o que acontece é que a alma se entrega a um certo modo de sentir – seja em brigas domésticas, seja uma relação viciada na tragédia e no desamor, seja um poderoso condicionamento de natureza sexual, seja a fuga de intimidade, seja o ódio, seja a amargura etc. E a presença contínua desse "sentir" demanda do cérebro certas liberações químicas que façam "compensação" frente ao estresse ou frente à hiperexcitação ou às oscilações ou a qualquer coisa que caracterize um modo de sentir intenso. Essas "descargas" químicas de compensação tornam-se programas cerebrais que passam a operar por conta própria. Então, já não é a psique que exige participação do cérebro, mas o cérebro que comanda o comportamento em relação às experiências emocionais vividas.

Vícios mentais, portanto, são como uma cobra que se alimenta do próprio rabo!

O problema é: onde está a mente sadia?

Para mim, Jesus é o exemplo da mente mais sadia possível e, portanto, aberta a tudo e todos. Exatamente como Deus, que manifesta Seus interesses e variedades temáticas na multiplicidade da criação. Jesus mostra interesse pela variedade da vida, assim como Seu Pai foi variado e extravagante em tudo o que criou. Sim, porque até as maiores sutilezas da criação estão carregadas de extravagância divina.

Jesus foi um carpinteiro por profissão e nunca chegou a ficar nem de longe velho; morreu jovem. Entretanto, já menino, no templo, chocava os mestres com suas questões e interesses sobre coisas elevadas, porém no lugar certo e com as pessoas certas. Nunca estudou, mas lia. Nunca plantou, mas observava o trabalho do agricultor. Nunca escreveu, mas sabia qual era a presunção de um copista do sagrado. Nunca namorou, mas sabia como ser carinhoso com as mulheres. Nunca teve ovelhas, mas sabia, pela observação, como um verdadeiro pastor se portava. Nunca foi casado, mas sabia como uma dona de casa ficava feliz quando achava algo precioso que se havia perdido. Nunca foi pai, nunca foi pródigo, nunca foi um irmão ciumento, mas sabia como todos os três personagens se sentiam em cada situação. Nunca foi desonesto, mas sabia como um administrador infiel se sentia quando apanhado em flagrante. E, assim, Ele demonstra também como um pai de família deve se comportar se um ladrão se aproximar. Sabe que a pobreza é crônica na Terra; conhece o modo como os políticos dominam os povos; sabe o que sente uma mulher dando à luz um filho. Não evita a emoção do choro, da dor, da tristeza, da alegria, do suor de sangue, do vinho melhor, do medo da cruz e da oração fortalecedora. Vive cada coisa, cada dia, não se deixando escravizar por nenhum tipo de aflição ou preocupação. Sim, Jesus tinha a mente mais despreocupada do mundo, ao mesmo tempo em que era a mais responsável da Terra.

Sobretudo, além da variedade de Seus interesses, indo de crianças a velhinhas, vê-se Sua saúde mental na Sua total vitória sobre a ansiedade. Ele faz gestão leve até da hora da morte. "Não é a hora", diz Ele. Até o dia em que Ele diz: "Chegou a hora". E Sua despedida de amigos e discípulos não poderia ter sido mais própria, mais grave e, ao mesmo tempo, mais esperançosa, mais verdadeira e também protetora das limitações de percepção deles.

Assim, aprendendo com Jesus, busque interessar sua mente por tudo, sempre apenas retendo o que é bom. E se você perceber que se irrita com qualquer coisa que não seja o seu "tema", preste atenção, pois já é forte sinal de que a sua mente e cérebro estão viciados ou se viciando. E isso não é brincadeira. É pior do que qualquer outro vício.

O que é ser normal?

Sem compaixão, não há normalidade.

Cada um tem sua própria normalidade. Por outro lado, qualquer normalidade que não signifique individualidade capaz de interação humana e, portanto, social não é normalidade.

Para Jesus, o amor é a qualidade que dá saúde e normalidade a todo ser humano.

A maioria das pessoas deseja ser normal. É óbvio que por "normal" se deve entender a capacidade de existir sem caricaturas psicológicas ou comportamentais que sejam fruto da inexistência de autopercepção. Por outro lado, a busca da "normalidade" tem levado a polos extremos e doentios.

Há aqueles que entendem ou sentem o "normal" como aquilo que seja "mediano". Para esses, o "normal", muitas vezes, vira neurose na mesma medida em que se torna uma busca obsessiva por um padrão exterior que nem sempre é a continuidade natural do próprio indivíduo, sendo apenas uma horrorosa máscara de ferro "modelada pelo retrato falado pelos outros" e que a pessoa coloca sobre a face a fim de que sua cara real dê lugar à formatação que a máscara carrega como "selo de qualidade social da normalidade".

No outro polo, há aqueles que odeiam "as máscaras de ferro das feições de normalidade" e que, justamente por isso, põem sobre a cara uma outra máscara que é a antítese da "máscara feita de retratos falados de normalidade", sendo, portanto, construída como dupla negação: da própria identidade individual e, também, como negação do "modelo forjado" pelo parâmetro social. Assim, o indivíduo não é nem para si e nem para os outros.

A questão é: o que fazer a fim de encontrar a normalidade? Como se chega a tal "ponto"? Quais são as linhas de demarcação nesse chão de sutilezas?

Com toda a simplificação possível, o segredo é discernir o que é harmonicamente normal para você, para ninguém mais, pois, se a referência da normalidade for buscada apenas na norma exterior, passa-se a fabricar doentes em série. Cada um tem sua própria normalidade! Por outro lado, qualquer normalidade que não signifique individualidade capaz de interação humana e, portanto, social não é normalidade. Por isso, você deve ser normal para você mesmo e para os outros.

Se você for normal apenas para si, desconsiderando totalmente a existência dos demais seres humanos, não haverá em você a saúde que advém da interação social, por menor que ela seja. Desse modo, a individualidade se torna individualismo, que é a existência do indivíduo pretensamente isolado dos demais. A individualidade mantém o indivíduo uno e singular, porém recebendo as contribuições da diversidade que salva o ser do individualismo.

Por mais que você seja você mesmo, esse "você mesmo" só será uma individualidade sadia se for capaz do "você também" em alguma medida relacional. A saúde da existência pessoal acontece nessa permanente tensão entre o "você mesmo" e o "você também". O objetivo, no entanto, é que a maturidade faça diminuir essa tensão.

A normalidade individual cresce na medida em que essas duas categorias – "você mesmo" e "você também" – não se percebem mais em oposição uma à outra, mas em total sincronicidade. Ou seja: leva tempo para ser normal, e, ainda assim, saiba que você será apenas normal, nada além disso. O que a meu ver ainda não é grande coisa.

O final dessa jornada acontecerá quando o indivíduo tensionado entre ele mesmo e os outros for absorvido na plenitude de seu ser em Cristo, em que todo aquele que é, é único e, ao mesmo tempo, o é em absoluta harmonia com todos os demais diferentes. Existe alguém normal? Ou o que é ser normal? Ora, quando a questão se volta para a perspectiva da "normalidade" que significa um padrão social e moral de ser, algo como uma "clonagem do normal", a resposta é não.

Sim, porque cada indivíduo deve ter a chance de ser ele mesmo, sem essa possibilidade ele pode se esquizofrenizar.

No entanto, se a questão se volta para o significado não moral, porém ético e psicológico do ser, então a resposta é sim, existe um padrão de normalidade humana. O indivíduo pode ser extrovertido ou introvertido; seguro e ousado ou tímido e discreto; melancólico ou aparentemente imperturbável; culto ou inculto; sábio ou ignorante. Ainda assim, certas marcas da normalidade podem e devem existir nele. E que marcas são essas?

Primeiro, todo ser humano precisa ser humano. Por humano quero dizer aquilo que é o fator diferencial entre o humano e o não humano, que é a gentileza e a compaixão. Segundo, todo ser humano precisa e deve perceber a existência de todos os demais humanos. Um ser humano para quem somente ele mesmo existe está perdendo humanidade, pois a verdadeira humanidade se faz, também, a partir do reconhecimento do semelhante.

Assim, o normal é amar e ser misericordioso, não egoísta e inafetivo.

No mais, se o indivíduo ama e expressa afetividade, mesmo que esteja na guerra, tudo o mais se torna circunstancialidade.

Para Jesus, o amor é a qualidade que dá saúde e normalidade a todo ser humano. Não amar é perder-se. É dissolver lentamente a própria humanidade pessoal. É como abrir mão do coração a fim de viver gelado. É por essa razão que Jesus manda amar sempre, até o inimigo, pois sucumbir ao ódio e ao rancor é justamente aquilo que tira de nós a qualidade da saúde interior, único lugar onde a normalidade pode existir.

Então, ninguém é normal quanto a sua singularidade individual e irrepartível. Porém, no que diz respeito à manifestação desse ser único, espera-se que ele apareça sempre em amor, mesmo que ele, em seu modo de ser, seja completamente diferente dos padrões da maioria. Desse modo, o ensinamento de Jesus é simples: ame de verdade e seja você mesmo!

Sem amor, ninguém é normal. Com amor, todavia, até o louco é mais normal do que o catedrático inafetivo. O problema é que, para a maioria, amar se tornou a exceção, aquela coisa de monge, aquela virtude dos fracos. E o que seria saúde virou uma opção dos espíritos que não têm como se virar no braço, ou na língua, ou na esperteza.

Por essa razão, digo: quanto menos amor, menos normalidade, menos afeto e mais doença!

A bênção da sanidade mínima

Ninguém é capaz de viver em perfeito equilíbrio.

Você sabe se uma pessoa é "balanceada" – a própria palavra pressupõe uma oscilação – se ela sabe abrir espaço justo e verdadeiro entre os seus semelhantes.

O diabo teria inimaginável poder na Terra se o Deus de Jó não dissesse a ele: "Não lhe toques a mente!".

Nenhum de nós é totalmente bom da cabeça. Se somos todos pecadores, somos também todos ruins da cabeça, de um modo ou de outro. Por isso, não existe o ser "cabeça feita". Existe, sim, aquele que não liga para a cabeça de quem quer que seja, e também existe aquele que tenta ser um fazedor de cabeças.

Um sofre de apatia... O outro sofre de excesso de antipatia... de ser também empaticamente antipática, e antipaticamente simpática, quando houvesse a simpatia essencial nos encontros humanos.

Só Jesus foi capaz disso o tempo todo.

Assim, todos nós somos mentalmente incapazes de viver em perfeito equilíbrio. O normal é ser assim: mentalmente incapacitado de certas coisas, ou de certos discernimentos... A gente entende... errar é humano... Mas isso não nos põe na categoria dos doentes mentais. A presunção da saúde apenas adoece as nossas vidas, pois é a doença dos sãos, dos que não precisam de médico; ou a doença dos doentes que não querem cura.

Há, todavia, outro nível básico e cotidiano pelo qual se pode aferir a saúde relativamente aceitável de cada um de nós: o modo como nos comportamos em relação ao próximo quando temos a condição de ajudá-lo ou de tornar a vida de todos mais fácil. Você sabe se uma pessoa é "balanceada" – a própria palavra pressupõe uma oscilação – se ela sabe abrir espaço justo e verdadeiro entre os seus semelhantes.

Num outro nível, ainda mais rotineiro, nós temos de viver a partir da presunção de sanidade coletiva. É só por isso que a gente dorme no ônibus, pega um avião, entra num táxi, faz uma curva com o carro quando outro carro faz a mesma curva na direção oposta... Em qualquer dos casos, você confia na saúde da interação humana. O motorista do ônibus quer voltar para casa. O piloto do avião teria uma maneira melhor de se suicidar do que derrubando o próprio avião. E o motorista do táxi está apenas tentando ganhar dinheiro, mas se pudesse estaria vendo um bom jogo de futebol sentado na poltrona de casa.

Então, são os enfermos de mente que têm de confiar na sanidade uns dos outros até para fazer uma curva com o carro na esquina...

Você já imaginou o tamanho da proteção que Deus dá à mente humana? Ficamos assombrados com o mar... Mas e com a mente? Ao mar, Deus impôs limites, que são obedecidos. E quem põe limites àquele que é o pervertedor das mentes?

O diabo teria inimaginável poder na Terra se o Deus de Jó não dissesse a ele: "Não lhe toques a mente!". Nossas "doenças mentais", em geral, ainda são meigas e dóceis se comparadas àquilo que o "mal" poderia realizar em nós – que temos a mente furada como um queijo suíço! – se não houvesse um capacete invisível sobre as mentes de todos os homens!

Vivemos, entretanto, dias nos quais é possível sentir que a camada protetora está ficando fina... O Apocalipse nos diz que chega o tempo em que seres antes acorrentados são liberados a fim de atormentar os homens que desejam morrer e não conseguem. Daí virá a pior loucura coletiva! É a loucura de existir... acompanhada por ardente ânsia de morrer... Daí é que vem a loucura mais louca e mais destrutiva.

A loucura se instala coletivamente quando uma coletividade perdeu a significação para existir. Aí, cumpre-se Apocalipse 9. Cumpre-se aquilo que a humanidade jamais conheceu: a última loucura!

E é a multiplicação da iniquidade, que faz o amor se esfriar de quase todos, que instala a última loucura. O resto é apenas loucura. O Apocalipse fala dela o tempo todo. Quem tem ouvidos para ouvir, ouça! Quem tem coração grato, curve-se e adore! Quem ainda não vestiu o capacete da salvação, ponha-o logo sobre a cabeça!

E o Deus da paz guardará os vossos corações e mentes em Cristo Jesus, o nosso Senhor!

O mundo só existe no olhar, na mente

O mundo é nossa própria criação.

> Bem-aventurado o homem em cujo coração (mente) existem caminhos aplanados, que, ao passar pelo vale árido, faz dele um manancial.
>
> Não reclame do mundo; reclame e mude o seu olhar, a sua disposição mental, a fim de que ela seja a matéria-prima da edificação de seu caminho.

Jesus disse que tudo está no olhar. Ou seja: está na mente. Isso porque ninguém vê com o globo ocular, mas com a mente. Com o globo ocular, captamos impressões do mundo exterior. O cérebro transforma essas impressões em imagens, sons, gostos, cheiros, tato, sentimentos. Quase todos os demais seres vivos e animais da Terra possuem as mesmas capacitações que nós, exceto por um cérebro menor.

Todavia, até mesmo o chimpanzé (que possui cerca de 95% de genes semelhantes aos dos humanos e que é dotado de sensorialidade também comum aos homens) não possui um olhar da vida, uma mente capaz de interpretar, nas sutilezas, o que vê. Tampouco tem ele a possibilidade de imaginar um caminho de vida, um futuro, uma esperança!

Todos os demais animais já estavam na Terra antes de nós. Disso ninguém tem dúvida. Somos os últimos. Somos os do fim. Entretanto, a presença deles não criou um mundo, nenhum mundo, mas apenas fez parte da vida na Terra. Trilhões de seres existiram no mesmo chão que hoje estamos pisando. E isso durante bilhões de anos. Todavia, o mundo só começou com o surgimento do olhar humano.

O mundo é criado pelo olhar que enxerga, vê, interpreta, assimila e se transforma em caminho do lado de fora. O mundo é feito pelo olhar, ou seja, pela mente. E, nesse sentido, há dois modos de o olhar mudar o mundo.

O primeiro é aquele que se impressiona, interpreta e reage. Em geral, esse olhar cria mais guerras que soluções e paz. O segundo é aquele que enxerga, vê e age. Age mudando o mundo. Age transformando o vale árido em manancial, pois há um caminho verdejante dentro dele.

Ora, no primeiro caso, tem-se uma mente influenciada pelo ambiente. No segundo, há uma mente mudando o ambiente pela ação fundada na sabedoria e na realidade. Isso tudo com amor, justiça e verdade.

Se é o olhar que muda o mundo, e se o olhar é mais uma disposição de dentro para fora do que de fora para dentro – no que tange à mente –, um monte de afirmações bíblicas se renovam em seu significado para nós. Dentre os muitos textos que poderiam ser evocados como justificativa para a minha afirmação de que o mundo é feito pela mente e pelo olhar, um dos mais belos é aquele que salta do Salmo 84. Lá se diz que é bem-aventurado o homem em cujo coração (mente) existem caminhos aplanados, que, ao passar pelo vale árido, faz dele um manancial.

Assim, fica-se sabendo que é o "caminho aplanado do coração" a vereda que guiará a atitude mental do caminhante, que, tendo a mente limpa e positiva, disposta à vida, caminhando sem culpa e com vontade de andar na direção dos lugares elevados do "ninho de Deus", transformará o caminho externo, sobre o qual pisa, e fará isso conforme a arquitetura espiritual, psicológica, emocional e afetiva que preexistir em seu coração-mente.

Aquele convite de Paulo no final da Carta aos Filipenses para que tenhamos uma mente limpa, cheia de louvor, tomada pelo que é edificante, possuída pelo que é de boa fama etc., pode parecer algo romântico e até piegas, mas, sem dúvida, é o único caminho para melhorar nosso caminho na Terra. Paulo diz que quem assim vive, experimenta a paz de Deus que excede a todo entendimento!

Paradoxo: somente com a mente cheia das coisas lá do alto, e não das que são aqui debaixo, é que se pode ter o poder mental para transformar nosso caminho aqui embaixo. É sempre "assim na terra, como no céu" em todas as coisas que nos possam fazer bem. Isso, obviamente, não exclui o processo mental.

Concluindo: ninguém terá um caminho de vida exterior com mais significado e beleza que o caminho que existe no coração!

Assim, é o olhar que faz o mundo!

Portanto, não reclame do mundo; reclame e mude seu olhar, sua disposição mental, a fim de que ela seja a matéria-prima da edificação de seu caminho.

Parafraseando Jesus: se teu olhar da vida for o resultado de um coração bom e cheio de amor, então, tudo em ti será cheio de luz, por dentro e por fora. Mas se teu olhar for mau, amargurado, negativo, vingativo, maquinador, manipulador e inafetivo, então, tudo em ti será treva, escuridão e vereda de morte. Portanto, não deixe que aquilo que pode ser a luz de teu ser, que é teu olhar, teu bom olhar da vida, torne-se o oposto, gerando um ser que carrega a tortuosidade de sua cegueira aonde quer que vá.

Com novo olhar, no Cordeiro, até o lago de fogo é belo

Este mundo, mesmo em sofrimento, é extraordinário.

> Vejo beleza até no caos, na catástrofe, na percepção da cegueira humana.
>
> Quando a fé converte nosso olhar, a morte e a lamúria perdem poder e algo novo nasce.

"Onde está, ó morte, a tua vitória?", pergunta Paulo, citando a esperança da Escritura.

Mesmo caído, sofrido, angustiado no âmago, aflito nos polos, deprimido em todas as suas cidades e suicida em todas as suas construções de progresso, sendo mundo cosmos assim como mundo de seres vivos, este mundo ainda assim é absolutamente extraordinário.

Todos os dias olho à minha volta e viajo em belezas estéticas a feiuras comportamentais. Contemplo, em êxtase, até me chocar diante da capacidade autodestrutiva da humanidade. É estranho, mas vejo beleza até no caos, na catástrofe, na percepção da cegueira humana. Existe o mal, existe o mau e existem os males. Mas desconhecem a profundidade do mistério de Deus, pois estão cegos em suas trevas, visto que o diabo é o anjo cego de orgulho.

O que vejo em tudo é uma sabedoria em curso, mesmo que as expressões imediatas sejam de perda. De fato, nada será perdido, pois se Deus é amor e se o Cordeiro de Deus foi imolado antes da fundação do mundo, então, no fim, tudo será como no princípio, ou seja, tudo será Nele. E Nele nada se perde, porque Ele é Aquele que vive. No fim, até o que foi extinto será reunido ao princípio, pois até o que se extingue se extingue em Deus. Extinção absoluta só seria possível se algo não fosse em Deus. Nesse caso, se Nada fosse o oposto de Deus. Então, o Deus Nada seria Deus. Dessa forma é que Nada também é Nada em Deus.

Por isso, até o caos carrega beleza e vida. É preciso entender o caos como fim e começo. É preciso passar a olhar o começo e ver fim, olhar o fim e ver o começo. Mesmo que você não deseje ser em Deus, você será. Porque tudo vem de Deus e volta para Deus. Deus É.

Vendo a vida assim, entrega-se a existência à causa do ser e de sua preservação em Deus, mediante a escolha do caminho menos desejado, que é a vereda do amor e da graça. Entretanto, até aquilo que parece ser o oposto do que seja bom passa a ser visto como parte de um trabalho de amor que não teme podar, limpar ou mesmo jogar no fogo – tudo em amor.

Quando a fé converte nosso olhar, a morte e a lamúria perdem poder e algo novo nasce. Com esse novo olhar, vem a percepção de que mesmo o que nos pareça estranho e doloroso, que sempre é visto como ruim, nada mais é que manifestação do amor de Deus operando para nossa escolha da vida, salvando-nos de uma existência sem vida aqui e sem eternidade além.

A mente e os caminhos que dela procedem

Os processos psicossomáticos.

Há ocasiões em que tudo dói.

No tocante às emoções, aos afetos e, sobretudo, aos processos psíquicos, uma boa mente, lotada de tudo o que é bom e puro, de tudo o que é louvável e de boa fama, de tudo o que edifica e promove a paz, torna-se o agente humano mais profilático que se possa conhecer.

Há dias e dias, assim como há temporadas boas e más. Há tempos de ventos contrários e estações de ventos a favor. Em geral, no entanto, os tempos são feitos das intensidades de material existencial que oferecemos e carregam marcas comuns a eles.

Há ocasiões em que tudo é saúde. Mas a saúde é silenciosa, como silencioso sobre si é todo corpo sadio.

Há ocasiões em que tudo dói. E dói em muitos à nossa volta, como se, pelo vínculo e pela proximidade de coração, as dores de um se encadeassem às dos demais. E, assim, surge algo comum: a estação de dores diferentes, embora compartilhadas. Há pessoas, no entanto, que decidem inconscientemente viver essas estações. Ora, como pode algo ser inconsciente e ao mesmo tempo decidido? A tomada de decisão inconsciente acontece à revelia do desejo confessado do indivíduo. Nesses casos, mediante o uso da consciência como expressão "da palavra" falada, o que se diz é "eu tenho medo". Então, o processo inconsciente responde e demonstra que não pretende obedecer ao medo confessado (pulsão prevalente); antes o abraça como elemento a ser processado e devolvido ao consciente. O medo, agora invocado na consciência, atrai outros medrosos ou predadores. Por outro lado, o inconsciente convence a pessoa de que ela é aquilo que teme e, portanto, impila-a a conhecer a fonte do seu pavor. É aquele estranho sentimento infantil que leva a criança a gostar sentir medo e ter medo de assombração, enquanto chora e pede mais...

Na idade adulta, esse antigo sentir tem seu similar. É uma pulsão da árvore do jardim, quando a serpente assombrava e fascinava. Entretanto, o que na criança é gozado, no adulto torna-se monstruoso nos estragos que provoca.

Assim é que existem as estações da vida em que aquele que tem medo enfrentará seus temores em razão da deliberação do inconsciente de não deixar de atender ao pedido de mais assombração, ainda que se chore dizendo que não se quer mais...

Muitas vezes, as agendas das dores se encontram em estações que se tornam subitamente comuns para muita gente que se ama entre si e, nessas ocasiões, o amor tem de encontrar todas as soluções da presença que precisa se multiplicar na mesma qualidade. Até aqui, tudo bem. Afinal, o importante é dizer que há pessoas que atraem toda sorte de calamidades e sempre conforme o medo delas. Mas aquele que anda sem medo em confiança total no amor de Deus atrai tudo que é bom.

Medo e fé são os pavimentos de todos os caminhos humanos, e a jornada vai se moldando conforme o chão de pensamentos onde se pisa. O caminho do homem acaba sempre por tomar a forma de seus pensamentos e sentimentos.

Quando o mesmo espírito negativo ou positivo se torna comum a uma família ou a um íntimo grupo de pessoas, às vezes surge um processo de intercomunicação coletiva inconsciente, e o resultado é um surto em cadeia. Desse modo, o caminho pavimentado com fé sempre será promotor de uma jornada de aventura e de venturas, mesmo na dor. Mas o caminho pavimentado com medo será sempre feito de areia movediça, buracos perigosos, despenhadeiros e muita conspiração na jornada, tornando o indivíduo paranoico.

Assim, mais do que nunca o essencial é ter-ser-fé. Ter fé é muito bom, mas pode ser mais. Ora, esse "mais" acontece quando a qualidade da fé evolui para a dimensão do ser, de tal modo que o homem deixa de ter fé e passa a ser um ser da fé e em fé.

O fato é que uma boa mente, cheia de fé e da alegria do Espírito Santo, altera tudo, a começar do próprio cérebro, que é estimulado em áreas que secretam todas as melhores substâncias químicas promotoras de bem-estar e coragem.

Além disso, o próprio sistema imunológico passa a estar mais pronto para o combate microbiótico. No entanto, no tocante às emoções, aos afetos e, sobretudo, aos processos psíquicos, uma boa mente, lotada de tudo o que é bom e puro, de tudo o que é louvável e de boa fama, de tudo o que edifica e promove a paz, torna-se o agente humano mais profilático que se possa conhecer. Portanto, é justa a afirmação: "Mente sã, corpo são". E mais correta do que sua versão popular: "Corpo são, mente sã".

Sim! Porque o processo é psicossomático.

Cuide de seu humor, de sua atitude, e não negligencie a alegria e a esperança. Pois é pela fé alegre, pela esperança rica e pelo amor simples que o chão de nosso caminhar pode ser pavimentado. E nesse pavimento não há tropeço, pois nele, até quando se cai, já se cai nos braços do Pai e dos irmãos.

Esse é um convite da graça! Você vem?

A depressão

Todos podem ter depressão.

> É próprio estar deprimido, dependendo das circunstâncias ou das perdas e traumas implicados.
>
> O amor é a melhor cura para a depressão.
> E a prática do amor é a melhor terapia.

Sei o que é depressão. Sei o que faz. Sei o sentimento que gera. Sei que é um horror. Depressão não é privilégio dos incrédulos. Acontece a quem não é poste de ferro. Aliás, depressão só não pode acontecer em poste de ferro. Há uma quantidade enorme de pessoas de Deus que sofrem de depressão. E não é "encosto". Não podemos mentir contra a verdade.

Jeremias, o profeta, era um ser depressivo. Jonas, o profeta, teve depressão. Paulo também. Há vários textos de Paulo nos quais ele confessa ter passado por estações de tristeza. É normal, especialmente quando se tem uma "causa" digna de depressão. Os Salmos estão cheios de estados depressivos. Mas todos têm causa.

A depressão pode ter causas objetivas – perdas, desapontamentos, circunstâncias desagradáveis etc. – e também pode ter causas subjetivas, muitas vezes relacionadas à falta de significado para aquilo que se está vivendo e fazendo. Existem também os estados depressivos que têm origem tanto psicológica quanto orgânica. O importante é procurar um médico e começar por eliminar as causas orgânicas. Depois as causas psicológicas. A seguir, é importante ver se há "causas", sejam elas objetivas ou mesmo subjetivas.

É necessário checar todas as alternativas, fazendo isso sem "neurose", ou seja, sem aquela responsabilidade doentia para com a "cura". Se a pessoa se preocupar demais com a depressão, garanto: ficará deprimida. Depressão quer ser esquecida, não lembrada. Mas não se pode fugir dos sintomas evitando entender a causa.

Depressão e euforia são dois estados. E, em si, não são nada. A euforia é associada ao bem, porque é gostoso estar eufórico. E a depressão é associada ao mal, porque é ruim se sentir deprimido.

Você pode tomar uma droga de euforia e ir para o culto e se sentir ótimo. A pergunta é: você está bem? Você pode estar deprimido e ir a um culto e se sentir péssimo. A pergunta, no entanto, é a mesma: você está bem?

Ambas as sensações não significam nada em si, apenas servem como indicadoras de uma possível outra coisa, que tanto pode ser de natureza orgânica, quanto apenas psicológica. Isso porque se pode estar eufórico e muito mal, pois a euforia pode estar maquiando a necessidade de ajuda. E pode-se estar deprimido e muito bem... e a caminho de ficar melhor.

Então, você pergunta: o que é estar bem?

Ora, estar bem é estar lúcido. A consciência é o que determina meu real estado mental. Estar bem é buscar cura e melhora para a vida. A questão é que os cristãos não creem que podem ser de Deus e ser também humanos. A impressão que se tem é que a vida com Deus é apenas impressão. Se assim fosse, assim se diria: o justo viverá pela sua impressão de Deus!

A palavra diz: o justo viverá pela fé!

De fato, certas depressões são sinais de saúde psicológica, e certas euforias são sinais de doença psicológica ou orgânica, ou ambas as coisas. No fundo, não há parâmetro maior que o "sentido de propriedade". Porque, a cada situação da vida, deve corresponder algo que lhe seja próprio como resposta humana. É próprio estar deprimido, dependendo das circunstâncias ou das perdas e traumas implicados!

Em caso de deficiência química, as pessoas precisam ser medicadas. Em caso de questão de natureza psicológica – traumas, perdas etc. –, elas igualmente precisam ser tratadas. Já no que diz respeito a depressões fruto de coisas espirituais, na maior parte das vezes, é o tratamento que faz mal, visto que, no meio cristão, para cada dez casos de "possessão maligna", apenas um deles o é.

Claro, tratar uma pessoa como demônio gera depressão na alma e faz ainda pior, visto que associa o deprimido à imagem de um mal horrível, que é a imagem do diabo. Assim, instala-se um psiquismo demoníaco no indivíduo, não um demônio. E é mais fácil livrar as pessoas de demônios do que de psiquismos demoníacos.

O que vejo é o seguinte:

1. Há casos que começam como depressão psicológica e terminam como depressão por ausência química. Ou seja: o psicológico alterou o físico. Acontece especialmente na depressão crônica.

2. Há casos de depressão por deficiências químicas que, sem tratamento, acabam por se instalar como mal psicológico na evolução do quadro.

3. Há casos de depressão normal que, no meio cristão, são agravadas pelo medo de que seja algo espiritual. Nesses casos, quando o demônio é visto como fonte da doença, o indivíduo tende a ficar dependente de um exorcista ou culto e jamais haverá cura para ele, até que ele decida, pela fé, assumir que é apenas mais um outro ser humano carregando dores.

A pior coisa na depressão é sua associação com o diabo, pois, em tais casos, a pessoa fica sem saber como se tratar. Como, na maioria das vezes, nada há de espiritual na fonte do problema, a pessoa apenas contrai uma outra doença, que se instala como fobia e como "psiquismo demoníaco", que nada mais é que a construção de uma arquitetura psicológica que seja compatível com o "diagnóstico" de "o diabo possuiu você!".

Quando demônios estão presentes em depressões, eles não precisam ser tratados. Aliás, a maior parte das sessões de exorcismo são tentativas de tratar o demônio. Ora, o demônio não precisa ser tratado, nem mesmo mencionado. Em casos assim, vejo a pessoa se libertar pelo poder da palavra da graça e, só depois de livre, é que começo a ajudá-la a compreender o que houve. Mas isso só bem depois de a pessoa estar estável.

É possível ser de Deus e experimentar depressão. Elias, Jeremias e os profetas que nos contem... Também basta ler os Salmos e verificar como muitos deles são devoção na depressão. E Jesus não escondeu sua humanidade quando declarou que estava "triste até a morte".

As pessoas sentem-se ainda pior num ambiente no qual se diga que gente de Deus não se deprime. Se há crença nisso, uma vez deprimidas, as pessoas se excluem de qualquer benefício, visto que sua depressão é interpretada como pecado, falta de fé ou opressão espiritual. Nada pode fazer mais mal.

O amor é a melhor cura para a depressão. E a prática do amor é a melhor terapia.

O poder da mente sobre o corpo

Até o cérebro pode se regenerar.

Hoje se sabe que o espírito pode alterar o cérebro.
Ou seja: as decisões da "mente" mais profunda e dos pensamentos podem alterar conexões de áreas do cérebro.

Pela fé que produz os melhores pensamentos
e sentimentos pode-se superar até aquilo
que antes se julgava irregenerável.

Papai, em razão de sua fé no Evangelho, sempre creu na regeneração de tudo, de qualquer coisa. Levava sua fé a tal extremo, que, nos primeiros anos de caminhada, me dizia com naturalidade: "Meu filho, nunca beba veneno, nem coisa alguma que faça mal. Mas se beber sem saber e depois vier a ser informado, não se desespere. Apenas creia, em nome de Jesus, que aquilo não lhe fará mal. Porém, saiba: isso somente é válido para a nossa ignorância ou se formos obrigados".

Com relação ao tema da regeneração, ele o estendia para todos os campos, inclusive para o da neurociência antes de ela existir com tal designação. Nos hospitais, nas visitas que fazíamos pelas manhãs, leito a leito, papai me dizia diante de pacientes em coma: "Nunca creia que eles não podem se comunicar. Sempre fale, pregue e ore. Se os médicos acharem ridículo, não se importe. A fé comunica direto ao espírito. Além disso, a ciência diz que tecidos nervosos não se recuperam apenas porque é ainda ignorante, mas quando deixar de ser, a ciência verá que tudo se regenera, até o cérebro".

Muitas vezes, ele me pediu para dizer uma palavra e orar para pessoas em coma e, diante do escárnio de médicos, ele me falava: "Prossiga meu filho. Nós trabalhamos para a eternidade". Algumas vezes, vimos médicos e enfermeiras silenciarem porque o comatoso começava a derramar lágrimas.

Quando ele infartou pela segunda vez, no meio de um procedimento para colocação de um *stent* em uma das vias do coração, ele mandou que o médico – que estava em pânico com os inúmeros pedidos para que cuidasse muito bem daquele homem velho de Deus – me chamasse. E asseverou: "Meu filho, diga a ele que seu pai está bem e que ele não tem poder algum além do que está exercendo. Diga a ele que Aquele que tem o poder é quem me guarda". E assim foi. Expliquei ao médico que papai estava tranquilo. Que a morte não nos matava. E tudo o mais...

Então, ele, infartando, disse: "Nosso amado doutor verá Jesus fazendo muitos igarapés no meu coração, para substituir essa artéria entupida. Ele verá, meu filho. Diga a ele". Meses depois, ele estava cheio de igarapés no coração; o que, para ele, era natural.

Anos mais tarde, no longo e maravilhoso rito de sua partida, na UTI, outra vez me comuniquei com ele quando se fez necessário, mesmo quando tecnicamente se dizia que ele não estaria pronto ou capaz de ouvir. Falávamos, nessas ocasiões, na frequência espiritual de seu ensinamento nos primeiros anos, nos hospitais, quando, andando com ele, andei bem perto de Jesus, como se eu mesmo estivesse vendo o seu modo de a tudo tratar por meio dos modos de meu pai, conforme a simplicidade do Evangelho.

Hoje, já é praticamente ponto pacífico nos ambientes da mais evoluída neurociência que tecidos nervosos podem se regenerar ou serem substituídos por outros, criando respostas diversas e espontâneas de restabelecimentos inexplicáveis. Sim! Hoje se sabe que o espírito pode alterar o cérebro. Ou seja: as decisões da "mente" mais profunda e dos pensamentos podem alterar conexões de áreas do cérebro. Assim, também se sabe que pela fé que produz os melhores pensamentos e sentimentos se pode superar até aquilo que antes se julgava irregenerável.

Afinal, Jesus disse: "Tende fé em Deus. Tudo é possível ao que crê".

CAPÍTULO 7

A morte, as tragédias e as calamidades

Em Cristo, a morte é doce

A experiência da transcendência.

> É possível experimentar a eternidade ainda na existência deste planeta caído.
>
> O medo de como é a passagem faz sofrer muito mais que a passagem em si.

Deveria ser mais difícil acreditar que "a vida é bela" que no fato de que a "morte é doce". Afinal, todos somos testemunhas de que a natureza é bela, mas o mundo dos humanos manifesta apenas algumas belezas, pois é mais frequentemente cruel e implacável! Apesar disso, Jesus disse: "Aquele que ouve a minha palavra e crê Naquele que me enviou, não entra em juízo; já passou da morte para a vida". Ou seja: é possível experimentar a eternidade ainda na existência deste planeta caído. A eternidade não será, pois em Cristo já é!

O mundo é cruel, mas nosso alvo deve ser experimentar a existencialidade da eternidade, mesmo que ainda estejamos vivendo dentro das limitações de nosso próprio estado de existência.

Paulo via a morte de uma maneira vitoriosa. Ele não a buscava. Preferia adiar sua partida a fim de que a graça em sua vida histórica se tornasse a mais útil possível no convívio glorificado com o Senhor Jesus de corpo ausente.

O tabernáculo terrestre, o corpo, é corruptível. O corpo celestial é incorruptível! Assim, o viver é Cristo; o morrer é lucro!

Para Paulo, era certo que o homem exterior se corrompe com o passar do tempo. Vem a velhice, a canseira, os achaques nas juntas, os pesos, a perda da visão, da audição, da energia construtiva e a dor da sabedoria de quem sofre, não pelo seu próprio futuro, mas pelo daqueles que se ama e aqui ficarão. O contraponto é que, em Cristo, o homem interior se renova para quem considera a leve e momentânea tribulação como algo a não ser comparado com a glória a ser revelada em nós.

Depois de ir ao terceiro céu... bem, depois disso, Paulo sabia que o que os olhos não viram, o que os ouvidos nunca haviam ouvido e também aquilo que jamais havia sido imaginado pela mágica fantasia artística, teológica, filosófica, sinfônica, degustativa, sensorial ou extrassensorial; sabia o que Deus havia reservado para aqueles que O amam!

"Mas Deus no-lo revelou pelo Espírito", diz ele.

Não era lícito aos homens referir somente porque era irreferível. Nem sempre o revelado cabe em palavras! Paulo viajou do caminho da certeza da vida eterna até chegar ao prazer pela eternidade! Essa é uma viagem que poucos cristãos fazem. E é tão rara não porque não se tenha certeza da salvação, mas porque a morte é um tabu de dor transacional para a maioria de nós. "O que acontecerá na passagem?" Essa é sempre a questão, mesmo quando não temos coragem de confessar!

Bem, a passagem não terá acontecido enquanto o corpo estiver sofrendo. E o corpo pode sofrer de dor física, mas também da dor do medo. O medo de como é a passagem faz sofrer muito mais que a passagem em si! Mas se de algum modo o espírito está ciente da eternidade como prazer, então a morte, que já perdeu seu poder de apavorar como dor eterna, perde também sua força como fobia da passagem!

É como nascer! Não do abrigo do útero para a dor do mundo, mas é a passagem do terror da corrupção do corpo, em todas as suas dimensões, para o mergulho no amor infinitamente surpreendente de Deus.

Minha suposição é que Paulo foi levado para a decapitação com a serenidade feliz dos premiados. Muitos anos antes daquele dia, Pedro havia dormido na prisão da Fortaleza Antônia, em Jerusalém, na véspera de sua própria execução.

Quem chega nesse lugar não deve comparar a dor física na passagem com o peso de glória que o aguarda. Até a dor se adocica nesse estado! É no mínimo como um cafuné celestial, como uma extasiante coceira no cocuruto da alma e no cangote do espírito! Nesse caso, não se tem somente a certeza da salvação. Tem-se o êxtase dela!

A viagem de fé nesta vida deve poder nos levar ao nível de pacificação que produz alegria calma no ser. Afinal, o próprio Paulo disse: "A morte é vossa... e vós, de Cristo, e Cristo de Deus".

A vida e a morte pertencem a Deus

Deus é livre para tudo.

> Deus mata quem deseja e não pratica homicídio, nem existe mal em nada do que Deus faz. Até quando cria o mal e as trevas, conforme Isaías, Ele faz o que é bom para além do que a moral do homem conhece como bom e bem.
>
> Deus é Deus. É Ele quem faz viver e faz morrer, e sábio é aquele que não O julga por isso.

Antes de tudo, quero dizer que Deus é Deus, e que se Ele desejar acabar com a criação agora, quem poderá lhe perguntar por que faz isso? É duro, mas é assim que é!

Outro dia, um amigo me mostrou ao longe um funcionário da empresa dele. O rapaz é crente e, há algum tempo, perdeu a mãe.

Revoltado, chegou a dizer: "Estou com raiva de Deus! Ele levou a minha mãe!".

Meu amigo perguntou: "Escuta! Foi Deus mesmo quem levou a sua mãe? Não foi o diabo não?".

"O quê? O diabo?! Deus me livre! Foi Deus quem a levou!"

"Então, se não foi o diabo, mas foi Deus, e você está com tanta raiva, peça a Deus para transferir sua mãe para o diabo, assim você fica mais calmo!"

"Quem? Eu? Que é isso, doutor!"

"Ué? Se você não quer sua mãe com Deus, só pode querer com o diabo! Mas se ela está com Deus, com Deus-Deus-mesmo, então que revolta é essa?"

Essa história revela como a alma crente é na maioria das vezes, ou, pelo menos, como ela ficou depois da overdose de teologia da prosperidade. De fato, escandalize-se, mas saiba: Deus cria, Deus mata. Todas as figueiras florescem pelo Seu hálito, mas também perecem pela Sua palavra. "Nunca mais nasça fruto de ti", disse Jesus a uma delas, que secou na mesma hora.

Os dez mandamentos não foram escritos para Deus, mas por Deus para os homens. Deus mata quem deseja e não pratica homicídio, nem existe mal em nada do que Deus faz. Até quando cria o mal e as trevas, conforme Isaías, Ele faz o que é bom para além do que a moral do homem conhece como bom e bem.

É Deus, então, livre para tudo?

Sim! É claro! Ele, porém, não mata quando as pessoas morrem. Nele, a morte existe apenas para dar lugar à vida. Essa história romântica do Deus moral feito à imagem e semelhança do mandamento de Deus ao homem é o que encurrala o próprio devoto ante o paradoxo de que ao homem é proibido matar, mas a Deus não é vetado tirar a vida.

O homem mata, Deus tira a vida! Eu mato, porque não crio a vida. A vida me é um dom, dado tanto a mim quanto a todos os homens e criaturas. Deus, porém, é Deus. É Ele quem faz viver e faz morrer, e sábio é aquele que não O julga por isso.

É claro que este mundo caído está cheio das consequências danosas da presença humana na Terra. No entanto, quando milhares de búfalos têm de atravessar o Serengeti, na África, e, de dez mil animais, cerca de cem morrem comidos pelos crocodilos, o que se dirá? Que Deus é mau? Que crias pequenas ficaram para trás e que foram separadas para sempre de suas mães por terem sido comidas por crocodilos? Ou o quê? Que os crocodilos deveriam ser vegetarianos? Parece que ninguém mais vê as vacas, as galinhas, os búfalos, os javalis, os peixes e todas as outras criaturas que, mortas, nos alimentam todos os dias! A hipocrisia de falsas sensibilidades diz "eca!" sempre que vê uma vaca ser abatida, embora se deleite na picanha.

Deus é amor e, por amor, dá vida; bem como, por amor, tira a vida. Por amor, cura e, por amor, adoece e leva a criatura. Por amor, dá búfalos de comer aos crocodilos e dá grama aos búfalos, que defecam o que comem e que, assim, alimentam os besouros rola-bostas, os quais levam o estrume para o subsolo e, desse modo, alimentam as minhocas e adubam a terra, que fará crescer em pequenas plantas e muito pasto, para onde, com as chuvas, o elefante se mudará e, com ele, muitos outros animais, que serão espreitados por hienas e leões, até que bandos desses animais predadores comam o suficiente para viver e, assim, o ciclo possa continuar.

Deus é o Deus das criaturas e é o Deus da criação. A criatura serve à criação, e não a criação à criatura. Assim é todos os dias, exceto quando alguém que come picanha o dia todo fica revoltado com Deus pela vaca morta.

Deus é tão livre quanto é amor!

Então, quem confia no amor de Deus e não tenta fazer de Deus um igual, jamais faz perguntas desse tipo, pois conhecer a Deus como Deus é implica dizer que não tenho mandamentos para Ele. E se os tivesse, de nada me adiantariam. Não os tenho, pois sei que apenas confio: Deus é bom e a Sua misericórdia dura para sempre.

A morte já era

A morte só mata a quem crê que ela ainda mata.

A morte morreu.

A morte não mata nunca mais quem morreu, ressuscitou, ascendeu, assentou-se e está em Cristo Jesus nos lugares celestiais.

A morte morreu, a maioria de nós é que não sabe apenas porque não crê.

Morreu de cruz. Morreu de luz. Morreu de amor.
Morreu de septicemia de Vida.
Morreu quando o Primeiro e Único Verdadeiro a encarou.
Morreu pelo poder de amar mais a vida do que a morte.
Morreu porque o único humano que amou mais a vida do que a morte foi Aquele que, por amor ao mundo, morreu pela causa da vida eterna.
Morreu quando houve ressurreição.
Morreu quando houve libertação do cativeiro, quando Ele subiu e concedeu dons aos homens.
Morreu porque sua ilusão foi desmascarada.
Morreu porque só matava a quem a via – todos a viam.
Matava só enquanto não se morria...
Matava porque fazia da vida a própria morte.
Matava porque se tornara patroa dos homens.
Matava porque os homens trabalhavam (e trabalham) para ela.
Matava (e mata), dando aos clamores dos homens seu salário: a morte.
Matava porque morte se paga com morte.

Matava...

Mata a quem crê que ela ainda mata.

Mas não mata nunca mais quem morreu, ressuscitou, ascendeu, assentou-se e está em Cristo Jesus nos lugares celestiais.

Quando Ele subiu aos céus pela ressurreição, com Ele fui levado no cativeiro que Ele fez Seu despojo e, por isso, passei da morte para vida.

Tudo vem Dele!

A morte que mata e a que não mata

Jesus fez diferença entre morte e morte o tempo todo.

Jesus chorou ante a dor dos vivos, não ante a morte de Lázaro, já que Lázaro nunca esteve mais vivo do que agora que estava "morto".

A morte que mata é a que cega o homem para o sentido da vida, que é amor.

"Onde está, ó morte, a tua vitória?" é a irônica pergunta para a morte que morre pela ressurreição. Na cruz, a morte morreu como morte e, em Cristo, tornou-se apenas um portal para a vida que é.

Jesus olhou a morte com muitas camadas. Viu o jovem que pedia um tempo para esperar a morte do pai a fim de seguir como discípulo e lhe disse: "Deixa aos mortos sepultar os seus próprios mortos. Quanto a ti, vem e prega o reino de Deus". Assim, aludia à morte como fim da vida física e, também, ao andar sem fé, sem luz e sem esperança do reino por vir; o que, para Ele, era a morte em vida. Era para salvar os que existiam nesse estado que Jesus chamava o moço, que, triste, voltou para casa a fim de esperar a morte do pai moribundo.

Viu e ouviu a notícia de desastres naturais ou físicos (como no caso do desabamento da torre de Siloé, matando dezoito pessoas) e não defendeu Deus, tampouco deu explicações. Nem sofreu de agonias com a narrativa. Apenas disse que se ficassem impressionados com a visão "moral" da calamidade esperariam juízo divino nas vítimas, esquecendo-se, assim, de olhar para as verdadeiras catástrofes, as que nós mesmos criamos no coração.

Ouviu da quase-morte de um amigo e ainda ficou mais um tempo sem que fosse correndo visitá-lo. Ao chegar, vendo a dor dos vivos, chorou. Chorou ante a dor dos vivos, não ante a morte de Lázaro, já que Lázaro nunca esteve mais vivo do que agora que estava "morto". Assim, Jesus não chama Lázaro para esta vida, mas para Ele mesmo, tanto fazendo o lado ou a dimensão da vida, se lá ou cá, afinal, Ele mesmo dissera: "Eu sou a Ressurreição e a Vida".

Ao ouvir e ver o medo dos discípulos ante os que tinham poder de matar, Ele disse: "Temei não aquele que pode matar o corpo. Temei antes aquele que pode lançar a alma no inferno". E fez clara distinção entre morte e morte.

Além disso, Jesus falou da morte de Pedro como um gênero de dar glória a Deus. Sobretudo, garantiu que a morte já não mataria a quem cresse, ainda que todos continuassem a morrer. Assim, Jesus fez diferença entre morte e morte o tempo todo. E mais: disse que a morte que mata é a que cega o homem para o sentido da vida, que é amor.

Seu pai, José, provavelmente morreu antes de Jesus começar a pregar. Muitos vizinhos e amigos também morreram. Mas não O vemos fazendo da morte física uma inimiga sempre, nem achando que todo caso de morte fosse um caso para a ressurreição física. No entanto, para Ele, todo caso de morte espiritual era um caso para ressurreição espiritual.

É por não fazerem tal distinção simples da vida e da morte que, muitas vezes, os cristãos odeiam a morte como fim da vida física e não se dão conta de que esse não é o problema da vida. O problema da vida é a morte que separa de Deus, não da Terra.

Ora, Jesus não deixou ninguém com dúvida a esse respeito.

A fobia da morte: um discernimento essencial

Ela é o que comanda tudo.

A existência humana é essa briga permanente com o tempo que se tem, até a idade adulta; depois, é uma angústia contra o tempo que já não se tem, quando a fobia da morte vai se tornando um pânico consciente e cada vez mais escravizante.

A junção da fobia interior da morte individual com um cenário apocalíptico de morte global tem produzido – e ainda produzirá – as maiores carências, fragmentações, ansiedades, perplexidades, angústias, pânicos e pavores jamais sentidos nas almas humanas.

O autor do livro de Hebreus nos diz que Jesus veio destruir aquele que tem o poder da morte, o diabo. Além disso, veio para livrar aqueles que estavam sujeitos à escravidão pelo pavor da morte. Poucas revelações espirituais são tão fortes e essenciais para o bem da alma humana quanto essas.

Assim, se fica sabendo que o diabo tem o poder de operar pelo medo da morte, visto que ele não é senhor da morte, pois há Um só que é Senhor de todas as coisas: Aquele que tem o poder sobre a vida e morte, pois é o Criador da vida, que, morrendo na Cruz, ressuscitou da morte. Portanto, o diabo tem o poder da morte pela via do medo do fim da vida. Ele, o diabo, nunca decidiu quem vive e quem morre. O livro de Jó deixa isso mais que claro. No entanto, a fobia da morte é a pulsão humana que ele mais usa a fim de manter os filhos de Adão sob cativeiro.

E como isso acontece?

Se os homens morreriam ou não no corpo antes de haver comido do fruto da árvore do conhecimento não é de fato importante. Não para mim, em nenhuma perspectiva. O que de fato importa é que aquele "ato" de comer do fruto, de estender a mão e tomá--lo, mudou completamente a estrutura da percepção dos humanos, rompendo-lhes a harmonia com Aquele para quem não há vivos nem mortos, pois, para Ele, todos vivem.

Desse modo, os humanos conheceram a morte nos ambientes imediatos da percepção da existência física. Pois, sem essa percepção do fim físico como "morte", o fato epistemológico faz a morte inexistir como sentimento, considerando que, nesse caso, estamos falando de questões para além de morte e vida.

Ora, a morte antes do "comer do fruto" não era sentida, pois a harmonia total com o sentido da vida no Criador lhes dava a visão não da morte, mas da absorção da vida pela Vida. Por outro lado, se "não morrer" no Gênesis, de fato e literalmente, significa "ser imortal no corpo", no nível da percepção tem o mesmo significado, não sentir a morte como "morte".

Portanto para mim, não há diferença. E se alguém alegar que a não importância da morte física afeta o significado da ressurreição física de Jesus e da nossa própria ressurreição no corpo, vou contra-argumentar. De fato, Jesus ressuscitou no corpo e nós no corpo também ressuscitaremos, pois Deus, em Cristo, está restaurando todas as coisas. Entre elas está o corpo, que, uma vez ressuscitado, já não será feito desta "carne mortal", mas de algo de natureza imperecível.

Mas voltemos à fobia da morte, usada pelo diabo a fim de manter os mortais humanos sob escravidão.

Quase tudo (se não mesmo tudo) o que fazemos nesta vida é feito em razão da pulsão constante e inconsciente do "pavor da morte". Assim que as menores noções de tempo começam a se instalar em nós, logo se percebe o surgimento de uma aflição essencial na alma humana. Começa a surgir uma urgência, uma impaciência inexplicável, uma ânsia de viver.

Às vezes, já na infância, essa angústia está presente. Na minha estava, e com muita intensidade. Ao chegar à adolescência, explode como fogos de artifício. É ainda a primavera da vida escondendo a fobia da morte com belas cores. Na idade adulta, ainda bem jovem, a fobia da morte veste-se de responsabilidade e até de neurose. É preciso produzir a fim de "ser alguém". E então casar, ter filhos, ganhar dinheiro, conquistar confortos, alcançar posições importantes, construir um nome, uma reputação etc. São as "folhas de figueira" a esconder a fobia essencial: o medo da morte. Sim, porque a mente começa a contagem em ordem decrescente, cada vez mais conscientemente.

Na meia-idade, mais do que nunca, cai sobre a alma a angústia de olhar para trás e ver o que não foi feito, provado, sentido, gozado, aproveitado. Todas as árvores do jardim. Olhar para o hoje e, quase sempre, vê-lo indigno dos nossos sonhos, sejam exteriores ou interiores, nos remete, quase que imediatamente e com sofreguidão, para a busca de tudo o que não se teve e que precisamos alcançar nos anos que nos restam. Por essa razão, em geral, a meia-idade promove mais mudanças do que se pode imaginar.

A fobia da morte está muito maior atualmente, com todo o cenário de extinção apocalíptica que, consciente e inconscientemente, os humanos já sentem.

Quando, porém, chega-se ao início da velhice, uns se desesperam ou se amarguram, enquanto outros se conformam, ficam quietos ou buscam refúgio na religião ou em qualquer forma de bem a ser feito aos outros, como quem afofa o leito da própria morte. No entanto, mesmo os conformados, em sua maior parte, conformam-se em razão de crer ou esperar que suas "pequenas barganhas" com Deus, feitas de esmolas e caridades, lhes deem um lugar no céu... Quem sabe?

A existência humana é essa briga permanente com o tempo que se tem até a idade adulta; depois, é uma angústia contra o tempo que já não se tem, quando a fobia da morte vai se tornando um pânico consciente e cada vez mais escravizante.

É pelo poder de incitar o medo da morte que o diabo faz o que quer conosco!

É em razão do medo da morte que as meninas se entregam a quem não querem, os homens conquistam quem não desejam, matam pelo que não lhes dará vida, trabalham como loucos, como se o esforço lhes fosse agregar um dia a mais na existência, ambicionam fama, nome, reputação, dignidade, poder, variedade de experiências, experimentação de novos gostos, a ansiedade pelo amanhã, o estresse do tempo, a impaciência total, a busca frenética por prazeres encantados, a expedição mortal na perseguição do santo graal.

É em razão da fobia da morte que muita gente vai se despedaçando pelo caminho, escolhendo qualquer coisa, aceitando tudo, se apegando demais, tentando possuir tudo o que pode, agarrando-se a qualquer coisa como se fosse essencial. É também a fobia do morrer que faz a gente ficar escravo do tempo!

"Estou com 40 anos e ainda não provei um amor arrebatador...", diz alguém, convencido de que um amor arrebatador pode salvar a alma humana.

"Não posso ficar só. Preciso ter alguém logo...", afirma alguém que diz gostar de companhia, mas que, no fundo, tem pavor da solidão, que é também filha da fobia da morte.

"Não consigo ficar só. Levo qualquer um para casa...", alguém garante, como se isso fosse uma virtude de sedução.

"Por que é que eu só encontro homem cafajeste?", indaga "inocente" a mulher que aceita o que aparece, apenas para não ficar sozinha.

"Tudo dá errado para mim. Saio de uma angústia e entro logo em outra!", diz alguém que "topa tudo" e que se entrega por qualquer migalha, mas que reclama da vida como se fosse obra do "azar".

"Trabalhei tanto que não vi meus filhos crescerem...", chora o homem ou a mulher que, pela fobia da morte, entregou-se à síndrome dos faraós.

"Consegui tudo o que queria, mas continuo infeliz!", grita a pessoa rica que vive sob o pânico da morte.

"Que é isso? A vida passa! E você vai ser marido de uma só mulher?", dizem os amigos zumbis, inconformados com alguém que, sem sofrer do pânico da morte, não aceita companhia que não se faça acompanhar de amor.

"Que desperdício! Uma mulher como você não pode estar linda aos 39 anos e sozinha. De jeito nenhum!". É assim que amigas mal-amadas demandam mortal solidariedade ou exigem "participação" nas graças dessa mulher, com os homens que não se pode morrer sem "provar".

E por aí vai... quase todo mundo para o buraco. Tudo porque a vida vai acabar.

Então, a pessoa se deixa escravizar por quase qualquer coisa, mesmo a que odeia ou detesta ou nada tem a ver com ela. E só porque, segundo o fluxo deste mundo, não se pode perder tempo, pois a morte está chegando...

Ora, "é porque a morte está chegando" que a maioria escolhe a própria morte para dormir em sua cama, para casar, para ser sua preocupação, seu tema de brigas, sua angústia, sua separação, seus casamentos, seus novos e cansados planos, suas pelejas loucas e movidas pela inveja...

Inveja... é também algo que nasce do medo da morte. Afinal, pensam: "Todos nós vamos morrer, mas ele tem... e eu ainda não". Portanto, "quero ser como ele" ou, quem sabe, "quero ter o que ele tem" e, pior ainda, "quero ter o que é dele!".

É por causa da fobia da morte que tudo acontece, até aquilo que julgamos mais que legítimo. Aliás, todo o nosso sentido de dignidade, honra, direito vem do fato de que esta vida é a única que temos. E se tudo não for resolvido aqui, o que restará de nós, de nossa memória, de nosso nome, de nossa dignidade? Essa é a questão proposta pelo medo de morrer.

As pessoas esqueceram da eternidade porque têm medo da morte. Assim, ficam "brincando de Deus" aqui na Terra, arruinando a cabeça dos outros e se aliando inconscientemente ao diabo, pois fazem o que ele quer. Ora, isso é assim porque o desejo do diabo é sempre alimentar o medo, não importando a qualidade do medo. Mas em Deus não há medo, pois o verdadeiro amor espanta o medo.

Fobia da morte! Sim, é ela que comanda tudo! No entanto, Jesus veio para despojar o diabo desse poder. E conforme Paulo, no que diz respeito a Ele, Jesus, tal poder foi e está em si mesmo despojado.

O problema é que a cristandade não entendeu a palavra do Evangelho nem aceitou Jesus. Então, foi criada essa coisa maluca que usa o nome de Jesus para infundir nos homens o medo que alimenta o poder do diabo. O diabo se nutre do medo da morte, mas adora se alimentar também de culpa religiosa, de temor a Deus, o que significa vitória concedida pela religião. É a religião que mantém o diabo vivo, a culpa ressuscitada e a lei matando a alma.

Se entendermos isso, meu Deus, quanta coisa mudará!

O momento presente, todavia, exacerba imensamente esse "sentir" de morte. Afinal, "os dias são maus" e nos tornamos vizinhos das visões que João teve no Apocalipse, na ilha de Patmos.

Por isso, agora não somente somos atormentados pelas pulsões da morte, que brotam da nossa subjetividade existencial insaciável, mas também somos abraçados pela morte global. Fomos avisados de que o planeta Terra está cambaleando, cansado e abusado, podendo vir a ter seus poderes abalados e caotizados.

Ora, a junção da fobia interior da morte individual com um cenário apocalíptico de morte global tem produzido – e ainda produzirá – as maiores carências, fragmentações, ansiedades, perplexidades, angústias, pânicos e pavores jamais sentidos nas almas humanas.

Desse modo, mais do que nunca, é preciso andar com "o selo do Cordeiro na fronte", a fim de que não sejamos picados pelos ferrões que envenenam a alma com a ansiedade que nos faz fugir da morte, mas, em vez disso, cair exatamente de modo mais profundo nos braços dela. Afinal, Jesus já destruiu o diabo para que todos ficássemos livres da fobia da morte, que é o único alimento capaz de erguer o poder do diabo no coração humano. Jesus nos livrou da angústia do tempo em face do medo da morte e nos deu a alegria do que é eterno.

Você sofre da síndrome de Lázaro ressuscitado?

Tal síndrome consiste na raiva que a pessoa sente de Deus por causa da morte de alguém que ela amava.

> Morrer faz parte. É normal. É natural. Daí Jesus ter tratado a morte como se fosse apenas "um sono".
>
> A primeira coisa que a consciência do Evangelho faz em nós é tirar a fobia da morte e dar ao discípulo a tranquilidade plena ante os fatos naturais desta existência.

Nós, cristãos, nos declaramos como "o povo da eternidade". Sim! Pelo menos essa é a confissão pública que fazemos, e é por isso que pregamos "aos outros", tanto no lugar em que estejamos como também em nossos "empreendimentos missionários" pela Terra. No entanto, ainda me impressiona muito o fato de que a maioria dos povos lida com a morte muito melhor que as sociedades cristãs o fazem.

Índios, indianos, chineses, japoneses e orientais em geral, todos, quase sem exceção, lidam com o fato da morte com a mesma naturalidade com a qual lidam com o fato do nascimento. Morrer faz parte. É normal. É natural. Daí Jesus ter tratado a morte como se fosse apenas "um sono".

"Nosso amigo Lázaro adormeceu, mas vou para despertá-lo." "A menina não está morta, mas dorme!" "Quem crê em mim já passou da morte para a vida." A morte dos santos é "preciosa aos olhos do Senhor". Então, morrer deveria apenas dar saudade nos que ficam, mas nunca desespero. Afinal, para quem vai, o morrer é apenas aquilo que o morto não fica sabendo que aconteceu, pois, de fato, abre os olhos para a vida eterna. Além disso, ninguém foi enganado. Já nascemos sabendo que morreríamos.

Vejo os cristãos desesperados até mesmo ante a morte de alguém que já está para além da cronologia natural da vida. Há cristãos com raiva de Deus porque o pai ou a mãe, idosos, partiram... É a síndrome do Lázaro ressuscitado. Sim! Os cristãos querem viver aquilo que na Bíblia é sempre a exceção, o milagre, o inusitado, mas nunca o fato simples de viver. Então, sempre sofrem como se Jesus não tivesse vindo para ressuscitar seu amigo!

Desse modo, sem termos resolvido nem mesmo a morte, que Jesus disse já estar vencida Nele, como poderemos ter a pretensão de pregar aos "pagãos" que tratam a questão com mais naturalidade do que nós? Como teremos o que dizer se passamos uma mensagem que nós mesmos não levamos a sério? Afinal, como é possível dizer que Jesus faz sentido, se um budista sem Jesus lida melhor com os fatos da existência do que nós, cristãos?

Ora, enquanto a morte não é vencida como fobia, nenhuma sorte de vida em Jesus ganha seu poder e sua efetividade em nós. A primeira coisa que a consciência do Evangelho faz é tirar a fobia da morte e dar ao discípulo a tranquilidade plena ante os fatos naturais desta existência. De outra sorte, como poderemos ser o povo da paz que excede a todo entendimento?

Treino é treino, jogo é jogo!

Em Jesus, somos vencedores.

> Grande é o consolo quando você não pede para sair de campo e continua se oferecendo para jogar.

> O vencedor não é quem não sofre, mas quem suporta em esperança.

Ainda não cheguei lá, mas já sei que é possível. É possível viver a paz que excede a todo entendimento e andar sem ansiedade alguma, conforme Jesus ordenou!

Ainda não cheguei lá apenas porque não cheguei em plenitude, mas sei que é possível, pois tenho provado o gosto, cada vez mais contínuo, dessa chance. Sei que é possível porque Jesus disse que era, porque tenho visto a possibilidade em algumas pessoas e, além de tudo, porque eu mesmo, ainda que de modo incipiente para o meu alvo existencial, tenho provado isso.

O "treino" foi longo, cheio de perdas, decepções, traições, necessidades, socorros impossíveis, saídas bloqueadas, inimigos atrozes e perversos, pressões sem fim, de expectativas projetadas modo inumano.

Depois do "treino", veio o "jogo". Até 1998, eu estava treinando sem saber. Pensava que já estava no "jogo", mas que nada. O "jogo" começou, e eu pensei que aquilo era a morte... Então, as perdas... Todas as possíveis e imagináveis, mesmo que eu soubesse que poderia ter sido muito pior! Perde-se o nome, os meios, os amigos, as comodidades, os ajudantes, os próximos... Depois, perde-se até a noção do que seja ser uma vida. Você se olha e pergunta: "Meu Deus, como vim cair aqui? Como foi isso?". Então, você também vai perdendo quem ama! Mas nada se compara a não ter mais com você seu "canguruzinho", seu filhinho...

Nada doeu tanto quanto aprender o "jogo" como perda do abraço do filho até o dia do novo abraço! Todos os ódios e desejos perversos dirigidos a você desaparecem em sua importância ante o grito de um filho que diz: "Pai! O Lukas se foi!". Tudo o mais perde o poder de fazer doer! Entretanto, grande é o consolo quando você não pede para sair de campo e continua se oferecendo para jogar.

Então, devagar, você vai procurando os efeitos da dor em você e, estranhamente, não acha. Parece que no jogo toda dor vira apenas acidente, e você vai vendo que aquela perda era a própria vitória no jogo. Afinal, nesse jogo, tudo é diferente, pois, de fato, o vencedor não é quem não sofre, mas quem suporta em esperança.

Depois da dor consumada, o que segue é uma paz crescente e, sobretudo, uma tranquilidade que faz tudo ficar pequeno em suas desgraçadas importâncias. Entretanto, creia: não é a dor que gera isso, uma vez que a dor gere, no máximo, dormência. Não! É a paz que produz essa realidade, ela é graça, pois não foi o "treino" que gerou a grandeza da performance no "jogo". Nesse "jogo", a vitória é sempre de quem persevera sem amargura e sem transferências de responsabilidades.

Não despreze o "treino", ele está acontecendo. O "jogo", quando começa, em geral, a gente nem fica sabendo.

Perda? O que é isso?

Jesus ensinou o caminho que faz de toda perda apenas uma transição para o melhor e mais excelente.

Cada perda provada em Deus já acontece como prelúdio de um bem maior.

Ame Deus e não sinta as perdas jamais.

Uma das coisas mais difíceis para mim na infância era perder. Meu pai trabalhou sério a fim de me ensinar a perder. Dizia que quem não sabia perder, não estava pronto para ganhar. Também me proibia de fazer da alegria da vitória uma humilhação para os perdedores.

Uma vez, me excedi na celebração de uma vitória bem na cara dos que haviam perdido o jogo, e papai não me deu parabéns, embora estivesse assistindo à partida e torcendo com muita alegria até o final. Ficou calado. Depois de um tempo, disse-me: "Não gostei do modo como vocês humilharam os que perderam. Para mim, uma derrota teria sido melhor".

As primeiras lições sobre perda vieram de meu pai. Ele perdeu. Perdeu tudo o que tinha conquistado. Foi humilhado e publicamente execrado, depois de cultuado como advogado e empresário, antes de sua conversão ao Evangelho. Eu o vi recomeçar do nada já na meia-idade. Vi-o deixar tudo o que conquistara outra vez, só que, agora, de modo voluntário, para dedicar o resto de sua existência apenas à pregação e ao ensino do Evangelho. Assisti, sem entender, às renúncias que ele fazia de coisas sobre as quais tinha total direito; algumas vezes, coisas que lhe renderiam uma fortuna. Mas ele continuava firme no desejo de não ter dinheiro do passado na missão do presente.

Sofri com ele, mamãe e as minhas irmãs a morte de meu mano Luiz, aos dezenove anos de idade. Depois, fui testemunha das renúncias sem fim no dia a dia. Ofendido, ele sempre dizia que a justiça do homem não promovia a justiça de Deus. Mas, nunca fazia nada. Apenas entregava tudo aos céus e com todo amor. Então, uma sucessão de perdas: a visão, a saúde, a capacidade de locomoção e de muitas outras coisas. No entanto, apenas adaptou a vida às novas condições, mas não parou nada até o fim.

Estava tão habituado a perder sem sofrer, que, quando meu filho Lukas partiu, eu apenas disse a ele: "Hoje estou sentindo a dor que o Senhor e mamãe sentiram no dia 2 de novembro de 1976".

Então, ele me indagou: "Qual deles?"

Respondi: "O Luk, papai. O Luk!"

Ao que ele disse: "Filho, agora é gloriarmo-nos nas tribulações e na esperança da glória de Deus!"

Os pais podem nos dar algumas lições sobre perdas quando nos ensinam a perder e a ganhar, como em competições. Outras lições podem ser aprendidas com seus erros e acertos diante do aprendizado da perda. Mas, somente na vida e nos caminhos misteriosos de Deus, é que se aprende a perder como quem ganha sempre.

Tudo que me pareceu perda um dia, confesso, diante de Deus e dos homens, que, logo depois, verifiquei terem sido os meus maiores e melhores ganhos na existência. Entretanto, só foi assim pelo Evangelho e pelo ensinamento do Evangelho que vi praticado pelos meus pais.

A trajetória humana nesta existência é um caminhar de perdas sempre... Perde-se tudo, do vigor físico à memória; do poder de levantar e agir à ilusória necessidade de grandes atos. Quando a mente está cativa do amor de Deus, todas as perdas são ganhos e, ao final, o coração fica mais forte, mais amoroso, mais doce, mais esperançoso e, infinitamente menos agoniado acerca de tudo.

Cada perda provada em Deus já acontece como prelúdio de um bem maior.

A sabedoria está em não desperdiçar os sacramentos de alegria e novidade de vida que Deus vai nos apresentando, mesmo que estejamos sob uma montanha de escombros. Assim, mais uma vez, anuncia-se um princípio do Evangelho: "Porventura, não convinha que o Cristo padecesse e entrasse em Sua glória?". Essas palavras de Jesus foram tão assimiladas por Pedro, que, na sua primeira epístola, o apóstolo nos diz que este é também o caminho de todo discípulo. Quem não aprende a considerar toda perda como lucro por amor a um amor maior, o de Deus, jamais saberá qual é a verdadeira jornada do discípulo no Caminho da vida.

Portanto, há algumas lições da jornada que a gente só fica de fato apto a entender quando Deus indica o momento, pois, antes, não se teria como assimilar e, depois de certo tempo, não se terá mais como crescer sem que alguma poda nos seja feita pelo amor do Pai, o agricultor de meu ser.

Assim, ame Deus e não sinta as perdas jamais. No máximo, você está na "muda", como um pássaro trocando as penas, mas se preparando para uma nova estação, mais madura e de voos mais certos e leves.

Aos de luto...

Você está devastado?

> Para Jesus, quem ama quem se vai deveria se alegrar pela pessoa que se foi, pois ela vai para o Pai, para o melhor, para a vida

> Quando a fé dos meninos vai dando lugar à fé dos homens adultos no amor e na esperança da glória de Deus, então, não há mais luto, há apenas saudades, mas saudades sem perguntas e sem acréscimos.

Jesus disse aos que O amavam e que se afligiam com a Sua conversa sobre morte, sobre partir e sobre não mais ser visto por um bom tempo, que eles não deveriam ficar tristes. E acrescentou: "Se me amásseis, alegrar-vos-íeis de que eu vá para junto do Pai, pois o Pai é maior do que Eu". Ou seja: para Jesus, quem ama quem vai deveria se alegrar pela pessoa que foi, pois ela vai para o Pai, para o melhor, para a vida. Ele disse: "Se é de amor que vocês estão sofrendo, então, parem em nome do amor, pois se vocês me amam, não fiquem tristes. Afinal, por que você ficariam tristes pela minha eterna felicidade?".

Seu pai morreu? Sua mãe? Seu irmão? Sua mulher? Seu filho? Seu marido? Seu melhor amigo? Você está devastado? Devastado pelo quê? Pela pessoa é que não é...

É melhor celebrar nossa perda como nossa, mas nunca transferir para o "pobrezinho do glorificado".

Luto é a dor do amor egoísta e mediático... ainda! Luto é apenas a saudade do ser que ficou e que não vê a glória daquele que se foi pela fé.

Jesus, porém, diz: "Se me amásseis, alegrar-vos-íeis de que eu vá para junto do Pai, pois o Pai é maior do que Eu". Quando a fé dos meninos vai dando lugar à fé dos homens adultos no amor e na esperança da glória de Deus, então não há mais luto, há apenas saudades, mas saudades sem perguntas e sem acréscimos...

Essa é minha palavra a todos os enlutados.

Uma palavra especial aos pais enlutados

Chore suas lágrimas com gratidão.

> A pior neurose a se instalar em alguém é aquela que privilegia o luto e o transforma em culpa pelo que se julga que deveria ter sido feito.
>
> A dor de pais enlutados cresce na medida em que nós sentimos pena de nós mesmos, por termos sido privados do convívio com quem amávamos mais que tudo na Terra.

Quando se vão pela porta da morte física, todos aqueles que nos são amados deixam-se vivos em nós, em nosso amor, em nossas lembranças e sorrisos e, além disso, nas muitas memórias de vida e significado de cada um.

Quando meu filho Lukas se foi, eu não conseguia "passar a revista telefônica" nos filhos, ligando todos os dias para cada um deles, sem incluir, na ordem de idades, o número do Lukas. Muitas foram as vezes em que liguei para ele sem lembrar que ele já não atenderia. E não foram poucas as vezes em que tocou, tocou, tocou, até que do outro lado eu ouvisse a voz dele dizendo: "Aqui é o Lukas. Pode deixar a sua mensagem!". Então, mandei desligar o telefone celular dele, pois os sustos eram de matar de dor e saudade.

Naquela época, escrevi o seguinte texto:

"Jesus chorou um pouco antes de ressuscitar Lázaro. Parece contraditório saber que vai tirar o amigo da morte, porém, a despeito disso, chorar... e chorar com certa indignação, como sugere a palavra grega usada.

Você vê o futuro melhor, mas, assim mesmo, chora diante do imediato. É assim a alma dos filhos dos homens, na melhor perspectiva.

Estranho é pensar que Deus É; que Nele tudo É e está acontecendo; que, ainda assim, Ele sente com humores do tempo, emociona-se com a vida, encanta-se e assusta-se com a fé dos seres insuspeitos de religião, como o centurião e a siro-fenícia do Evangelho.

Deus se espanta e Deus chora... Deus É, mas não é zen!

Assim, diante da tumba onde a ressurreição venceria a morte, fazendo dela apenas um sono a ser interrompido pela voz de Jesus, o choro doído teve o seu lugar."

Essa é a síntese que busco para mim como pai enlutado em Cristo.

Sim, estar enlutado em Cristo é completamente diferente de estar enlutado sem Cristo. Você vê a eternidade. Você sabe que é mergulho no entendimento pleno, que é luz eterna, que é gozo, que é amor absoluto. Você sabe o que é, você mesmo está ansioso para estar lá; porém, a despeito disso tudo, você chora ante a ressurreição.

Que conforto humano e divino tenho Neste que chora ante a ressurreição, que não deixa o milagre torná-lo menos humano, nem permite que a divindade lhe roube a fraqueza... Sim, que alegria é vê-lo chorar com você, quando você mesmo já vê a ressurreição. Ele chora com você e se alegra com aquele por quem você chora.

É isso mesmo: Ele não priva você de chorar também a dor do hoje, desse imediato real, que, para mim, significa muita dor. Continuo tentando fazer tudo como sempre e dar o meu melhor, às vezes seguindo todos os caminhos da normalidade emocional, mas mantenho o tempo todo aquele olhar que vê meu filho "ressuscitado" em Cristo, vivo Nele, em gozo e glória. Mesmo assim, não deixo de sentir nem por um instante aquela dor forte e poderosa, silenciosa, que hoje habita a base de mim.

"Eu vim buscar teu filho; foi por isso que Ele morreu" seria uma forma inversa de dizer "nosso amigo Lázaro morreu, mas vou para despertá-lo".

Mesmo assim, Jesus chorou; e eu, que posso fazer? Posso não me derramar em lágrimas também? Ah, Deus sabe que não posso. Posso evitar o assunto, mas não posso me deixar levar pelo meu sentir...

A gente olha para o céu e vê muitas estrelas que nos iluminam com a luz de seu passado, que ainda cintila, mesmo que tudo não passe de uma estrada de luz e que está terminando, que vem se encolhendo, enrolando-se, até que a última parte dela chegue como último ponto de luz... aos nossos olhos. Nós, no entanto, fazemos poesia para o que ainda aparece, mas já não é. Em Cristo, faço poesia para quem aqui já não é, pois se foi... embora agora mesmo é que ele tenha se tornado...

Assim, choro pelo que já não é, apenas porque se tornou. E alegro-me pelo que ele se tornou, apenas porque choro quem ele aqui já não é.

Jesus chorou antes da ressurreição. Obrigado, Jesus!

Minha convicção é que, na eternidade, todo mundo sabe e entende tudo. Já se chega lá sabendo a verdade, tanto as objetivas quanto as subjetivas. Ninguém que foi amado ficará sem saber e entender o amor, pois já não há separação, "o mar já não existe".

Tudo fica claro como a luz do Cordeiro! Todavia, a pior neurose a se instalar em alguém é aquela que privilegia o luto e o transforma em culpa pelo que se julga que deveria ter sido feito. Acontece que ninguém tem o poder de tratar do que não fez, daí esse "acerto de contas" ser tão perverso, pois nele mora o acusador, o diabo.

Minha gratidão a Deus é que meu filho Lukas hoje já me sabe todo. Que bom! Ele sabe o quanto foi amado, mais do que tudo o que consegui demonstrar, e foi muito o que demonstrei. Entretanto, sei que ele hoje entende até aquilo que, por amor a ele, deixei de fazer, pois, se o fizesse, seria apenas e tão somente um demonstração de falta de amor por ele.

Seu filho morreu? Chore suas lágrimas em paz e com gratidão! Seu filho sabe de tudo. Você é que não sabe ainda nada, e eu também não.

Você sabe por que Deus deu tudo em dobro a Jó, menos os filhos, que foram outros em igual número quanto os que haviam "morrido"? É porque a gente perde bens, propriedades, respeito, admiração, saúde etc., mas filhos não se perdem. Daí Deus ter dado a Jó outros sete filhos e três filhas, Afinal, os outros dez estavam vivos, pois Jesus disse que, para Ele, todos vivem.

Não conheço nenhuma consolação ou artifício psicológico que possa vencer a dor da perda de um filho. Pensar nisso seria como crer que um esquema da mente pudesse ser mais real que a vida de um filho. E, se isso fosse possível, duas coisas estariam implicadas: ou o filho não teria sido suficientemente amado ou você mergulharia num processo de negação do real, que o conduziria para uma condição de fantasia horrível, pois logo você se tornaria psicologicamente enfermo. Portanto, a única coisa que tenho a dizer a quem passa por isso é que não é um processo pessoal de autoengano ou de evasão da realidade.

Meu filho, Lukas, morreu. E até que eu mesmo "parta daqui", não mais o verei! Essa conclusão dói mais que a dor, mas é o único caminho para tirarmos dela o peso de algoz.

O que faz toda a diferença é olhar tudo com amor e fé. Se penso em mim, me desespero, pois, aqui neste mundo, jamais o verei, e isso é pura dor e desespero. Mas se mudo minha visão – e, para um pai ou mãe, tal mudança não é difícil, especialmente se se amam os filhos –, e penso que ele está melhor, infinitamente mais pleno e feliz, então meu próprio amor por ele, e pelo bem dele, faz-me sentir consolação.

A dor de pais enlutados cresce na medida em que nós sentimos pena de nós mesmos, isso por termos sido privados do convívio com quem amávamos mais que tudo – exceto aqueles que ainda estão conosco e que são tão "únicos" quanto aquele que se foi. Assim, quando privilegio minha dor de pai enlutado, mergulho em angústias indizíveis. Mas se olho para o Lukas, sou consolado pelo bem que ele recebeu e pela paz na qual mergulhou para sempre.

Na realidade, as duas dimensões estão presentes sempre, e é a existência de ambas o que nos faz provar a "doce dor", a prevalência do bem de meu filho sobre minha vitimização. Ambas as realidades, porém, na melhor das hipóteses, sempre estão presentes na alma.

No dia do funeral do Lukas, um amigo que havia perdido um filho com a mesma idade me disse que sofria todos os dias quando via meninas lindas passando... e ele imaginava o que o filho estava perdendo. Ouvi o que ele disse e pensei que, de fato, meu amigo estava apenas sentindo de duas uma coisa, ou ambas: a dor pelo que o filho não viveu o "suficiente" e/ou suas próprias dores de pai, que desejava se realizar no filho que já não está presente para cumprir seus sonhos. Assim, tanto maior será a sua dor quanto mais pena de você mesmo, como pai ou mãe enlutado, você tiver.

Meu consolo vem do fato de que meu amor por meu filho quer o melhor para ele e, nesse sentido, posso dizer que ele não poderia estar melhor! Na realidade, nós não queremos radicalmente nenhum bem para os nossos filhos no qual nós não estejamos participando. Quero apenas dizer que, se você ama seu filho mais que a você mesmo, então se regozije com o sucesso dele, visto que ele já é um vencedor e já herdou o que você ainda luta para alcançar.

Minha convicção é que ninguém vai antes da hora. E quando vai, a partida nunca é trágica para quem foi, mas apenas para os que a assistem... e que, muitas vezes, se apresenta com uma cara cruel para quem fica.

João, o Batista, foi para o paraíso. Mas os que o amavam assistiram à crueldade de sua morte, a fim de satisfazer a caprichos tão banais dos agentes humanos que o executaram. João, todavia, não se sentiu assim, pois não assistiu à banalização de sua morte no espetáculo do banquete do rei Herodes.

No entanto, nenhuma dessas minhas palavras lhe terá qualquer significado se você não se apoderar delas pela fé. É somente mediante a fé em Jesus, o Cristo da Ressurreição – e para Quem todos vivem –, que se pode receber o benefício de saber que Nele a morte deixou de ser o mal, pois também Nele o "justo é levado antes que venha o mal e entre na paz".

Agradeça a Deus por todos os males dos quais seu filho foi poupado e você começará a ver a gratidão vencer a visão do absurdo. Jesus venceu a morte do corpo e a morte do espírito por todos nós.

A dor do suicídio

É possível se desesperar com a própria vida.

Não se deve confundir a tragédia que acontece a algum ser humano com uma decisão sobre a eternidade daquela pessoa.

Quando o pior que se conhece na existência é a morte, a gente quer viver; mas quando o pior que se conhece na vida é a existência, então, quer-se morrer... a fim de encontrar a vida.

Suicídio é o ato de tirar a própria vida, e o que leva a pessoa a fazer isso é o desespero. E, muitas vezes, é o desespero de existir. Quando a gente crê e confia no amor de Deus, todas as coisas passam a ser interpretadas em nosso favor. Até mesmo o suicídio passa a ser outra coisa quando a gente crê no amor de Deus.

As causas por trás do ato podem ser muitas. Pode ir de desequilíbrio mental e até hormonal a causas de natureza psicológica graves, em razão de um sentimento do existir sem significado. O que vale, entretanto, é que Deus entende tudo!

Quem fica, deve acolher o amor de Deus e amar a soberania Dele e ver essa dor ir ficando calma e mansa, até virar feliz saudade. E não deve se culpar acerca de nada em relação à vida de quem se foi e às decisões que a pessoa tomou. Ninguém tem todo esse poder de determinar o destino de ninguém, mesmo de um filho. Todavia, sei que tudo o que aqui digo de nada valerá se quem fica não acolher com fé. Não havendo fé, há somente desespero. E a pessoa tem de escolher se vai viver para sentir pena dela mesma, ou se vai viver sem pena de existir.

O suicídio de um filho é o pior estado de sequestro que se pode infligir a um pai ou uma mãe. Se o pai olhar com os olhos das questões, elas jamais terão fim. Isso porque nós, pais, somos pessoas muito culpadas. E são muitas as causas de nossas culpas, quase todas são irreais, ou melhor, praticamente todas elas. Pais sentem-se culpados em relação aos filhos por pensar que são os responsáveis pela felicidade deles e que, se eles não forem felizes, tal infelicidade é um testemunho contra a paternidade ou a maternidade, ou ambos.

Além disso, existe a necessidade de os pais se verem projetados para melhor nos filhos, e, quando essa não é a visão – digo, entre o projetado e o real –, então a tendência é perguntar: "Onde falhei?".

Essa pergunta é pretensiosa demais. Pressupõe o impossível. Pois, se assim fosse, o primeiro a ter de se perguntar algo do gênero seria o próprio Deus. Afinal, Seus filhos não lhe repetem o ser... manifestando tal semelhança apenas de vez em quando. E nem por isso Deus está fracassado. Aliás, se Deus se visse como Pai como a gente se vê como pai e mãe em relação aos filhos, Deus se autoextinguiria!

Imagine Deus se perguntando onde errou. Ninguém errou... e todos erraram... menos Deus. No entanto, nenhum dos nossos erros é final, pois nosso Pai é Deus. Nossos erros são apenas aquilo que nos posiciona no início do caminho. Ou seja: a gente acerta o caminho apenas quando admite que erra.

Os filhos da gente são seres independentes, e cada um deles tem seu caminho. Maria não podia impedir o caminho de Jesus, tanto quanto nenhuma mãe da Terra poderia fazê-lo. Ou como você acha que Maria deve também ter sentido aquela "decisão de partir" que acometeu seu filho Jesus?

Jesus decidiu morrer! Então, você diz: "Mas Ele era Deus! Era uma missão!". No entanto, sem a ressurreição, tudo seria apenas a mais terrível das tragédias. Um moço de 33 anos entregou-se para morrer. E um de seus amigos se matou. Quem olha de fora, não vê nada!

Nós e nossos filhos trazemos duas naturezas em nós. Somos gente de Adão e de Jesus. Assim como trazemos em nós as heranças de Adão, assim também trazemos a herança em Cristo. Mas a herança em Adão é morte e ficou para trás; a herança em Cristo, porém, é vida e está ainda toda diante de nós.

Creio que a única coisa que se pode fazer nessa hora é mergulhar em paz e em confiança, e isso muda completamente a existência na Terra. É "pular de cabeça". É confiar tanto, crer tanto e abraçar tanto a Deus – declarando Deus seu advogado contra Deus, como fez Jó – e, simplesmente, não tocar mais no assunto, deixando que Deus se entenda com Deus a respeito.

Ora, sei que, para fazer isso, a pessoa tem de estar disposta a ir para o tudo ou nada. É como a luta de Jacó com o Anjo. É como o caminho de Abraão com Isaque, em silêncio, até o monte Moriá. No entanto, o que procederá daí será uma paz impensável e impossível, além de uma fé que não se abala, mas permanece firme para sempre.

As bases para esse salto se fazem exprimir como uma só coisa: fé no amor de Deus!

Sem fé no fato de que Deus ama a cada criatura humana da Terra com amor único e especial, mesmo àqueles que experimentam calamidades e dores inexprimíveis, não se chega a poder dar esse salto de fé e encontrar o descanso de quem não tem mais o que perguntar, até porque as respostas a tais questões jamais nos serão dadas em plenitude no tempo – a nossa compreensão, hoje, não alcançaria –, visto que, sua própria natureza pertence à eternidade.

No entanto, mesmo sem saber, o justo vive pela fé, pois a fé não explica nada, mas pacifica tudo.

Mas sei que, quando a questão é suicídio, ergue-se em nós a neurose católica, e o inconsciente logo posiciona o suicida no mínimo no purgatório. Entretanto, tudo isso é invenção da religião. Como eu disse, "Deus entende os suicidas" e não os vê de modo diferente do modo como vê todos os outros humanos. É possível alguém se desesperar com a própria vida!

O livro de Eclesiastes diz que a opressão faz até o sábio enlouquecer. No entanto, Deus também tem um caminho para o louco, conforme nos disse o profeta Isaías. E, nesse caminho, nem o louco errará.

Os cristãos ficaram com essa mania horrível de dizer até onde a graça de Deus vai... e até onde ela alcança. Para mim, é simples: se é graça e se é de Deus, então alcança a quem Deus quiser alcançar e vai até aonde Ele achar que deve ir.

Não se deve confundir a tragédia que acontece a algum ser humano com uma decisão sobre a eternidade daquela pessoa. Uma coisa é o que acontece com a gente na Terra. Outra, o que acontece com a gente na eternidade. O rico estava bem na Terra e mal na eternidade. Lázaro estava mal na Terra e muito bem na eternidade. Mas se Jesus não nos tivesse contado a parábola, quem poderia supor aqueles "finais" e aqueles "destinos"?

Por isso, a pessoa que fica não deve se julgar nem se impressionar. O diabo quer levar a família à culpa e ao sequestro. Mas Jesus nos liberta de tudo pela fé, e a pessoa ainda pode olhar para trás e ver a bondade de Deus em tudo, até naquilo que hoje lhe é a mais insuportável das dores.

O coração deve ficar absolutamente consolado e grato. Mas isso não significa dizer que não dói. Dói sim, e muito mais que a palavra dor pode significar. Viver dói! Amar dói! Ter filhos dói. Criá-los dói. Sepultá-los dói mais que a dor... Todavia, em nada tal dor se incompatibiliza com o conforto, a paz, a certeza, a segurança e a alegria de amar alguém que, agora, de fato, está bem para todo o sempre.

Só Deus pode saber as causas do desespero de quem se foi e quais foram as dores reais, todas subjetivas, que o levaram a abreviar a própria existência física.

Meu coração, no entanto, sempre foi cheio de meiguice e misericórdia por todos os suicidas. Tive amigos e parentes (um tio) que se suicidaram. Entretanto, diferentemente do que ensina a "teologia", sei que vou encontrar com eles todos no Senhor.

E por quê? Não seria este um pecado imperdoável?

Quem se suicida não está deixando de querer viver; ao contrário, o suicida quer vida, ele não aguenta mais é existir sem a vida plena. Quando o pior que se conhece na existência é a morte, a gente quer viver; mas quando o pior que se conhece na vida é a existência, então, quer-se morrer... a fim de encontrar a vida. Ninguém se suicida querendo morrer! Todo suicida quer outra vida, e não vida nenhuma!

A Bíblia dá testemunho desses "desesperos da própria vida", como disse Paulo. E poucos não foram os que pediram para si a morte... ou pelo menos a abreviação de seus dias de existência sofrida.

Meu filho amava a vida, mas não gostava do "mundo" conforme ele é. Durante anos, essa era sua angústia: a existência, cheia de mentiras, enganos e repleta de vazio. Ele era um ser de Eclesiastes!

Nos últimos dois anos, Deus cuidou dele bem no colinho. No último ano, colocou-o no peito. Nos últimos dois meses de vida, deu-lhe de comer. Na última semana, deu-lhe uma "estranha alegria", preparando-o para "voltar para casa", daí o próprio Lukas ter saído se "despedindo" de um monte de amigos, ainda que ele estivesse cheio de vontade de fazer coisas, como nunca havia estado antes.

Eu sou um pai grato e um filho do Pai que tomou meu filho, que, antes de ser meu, sempre foi Dele!

Saudades? Bem, isso eu vou sentir até reencontrá-lo.

Tragédia e acidente

Gente ficou ferida e outros morreram.

> Para Jesus, telhados que caem são apenas telhados que caem e podem cair sobre a cabeça de qualquer um. Para cair, basta estar no alto; e para matar, basta que haja gente embaixo.

> O convite de Jesus não é para que se pondere sobre as tragédias, mas sobre a vida que nunca é trágica, mesmo quando as tragédias se abatem sobre ela.

Uma tragédia aconteceu. Pilatos misturou o sangue de alguns galileus com o sangue dos sacrifícios que eles ofereciam em seu culto fora do templo de Jerusalém. Outra tragédia aconteceu logo depois. A torre do tanque de Siloé desabou e matou as dezoito pessoas que lá estavam. Jesus estava andando pelo país. Então, chegaram as notícias.

"O Senhor soube? Soube o que Pilatos fez? Soube o que houve com os crentes na torre que caiu?"

Eles queriam um juízo, uma explicação, uma condenação, uma lógica moral. Afinal, esse negócio de tragédia – pensam os crentes – é coisa para descrente e para crente em pecado, pois a teologia dos crentes sempre foi a dos "amigos de Jó": tragédia é o fruto do pecado e é sempre juízo de Deus contra o pecador. Sim! Desse modo pensam sempre os crentes, exceto quando a casa que cai é a deles! Mas quando a casa cai e a residência é a do descrente ou a do crente "desviado ou em pecado", então está tudo explicado!

Jesus, porém, ouviu as insinuações que as "questões" induziam ao pensar e, sem falar delas, apenas disse: "Vocês pensam que os galileus da tragédia eram mais pecadores que os demais galileus que não morreram? Ou que aqueles dezoito sobre os quais a torre caiu eram mais pecadores que os demais habitantes de Jerusalém? Em verdade, digo a vocês, não eram. Mas se vocês não se arrependerem, todos igualmente perecerão". Para Jesus, telhados que caem são apenas telhados que caem e podem cair sobre a cabeça de qualquer um. Para cair, basta estar no alto; e para matar, basta que haja gente embaixo.

No entanto, sabendo como os "crentes das notícias de tragédias" são como pessoas, Jesus apenas disse: "... cuidaram apenas de julgarem os mortos, e não aprenderam a viver a vida dos vivos!".

Não importa o modo da morte. Importa, sim, o modo da vida, pois se não mudarmos de mente, todos, igualmente, veremos os céus desabar sobre nós e sobre nossas incuráveis arrogâncias.

Oro por todos. Por todos mesmo: os acidentados, os feridos, os enlutados, os aflitos... Oro também para que, não pelo telhado ou pelas mortes mas pela vida, os responsáveis espirituais por este povo agora ainda mais perdido e confuso convertam-se à vida que é, não àquela que eles ensinam ao povo que é. A prova disso é que os telhados caem e não há ninguém que possa decretar o contrário.

O convite de Jesus não é para que se pondere sobre as tragédias, mas sobre a vida que nunca é trágica, mesmo quando as tragédias se abatem sobre ela. Essa vida não julga a graça de Deus por dinheiro, prosperidade ou sucesso humano, mas, exclusivamente, pelo testemunho de coerência com o Evangelho, ainda que se esteja morrendo a morte mais louca e insana, como a de João Batista, cuja cabeça foi servida em um prato a fim de que Herodes fizesse a corte de uma jovem que ele desejava "comer", como quem come um pedaço de picanha.

Silêncio! O Senhor está no Seu Santo Templo! Cale-se diante Dele toda a Terra!

Por que Deus permite as calamidades?

Deus, por que eu? Essa é pergunta de playboy religioso.

> Quase tudo o que chamamos de calamidade vem de nós mesmos ou das nossas relações ou não relações com outros mamíferos humanos hostis.
>
> A certeza de Deus em mim não é uma confiança de seguradora. É apenas paz em mim, contra ou apesar de tudo ou qualquer coisa.

Na realidade, essa é uma questão de mamíferos humanos ao "deus criador dos mamíferos humanos", porque ninguém pergunta pelas mortes de outros animais, dos peixes, da flora e de outros entes vivos à nossa volta, aos trilhões... Sim, porque o que interessa é apenas a interrupção da ordem humana ou não.

Mas de onde vem essa ideia de que "Deus" tem de cuidar dos mamíferos humanos mais que de qualquer outra criatura universal? Ou por que os mamíferos humanos têm essa presunção de superioridade?

Ora, em lugar algum na escritura se promete uma suspensão mágica da natureza e suas leis e fenômenos se os mamíferos humanos se comportarem... No Pentateuco, há aquelas promessas decorrentes da obediência absoluta, que somente Jesus praticou e que nos asseguram que vivendo daquele modo, em harmonia absoluta com tudo e todos, os males fugiriam de nós. Mas nenhuma geração bíblica ou universal jamais teve essa história para contar...

Ao contrário, Jesus veio e disse que, universalmente, todos temos aflições e que o poder para enfrentar tais realidades não decorre da suspensão do trágico, mas do bom ânimo com o qual o vencemos. Minha opinião é que esse debate sobre o "deus-natureza" ou sobre "o deus responsável pela natureza" é algo tão medieval que me cansa.

É o conflito do livro *A Peste*, de Albert Camus. Ou você ajuda a natureza e não combate os ratos, que são natureza, ou você luta contra Deus, indo contra a natureza, e vence os ratos, pois, na mentalidade ocidental, "Deus e a natureza" se tornaram quase uma extensão um do outro, no sentido de que a natureza não é Deus, mas é a "deusa executiva" das cacetadas de "Deus" nos mamíferos humanos não comportados. Patético!

Encontramos essa questão o tempo todo nas escrituras, levantada por Israel. A resposta dos profetas era: "Porque vocês deixaram a verdade e o amor". No entanto, conte nas escrituras quantas calamidades judaicas vieram da natureza e quantas vieram dos outros mamíferos humanos punindo Israel ou apenas invadindo porque podiam. Ou seja, quase tudo o que chamamos de calamidade vem de nós mesmos ou das nossas relações ou não relações com outros mamíferos humanos hostis.

Quando vejo um *tsunami* irrompendo sobre a Terra, nunca penso em Deus, mas na força dos fenômenos criados. Então, vejo o pessoal querendo responder por "Deus" um problema que, para Deus, não é problema. Pois, assim como existo livre, a natureza também tem suas "liberdades", que acontecem na deflagração dos seus sistemas e dinâmicas autônomas... Daí o nome ser na-tu-re-za.

Ou seja, a natureza tem vida própria, assim como nós, embora a nossa aconteça com a presunção do autoconhecimento (mais que relativo), e a existência da natureza acontece na dinâmica do natural. Isto é, foi criada e tornou-se algo em si como fenômeno e que acontece de modo automático, uma vez que as cadeias se deflagram fenomenologicamente.

O conceito de natureza como "deusa das execuções penais de Deus" foi profundamente desenvolvido e convenientemente afirmado pelos teólogos católicos medievais. Ora, pouca coisa é mais poderosa para controlar pessoas que falar em nome de "Deus e da natureza" a um tempo só e, mais, criando uma teologia moral de causa e efeito na observação da natureza como "vara divina" em relação aos mamíferos humanos crentes.

Todavia, hoje – não de agora, entretanto –, os "cristãos" sofrem na armadilha pseudoteológica que eles mesmos criaram. O que me impressiona é ver pastores, sacerdotes, pensadores se sentindo na obrigação de entender a "deusa executiva da ações penais do divino, a natureza, mas não com uma abordagem científica na observação dos fenômenos", e sim completamente animista e bruxa na sua concepção mágica. E, pior, tentam explicar!

Quando uma calamidade natural acontece, minha última pergunta é sobre Deus. Todas as minhas perguntas são sobre os mamíferos humanos e suas intervenções diabólicas na natureza. Hoje, quando vejo calamidades naturais, eu olho no espelho! A culpa é minha! Todavia, existe o "ainda que". Sim, é com um "ainda que" que os salmistas profetas vencem a perplexidade.

"Ainda que os mares... os montes... os abismos... as ondas... as muitas águas"... ou qualquer fúria natural sobrevenha, diz-se: 'Nele confiarei'." Confiarei depois que acontecer, tanto quanto antes de acontecer. Na realidade, sei que tudo pode acontecer! A certeza de Deus em mim não é uma confiança de seguradora. É apenas paz em mim, contra ou apesar de tudo ou qualquer coisa.

"Vós valeis mais que pardais", ensinou Jesus. Mas o que Jesus disse é no sentido de que calamidades podem acontecer a pardais, mas não com a gente? Não! Jesus falava de significado da relação com o Pai. Homens podem ter uma relação de consciência confiante em relação ao Pai, ao passo que os pardais têm um vínculo de natureza instintiva com o Pai. Confiança consciente é mais que instinto de confiança.

Portanto, pare de reclamar e de fazer perguntas de mamíferos humanos caprichosos!

"Deus! Por que eu?" é pergunta de religiosos. O Evangelho não produz filhos de Deus! Seja homem!

Quando as calamidades realizam o bem de Deus

Mais um enigma da graça.

Seria pela calamidade que Jó haveria de conhecer Deus de modo essencial e visceral.

O mais ativo meio de graça num mundo caído está em operação em meio ao que chega à pessoa como dor e como perda, embora os que observam essa pessoa já chegam interpretando tudo como juízo divino.

Paulo disse que haverá o dia da grande surpresa, quando Deus abrir os "segredos dos corações dos homens". Ora, Paulo falava não do óbvio – que é a certeza da maldade humana –, mas, ao contrário, referia-se ao susto que se terá ante a imensa quantidade de gente de Deus que existiu fora de qualquer informação explícita ou consciente sobre a lei de Deus ou do Evangelho (Romanos 2:12-16).

Assim, ecoando a parábola do joio e do trigo no campo do mundo, Paulo diz que, aquele que vê cara e/ou apenas fotos de cenários humanos, não vê nada acontecendo no coração. Aí reside o grande enigma da graça!

Os amigos de Jó olhavam o que estava acontecendo a ele, todas as suas perdas dramáticas, todas as suas dores e pensavam: "Ele deve ter feito algo muito mau aos olhos de Deus!". Entretanto, era justamente o oposto. Jó estava sofrendo o que sofria por ter sido tão profundamente de Deus, que isso incomodou até – e sobretudo – Satanás. Além disso, tudo aquilo era parte de um enigma indecifrável em sua operação, pois seria pela calamidade que Jó haveria de conhecer Deus de modo essencial e visceral.

Antes de tudo acontecer, Jó conhecia Deus só de ouvir e de saber; daí amá-lo, mas, sobretudo, temê-Lo, pois O reconhecia e, de tal reconhecimento, obtinha sabedoria. No entanto, após tudo o que houve, Jó foi imerso gradualmente na experiência de Deus, ao ponto de, ao fim de tudo, ficar agradecido por ter passado por tudo a fim de conhecer Deus como quem o "agora os meus olhos te veem".

Às vezes, alguém vê uma pessoa sofrendo muito ou passando por privações e, observando isto, julga que aquilo que vê com os olhos é a ira de Deus derramando-se sobre a pessoa. O observador não sabe, porém, que nunca antes aquela pessoa tinha crescido tanto na experiência de Deus como em meio à sua dor ou dores.

Outras vezes, vemos pessoas prósperas e tranquilas aos nossos olhos e imaginamos que elas são os símbolos perfeitos das "bênçãos de Deus", sem sabermos que, naquela tranquilidade, aquelas pessoas estão se anestesiando, perdendo os nervos da alma, pois andam cada vez mais em sua própria força e presunção de poder e capacidade, até que chegue sobre elas a luz ou as trevas. E, para Deus, as trevas e a luz são a mesma coisa, conforme Isaías e o Salmo 139.

As trevas e a luz são a mesma coisa!

Assim, a luz cega Paulo e o imerge em trevas para que enxergue. Depois disso, Paulo teve de aprender que, quem vê e interpreta, nem sempre interpreta o que é, mas quase sempre o que "projeta ou transfere". Após sua conversão, ele precisou viver o resto de sua vida sendo interpretado pelos judeus como um herege, um desertor ou um louco, e pelos cristãos de Jerusalém como um ser independente e insubmisso. Afinal, não só jamais subira a Jerusalém para pedir conselhos como também se adiantou em entendimento espiritual em relação aos crentes híbridos da cidade santa, pois levou o Evangelho às implicações que os de Jerusalém não queriam e, por isso, diziam que não podiam admitir.

Quem passasse e visse os três crucificados (Jesus e os dois malfeitores) e nada ouvisse do que, entre eles, era dito e conversado, jamais iria imaginar que o do meio era Deus e que um dos que Lhe falavam estava recebendo a promessa de já passar no paraíso de Deus a primeira noite após sua morte na Terra. Ninguém sabe nada dos que nada dizem ou dos que não são ouvidos. E ninguém sabe nada, porque, raramente, quem ouve o faz com o coração limpo de juízos. Entretanto, na maioria das vezes, a graça está operando no absurdo e no impensável...

Enquanto isso, os homens não entendem e julgam o bem da graça na vida do "ser calamitoso" como sendo sinal de seu pecado. Mas não veem que, mesmo quando o é, ainda assim, o mais ativo meio de graça num mundo caído está em operação em meio ao que chega à pessoa como dor e como perda, embora os que observam essa pessoa já chegam interpretando tudo como juízo divino.

Paulo sabia o quanto os que o julgavam estavam enganados e, por isso, transferia tal possibilidade de má interpretação a si mesmo. Ora, essa era a razão de ele – que era um filho da misericórdia e que buscava alcançar misericórdia – transferir a mesma possibilidade de interpretação equivocada para qualquer que fosse o juízo que ele pudesse fazer acerca de todos os "mal interpretados". De fato, não apenas pelo que ele sabia que era a verdade, mas pela sua própria experiência com a realidade, ele cria que haveria o dia quando mesmo os pagãos mais longínquos acabariam por se tornar uma surpresa chocante para aqueles que, à distância, os julgavam perdidos por completo. Assim como os judeus julgavam que Paulo estava perdido.

Quanta salvação acontece sob os mantos de trevas e perdições! Quanta reconciliação humana acontece nas perdas!

Deus tem filhos, os que chamam a si "filhos de Deus", que jamais o admitiriam à família! Assim, afirmo, a graça tem enigmas que chegam aos sentidos humanos como calamidade!

A partir de mim e de muitos outros, vejo como os melhores tempos com Deus quase sempre acontecem enquanto os homens pensam que estamos vivendo os piores tempos possíveis. Do mesmo modo que, muitas vezes, os nossos piores tempos com Deus acontecem enquanto os homens pensam que estamos vivendo nossos dias de glória.

Por isso, digo a você o seguinte: sempre seja reverente ante à calamidade humana (qualquer uma e qualquer que seja), pois mesmo que para você o espetáculo possa ser o de uma calamidade, ou mesmo de morte, ainda assim, em geral, é justamente nessas horas que as vidas das pessoas mais mudam para o bem delas.

É direito seu e meu – e mesmo um dever à sabedoria – evitarmos todas as formas de calamidade. O sábio vê o mal e se esconde dele! Todavia, se lhe acontecer algo que você não busca, mesmo que aconteça em razão de um erro seu, não trate o acontecido como algo mau para você. Ao contrário, abrace aquilo como disciplina e poda do amor de Deus, limpando você, a fim de que você dê fruto ou dê muito mais fruto ainda.

Entretanto, nesse dia mau, aguente firme as "interpretações", pois se com o "justo Jó", os seus "amigos justos" fizeram como fizeram, então o que não dizer de você e de mim, especialmente quando, à semelhança do "bom ladrão", estamos pagando por aquilo que os nossos atos merecem?

Portanto, não se deixe matar pelos "amigos" nem pelas "interpretações". Isso é pior que o diabo nessas horas. Ao contrário, seja submisso a Deus, não faça perguntas, mas responda a tudo com a fé que se entrega pedindo que o melhor de Deus brote do caos. E não aceite que o caos tenha o carma de ser caos para sempre, pois, de fato, é do caos que Deus principia todas as coisas novas.

Apenas creia. E, qualquer que seja o caos, haverá de se tornar adubo para o maior plantio da graça divina em sua vida – isso se seu coração seguir em silêncio contido.

Por que coisas ruins acontecem a pessoas boas?

A pergunta certa deveria ser: por que coisas boas acontecem ainda a nós?

Nós somos maus, apesar de, às vezes, fazermos coisas boas a quem amamos. O tratamento "bom", como qualificação, somente cabe a Deus.

Se você tem fé apesar de tudo, agradeça. O que de melhor pode acontecer a um ser humano na Terra aconteceu a você. Afinal, você crê. E sem fé é impossível agradar a Deus.

Há um livro cujo título pergunta por que coisas ruins acontecem a pessoas boas. Dei apenas uma olhadela no conteúdo. Francamente, não me interessou por uma simples razão. Para mim, a grande surpresa, num mundo caído, ou seja, marcado pelo pecado e existindo em caos, é justamente o oposto: por que ainda acontecem tantas coisas boas com gente de todo tipo?

A questão proposta no livro é plausível apenas para quem não vê a vida com realismo bíblico. Adriana, minha esposa, o demoliu com apenas uma pergunta: por que coisas boas acontecem ainda a nós?

Esse mundo jaz no maligno, e seus habitantes "conscientes de si", os humanos, são a grande praga e maior razão de morte no próprio planeta. A leitura da Bíblia nos chama desde o início para essa cruel realidade da existência.

Depois de Gênesis 3, acabam-se as leituras fabulosas sobre a condição humana. A sequência inteira nos esmaga: Caim mata Abel, os poderosos começam a determinar o destino dos demais, instrumentos cortantes são inventados, a maldade se espalha pela terra e o dilúvio cai sobre a humanidade! O que se segue é igualmente marcado pela dor. Ser Abraão só é romântico para quem não tem de experimentar o que o patriarca experimentou. O mesmo se pode dizer de praticamente todos os personagens bíblicos.

Os livros de sabedoria – Jó, Salmos, Provérbios e Eclesiastes – não abrem espaço para nenhuma ideia de que a bênção de Deus impede a calamidade. Tudo acontece a todos! O que resta é saber o que cada um faz com o mal ou o bem. Assim, há males que produzem bem no ser. E há bens que introduzem o mal.

Jesus foi absolutamente claro sobre essa questão:

1. A calamidade sobre alguns deveria convocar a todos ao arrependimento – como no caso dos galileus mortos!

2. Nós somos maus, apesar de, às vezes, fazermos coisas boas a quem amamos – os filhos!

3. O tratamento "bom", como qualificação, somente cabe a Deus – como no encontro com o jovem rico!

4. Até o mal congênito pode se tornar algo bom, para a glória de Deus – como no caso do cego de nascença!

A lista poderia ser interminável! O restante da revelação insiste na mesma ênfase. O Apocalipse nos leva pela mão, trêmulos, às veredas sombrias e angustiantes do "futuro". Portanto, a surpresa é o bem e o bom ainda nos alcançarem na Terra.

Talvez seja pela ausência dessa consciência que nos sentimos abandonados por Deus quando a calamidade muda o endereço da porta do vizinho para a nossa. Mas quem tem essa consciência e ama Deus na realidade da vida não se assusta mais e nunca se vê abandonado por Deus porque dói. Dói mesmo! Mas e daí?

No mundo tereis aflições... E elas podem vir com caras as mais diversas. A recomendação é bom ânimo. Jesus venceu o mundo, mas fez isso passando pelo sofrimento.

A galeria dos homens e mulheres de fé em Hebreus 11 nos põe cara a cara com os esmagadores fatos da existência. Entretanto, adverte que, sem fé, é impossível agradar a Deus. Tudo pode acontecer a todos! Mas a fé não é de todos! Se você tem fé apesar de tudo, agradeça. O que de melhor pode acontecer a um ser humano na Terra aconteceu a você. Afinal, você crê. E, sem fé, é impossível agradar a Deus! Então, felicidades!

Bem-aventurados os humildes, os que choram, os mansos, os famintos de justiça, os perseguidos e os que se ocupam de lutar pela mais perdida de todas as causas da Terra: promover a paz! O segredo de tudo é a gratidão. E a gratidão só surge quando as "perdas da terra" são consideradas como adubo!

Tudo depende de onde está o seu tesouro! Além do mais, como está escrito na epístola de Paulo aos Romanos: "Não há justo, nem sequer um. (...) Não há quem entenda; não há quem busque a Deus. Todos se extraviaram, e juntamente se fizeram inúteis. Não há quem faça o bem, não há nem um só. A sua garganta é um sepulcro aberto; com as suas línguas tratam enganosamente; peçonha de áspides está debaixo dos seus lábios; a sua boca está cheia de maldição e amargura. Os seus pés são ligeiros para derramar sangue. Nos seus caminhos, há destruição e miséria e não conheceram o caminho da paz. Não há temor de Deus diante dos seus olhos".

Assim sou eu, assim é você, assim somos nós, assim é o mundo.

Alguém lê e diz: exagero! O homem não é assim, pois sou homem e assim não sou! Esse, entretanto, nunca se viu. Um cego imagina sua própria aparência e a de outros com muito mais exatidão do que o homem enxerga a si mesmo. Nossa visão sobre nós é sempre moral e sempre vinculada a nós mesmos como referências do que seja bem e mal em nós e fora de nós. Entretanto, vergonha não é verdade, é culpa. E nem sempre a culpa conduz alguém à verdade. Aliás, está escrito que é a bondade de Deus o que nos leva da culpa sem verdade ao arrependimento na verdade.

Todavia... comemos do fruto da árvore. Por isso, sentimos vergonha, mas não abraçamos a verdade. Daí Adão ter tentado transferir a culpa de tudo para a mulher, e esta, para a serpente. Vergonha sem verdade. Ora, se, em lenho verde, não nos enxergamos a nós mesmos em Adão, por que haveríamos de pensar que nós, os bilhões de Adãos doentes e piorados, em estado de lenho seco como hoje estamos, ver-nos-íamos melhor?

De fato, homem algum aceita essa descrição. Um judeu da época diria: jamais. Um grego diria: nem o pior dos deuses é assim. Um humanista pós-moderno diria: é a desgraça da culpa insuflada pela droga da religião da idade da pedra. Entretanto, quem fala acima não é homem do homem e nem um homem de si mesmo, pois o homem que assim se visse não escreveria jamais tal coisa, antes a esconderia. E aquele que honestamente assim se visse, iria se matar. Outra alternativa não existe sem revelação na graça.

Quem fala é Deus. É Ele quem diz que somos assim em vista de quem fomos feitos e capacitados a ser. Sim! É Ele quem nos diz quem não somos quando medidos ante o homem Jesus. Na realidade, por mais que uma figura como Jesus tivesse que ser vista com alegria e simpatia – o que Ele gera –, apesar de todo o bem que espalha acontece o oposto.

É inegável que Jesus divide a humanidade sempre que alguém fica cara a cara com Ele e tem de se decidir. Entretanto, o que espanta é ver que existe um ódio estranho, um ente impessoal latente na natureza humana e que odeia Jesus assim como o homem odeia a vida e tudo faz para se matar enquanto diz buscar viver...

Os da sinagoga de Nazaré são bom exemplo. Diante de Jesus e de Seu ensino e ousadia profética de dizer que, naquele dia, Isaías 61 ganhava seu cumprimento Nele, os da assembleia manifestaram-se com uma admiração que os fez "maravilharem-se" e, logo depois, com ódio, tentarem empurrá-Lo do penhasco da cidade.

E por quê? Ora, mesmo que não queiramos admitir, temos de afirmar que a exposição ao Evangelho, a Jesus e à palavra, caso não se faça acompanhar de fé, é insuportável, pois nos faz sentir (quase nunca ver) que somos seres que odeiam. Foi essa revelação que fez Pedro ser honesto com sua condição de corrompido e em necessidade de acolhimento na graça, ao expulsar Jesus de si mesmo, agarrando-o para sempre em si. "Arreda-te de mim, pois sou pecador", disse ele.

Que psicologia tem a coragem de expor o homem dessa maneira? Ou que filosofia? Ora, pela pior visão filosófica, o homem seria apenas um nada, uma náusea da consciência-acidente. Mas não é tão bom assim. O homem ficou assim e assim se mantém porque optou pela cegueira. Em seu narcisismo, desfila como um deus e se imagina como uma divindade de tão bom que é por... pagar as contas, cumprir seus deveres sociais e religiosos e, se possível, evitar confusão.

Quem disser que não é assim, tanto nunca conheceu Deus, como não entende a profundidade do mal que emana até de nossas melhores virtudes. Ora, digo isso não para esmagar. Ao, contrário: mataria eu a mim mesmo? Essa não é minha intenção! Digo o que digo apenas porque sei que onde abundou o pecado, superabundou a graça.

Entretanto, sem consciência honesta de quem se é sem a graça, jamais se provará a abundância da graça que nasce de tal reconhecimento. Sem este primeiro passo não dá nem para começar a falar sobre o significado da nossa tão grande salvação.

CAPÍTULO 8

A consolação

O poder da consolação

Deus não tem prazer na dor continuada.

As pessoas estão sofrendo muito e cada vez mais. As pessoas sofrem por razões e situações diferentes.

Deus oferece uma consolação que pode ser traduzida em quietude interior para todo o tormento e inquietação, toda essa instabilidade interior que afeta e perturba sua alma.

Deus não tem nenhuma intenção de ver seu povo sofrendo. Ele não tem nenhum prazer na lágrima, na angústia, na dor continuada, no remorso, nos sentimentos que se prolongam indefinidamente na alma, gerando contorções no coração. É o que se pode ver em Isaías 40:1-11.

Tem uma hora que a dor tem de passar. Uma hora de enxugar lágrimas, de tratar do problema do sofrimento, da angústia na alma. As pessoas estão sofrendo muito e cada vez mais. As pessoas sofrem por razões e situações diferentes. Nem todo mundo sofre pelas mesmas coisas.

Por exemplo, há quem sofra por causa de dores que vieram em consequência de situações naturais. Dói ficar velho. Outros sofrem por doenças. Outros por situações acidentais, como um acidente de carro. Outros por circunstâncias econômicas. Outros por perdas.

Especialmente, outros sofrem por questões morais, decisões morais erradas – um caso extraconjugal, um aborto, uma apropriação indébita, e a alma passa a latejar de angústia e culpa. A decisão de odiar também é profundamente moral e traz sofrimentos muito grandes, porque ninguém sofre mais do que aquele que odeia. O ódio é uma leucemia psíquica, e é extremamente penoso viver assim.

No entanto, Deus oferece consolo. O tempo desse conflito, dessa milícia, como diz Isaías, desse choque, dessa guerra na alma, em que as partes lutam contra si, é finito, se você quiser. A iniquidade pode ser perdoada. Deus está interessado em consolar você, em acalmar sua alma. O consolo, nesse caso, é para o coração, para a alma revolta, para a consciência perturbada; o clamor de Deus para o profeta é: fala ao coração do meu povo.

Deus oferece uma consolação que pode ser traduzida em quietude interior para todo o tormento e a inquietação, toda essa instabilidade interior que afeta e perturba sua alma. **A trégua chega e deve haver momento de paz para o coração e a consciência.** A iniquidade e o pecado já estão pagos.

O que a pessoa precisa fazer para receber essa consolação é, inicialmente, dispor-se a acertar o caminho. Em seguida, precisa aprender a converter a mente, buscando satisfação naquilo que dura, que permanece. A palavra do Senhor permanece para sempre. Quem quer viver consolado e cheio da satisfação de Deus tem de inverter as coisas na mente e, daí em diante, viver em busca daquelas coisas que implicam satisfação que dura para sempre. Em terceiro lugar, a pessoa precisa entender que Deus está presente no seu coração, na sua alma, na sua cama, na sua mesa. É uma presença poderosa que veio para ficar.

Por um lado, a pessoa também precisa aceitar o domínio de Deus. E, por outro, o pastoreio, o cuidado divino sobre sua vida. Aqui há um equilíbrio fantástico de figuras que raramente se conciliam na mente da maioria das pessoas. Em geral, as pessoas ou pensam em Deus como um soberano, poderoso, esmagador, quase despótico, ou senão pensam Nele apenas como o acolhedor carinhoso que aquece a alma carente. A gente somente anda com saúde diante de Deus quando Ele é visto nessas duas perspectivas, e não separadamente. Ele domina, Ele é Senhor e Santo. A palavra dele é para ser obedecida. Mas também Ele não pode ver a alma despedaçada, ferida, magoada, arrependida, carente, sem que Ele venha a seu encontro. Há ninho para você na presença de Jesus.

Quando a alma recusa consolo

A alma é voluntariosa.

Essa impossibilidade de consolação vicia a alma.

Há uma estação de recusa de consolação que é sadia – melhor é chamar de luto. Mas a insistência nesse estado inviabiliza a existência e impede o convívio humano e social.

Os Salmos têm a expressão "minha alma recusa consolar-se". Quando eu era mais jovem, achava que isso era uma certa birra da alma e que, de fato, a expressão vinculava-se apenas aos momentos em que algo ruim acontece e, por conta disso, a alma cumpria seu luto enquanto a mente tentava impedi-la de sofrer tudo. Hoje, sei que não é assim.

Existe mesmo um estado em que a alma não aceita nenhum consolo. Nem o consolo da razão, nem o das percepções dos consoladores, nem mesmo a lógica favorável dos fatos que se somam em seu favor.

A alma recusa consolar-se... A alma tem vontade própria... é voluntariosa.

O mecanismo interior pode variar muito a fim de que esse estado seja mantido. Pode ir da autopiedade à consciência de perdas que fogem aos sentidos da razão ou da lógica da consolação.

Pode ir da autoimposta ignorância de que a alma está vinculada a alguma forma de culpa imperdoável para o indivíduo que se assume mal-humorado por não gostar dos resultados da existência... ainda que sejam melhores. Simplesmente porque a alma tem significações que até o coração desconhece.

É então que se deixar consolar parece significar uma traição a um bem que só a pessoa conhece, ao mesmo tempo em que essa pessoa também não tem nem conhecimento lógico de sua existência ou coragem de confessar. Assim, não se sabe o que é porque se ignora, mas se ignora porque não se quer saber o que é. A partir daí, a alma é encurralada entre a certeza latente e a ignorância patente e não tem coragem de buscar nem chamar sua dor pelo nome.

Desse modo, o que é latente continua latente, e o que é patente – a falta de coragem – continua presente, encurralando o coração no direito de sentir aquela dor, ou de senti-la como direito. Essa impossibilidade de consolação vicia a alma. Se a pessoa não perceber isso em tempo, muitas vezes instala-se um mau humor crônico no ser.

Agora, o mal sem causa continua sem causa, mas achou uma não causalidade que tem nome – disfarça melhor a sombra –, e o apelido dessa angústia passa a ser, nesse caso, mau humor. Diz-se: "Ele é mal-humorado!". E ponto. Parece que está tudo explicado.

A genética e as constituições do DNA da psique parecem assimilar, como bode expiatório, toda a responsabilidade – e, uma vez que se dá nome, parece que o bicho se sociabiliza.

Na sociedade, há lugar para o mal-humorado – pode até mesmo virar piada para os outros –, mas não há lugar para o que "recusa consolar-se". Muita gente boa de Deus já conheceu esse estado. Na minha maneira de ver, há um tempo em que toda tentativa de consolação faz mal. Há uma estação de recusa de consolação que é sadia – melhor é chamar de luto.

Mas quando o estado se torna crônico, começa a se instalar no ser não um mau humor, e, sim, um não humor: uma atitude de quem perdeu a luz da vida e que, mesmo na escuridão, não deseja ver, pois o escuro e o claro viram a mesma coisa. A pessoa perdeu o interesse em saber, ver, conhecer, experimentar, surpreender-se...

Até para se deixar surpreender, você precisa ter uma certa predisposição.

Aliás, uma das boas maneiras de avaliar o estado de um ser que "recusa consolar-se" é verificar se ele ainda responde a surpresas súbitas. Se "responder", pode sair do estado a qualquer momento – especialmente, se não encherem a paciência da pessoa com a tirania da consolação.

Mas se a pessoa de fato se tornou imune às surpresas, a coisa está ficando feia. Nesse caso, é melhor tratar a situação não como uma estação da alma, mas como uma determinação de fixar residência naquele buraco. E aí a pessoa precisa ser acordada, a fim de começar a ver que seu direito ao estado daquele sentir acabou. Virou doença. Não tem mais desculpas. Não há mais cumplicidades, pois a insistência na manutenção do estado inviabiliza a existência e impede o convívio humano e social.

Houve, de fato, uma perda de significados existenciais mais profundos do que os observadores podem entender ou admitir. Mas é dolorido ter essa noção, esse saber.

Toda libertação começa e termina na verdade.

Quando nossas significações existenciais se perdem, a única maneira de retomá-las é na presença Daquele que é o único que pode ressignificar as coisas em nós. "Eu, porém, olharei para o Senhor", como disse Miquéias em meio à total desesperança.

CAPÍTULO 9

Como enfrentar a dor

Com gratidão

Celebre cada dor com gratidão.

> No caminho, há todos os tipos de dia.
> Dos mais tenebrosos aos mais leves e radiantes.
> Há também todos os sentimentos. E há hora para cada um deles. E todos permanecem, transformando-se em outros sentimentos, nunca menos essenciais.
>
> Se a fé vem do absurdo, então, nada há mais absurdo do que ter paz e contentamento no mundo.

A gratidão é medicina para todo o ser, e nada pode fazer melhor ao coração. A gratidão é filha da graça, que é recebida como arbítrio do amor.

O encontro da consciência humana com a graça como arbítrio do amor de Deus dá sentido a todas as coisas. Cria, portanto, uma existência nova, feliz e bem-aventurada.

Assim, se Jean-Paul Sartre criou para si uma existência nauseada, eu posso, em Cristo, criar para mim uma existência na gratidão e no contentamento, pois o princípio existencial é o mesmo.

E que princípio é este?

O filósofo Kierkegaard deu nome ao buraco. Jean-Paul Sartre o encheu de náusea. E peço a Jesus que encha o meu de gratidão e contentamento.

O princípio é a fé que vem do absurdo. A fé foi substituída por "momento em si" ou "ato de vontade" e criou a náusea. A náusea, todavia, foi tocada pelo arbítrio do amor de Deus e mergulhou em gratidão, a ponto de o paradoxo de lutar para que a vida melhore ao mesmo tempo em que sabe que tudo é como tudo tem de ser. Pois se há muito que se pode mudar, não há nada que se possa fazer – embora Jesus espere nos encontrar lutando em todo bom combate. Desse modo, as coisas se movimentam e nós mudamos no processo. Mais adiante, olhamos para trás na jornada e vemos que tudo foi como tinha de ter sido, pois você mesmo não pode mais imaginar como poderia ter ficado tão bom se não tivesse sido tão doído.

No caminho, alguns dos que você ama se vão... mas sempre ficam em você. Outros desaparecem. Outros não sentem que devem aparecer.

Há os que nos magoaram, mas que não quiseram ficar nem com perdão. Há os que reconquistamos. Há os que nos conquistam. Há os que nos fazem sua missão. Há aqueles que são nossas missões. Há os que nos alentam. Há os que nos levam a extremos. Há os que nos incendeiam, há os que nos esfriam. Há os que nos aborrecem, há aqueles aos quais nós aborrecemos. Há os que estão junto mesmo estando distantes. Há os que estão tão próximos, e tão distantes!

No caminho, há todos os tipos de dia. Dos mais tenebrosos aos mais leves e radiantes. Há também todos os sentimentos. E há hora para cada um deles. E todos permanecem, transformando-se em outros sentimentos, nunca menos essenciais. Mas quando se está no caminho, há um novo olhar para todas as coisas. A certeza do arbítrio do amor de Deus é o que nos dá esse novo olhar. É a fé que dá esse novo modo de olhar... Isso porque se a fé vem do absurdo, então nada há mais absurdo do que ter paz e contentamento no mundo. Sem fé, o absurdo é a virtude, e a náusea de Sartre é coerente com um mundo visto sem fé.

A fé é realidade existencial em si. Já o "ato de vontade" de Sartre é uma ação existencial sem fé, que acredita no ato da vontade sem fé. Ora, somente pela fé se produz o "bom ânimo" do qual Jesus falou. E só pode tê-lo quem crê que Jesus venceu o mundo. Essa é a vitória que vence o mundo: a fé em Jesus, Deus conosco, Deus em nós, esperança humana materializada como graça e glória.

Agora, celebre com gratidão sua vida, cada pessoa, cada encontro, cada dor, cada carinho, cada amor, cada perda, cada equívoco, cada desperdício, cada engano, cada susto, cada amigo, cada inimigo, cada nascido e cada sepultado. Celebre com gratidão esse caldo de graça e amor de Deus que é a vida, apesar de todos os temperos que nela se jogam, bem apimentados, para dar mais gosto.

Isso será o início da gratidão!

Com perseverança

A alegria na provação é a chave do crescer.

> Quem não enfrenta com toda alegria a dor inevitável do existir, entendendo cada coisa como oportunidade de crescimento e amadurecimento, jamais tirará da vida seu bem, que é a produção de um ser humano adulto em Cristo, que ama Deus por Deus e por nada mais.
>
> Ninguém evita a dor de existir.

Tiago, o irmão do Senhor, diz que devemos passar pelas tribulações com alegria, pois é pela provação do sentido da vida como fé e amor que o ser cresce para tornar-se forte e resistente, perseverante. Diz ainda que é pela perseverança que nosso homem interior termina o trabalho e nunca desiste antes, que vai ganhando completude e caminha para a perfeição do ser em si, crescendo integralmente, em integridade, em plenitude.

Ninguém evita a dor de existir. De um modo ou de outro, a experiência da dor é algo tão presente na vida quanto a própria experiência do existir.

Sente-se dor ainda no ventre materno. Sente-se dor ao nascer. Sente-se dor para comer. Sente-se dor para mastigar. Sente-se dor por causa de uma queda. Sente-se dor para andar. Sente-se também a dor do brincar. Sentem-se as dores da aprendizagem. Sente-se a dor de amar. Sente-se a dor da perda. Sente-se a dor da espera. E quanto mais o tempo passa, mais são sentidas todas as dores de ser, tanto no corpo quanto na alma e no espírito. A lista de experiências de dor é infindável.

Quem não enfrenta a dor inevitável do existir com toda alegria, entendendo cada coisa como oportunidade de crescimento e amadurecimento, jamais tirará da vida seu bem, que é a produção de um ser humano adulto em Cristo, que ama Deus por Deus e por nada mais. Sem essa consciência de fé, a existência é apenas uma fábrica de amarguras e ódios latentes.

Veja o que você quer. Escolha se você vai passar pela dor com alegria, ou se deixará que a dor seja o seu humor.

Com bons olhos

O bom olhar só se vê com o coração.

> Minha fé no invisível e no fato de que o espírito é eterno em Cristo não me eximem de sentir dores lacerantes, porém extremamente doces.

> Ricos e abastados se matam em seus castelos e mansões, enquanto os "filhos de Francisco" consideram tudo um estímulo à vida.

Como alguém pode achar que vê a realidade? E pior ainda: a verdade?

Na realidade, não existe quase nada claro para nós, pois nossa visão é turva e percebemos tudo apenas parcialmente. Imagine a fé. Certamente não há nenhuma visão do mundo sem fé ou crença, mesmo que seja fé na "não fé".

Fazia dois anos que meu amado filho Lukas havia partido para a glória. Naquela época, fazia 32 anos que um amigo de nossa família perdera um filho, meu amigo, de 19 anos, e o pai não conseguia continuar levando a vida por causa dessa perda. O que teria havido? Ele ama mais seu filho do que eu amo o meu? Sou inafetivo? Ele é que é o exemplo de dor paterna incurável?

Duvido que ele amasse seu filho mais do que eu amava o meu Luk. No entanto, o que faz toda a diferença é aquilo que não é visível. Minha fé no invisível e no fato de que o espírito é eterno em Cristo não me eximem de sentir dores lacerantes, porém extremamente doces. As agonias do luto de meu amigo, todavia, cresciam no chão da alma seca de fé, onde somente os espinheiros sentem-se em casa. A realidade só pode ser vivida a partir da subjetividade de cada um. Assim, o que está ante os nossos olhos é o que não está ante os olhos de mais ninguém! É por essa razão que ricos e abastados se matam em seus castelos e mansões, enquanto os "filhos de Francisco" consideram tudo um estímulo à vida.

Não adianta botar a culpa no mundo. O mundo lhe responderá: "Sou o único mundo que existe, e que é projeção de seus olhos!"

Se os teus olhos forem bons... Se, porém, forem maus... A gente sabe o que acontece!

No que concerne a você, peça a Deus para lhe dar o melhor dos mundos no olhar. Afinal, o pior cenário é o melhor, e o bom cenário é muito legal. O bom cenário seria a humanidade "atrasar as profecias pela conversão": um permitido antropomorfismo bíblico. O pior cenário é maravilhoso: o Filho do Homem aparecer com poder e grande glória sobre as nuvens dos céus.

Eis um paradoxo: desejar a volta do Senhor, que só acontece se o pior se estabelecer, ao mesmo tempo em que se luta contra o pior, pois o Senhor deseja nos encontrar agindo assim. Deus ama todo aquele que luta contra todas as profecias que só se cumprem quando a maldade vence.

Com individualidade

O caminho da imagem de Deus.

> Somos infelizes na medida em que somos quem não somos. Quem é em Deus, esse é feliz, mesmo quando sofre.

> No chamado para abraçarmos a nós mesmos em Cristo não há nada de conformidade com nossas próprias doenças, que, muitas vezes, disfarçam-se como "traços imutáveis de nossa personalidade".

Todos fomos feitos em Adão. Todos caímos em Adão. Todos morremos em Adão. Todos fomos destituídos de nós mesmos em Adão. Sim, de algum modo e de alguma maneira, todos pecamos e nos desviamos da imagem e da glória de Deus.

Cair da glória é sair de si. Assim, pecar é o existir fora de si e de Deus. Essa é a perdição: nos perdermos de Deus, porque o que somos não corresponde a nós em Deus. É na individualidade que a imagem de Deus toma forma em cada um de nós. Cair da glória de Deus é se desviar do indivíduo original, do Adão primal, da vocação para ser quem fomos criados para ser.

Deus nos fez à sua imagem. E isso não quer dizer que Deus fez pequenos clones Dele próprio, mas sim que em cada um de nós, Ele pôs a si mesmo, mantendo a individualidade de cada um. De algum modo, todavia, nós perdemos a nós mesmos, tornando-nos uma falsificação; "eu" sou a imagem corrompida de alguém que não me representa em Deus. Corromper a imagem de Deus, portanto, é tentar ser alguém que não se é, pois somos apenas em Deus. Fora de Deus, estamos também fora de nós.

Sem Deus, estou sem mim. Somente em Deus alguém pode ser ele ou ela mesma sem enlouquecer, pois a busca por ser o eu real sem Deus inevitavelmente conduz a um estado insuportável que leva à insanidade mental e espiritual.

Ao nos desviarmos de nós mesmos, perdemos a chance de viver naturalmente em Deus, porque Deus só se relaciona com os homens pela via da verdade de ser. Ele se relaciona com quem somos, nunca com quem não somos. Ora, nós nos tornamos quem não somos, e nossa infelicidade é prova disso. Somos infelizes na medida em que somos quem não somos. Quem é em Deus, é feliz, mesmo quando sofre.

Por isso, o publicano, ainda que sendo assumidamente pecador, era preferível a Deus que o fariseu, pois era quem ele era, ao passo que o fariseu "narrava" para Deus um "eu" que não era o seu eu real, porque, pela hipocrisia, vivia para representar papéis para "si mesmo", para os homens e para "Deus". O publicano falou com Deus. O fariseu, porém, falou apenas de "si" para "si mesmo"... sem Deus.

Relembrando, todos fomos feitos em Adão. Todos caímos em Adão. Todos morremos em Adão. Todos fomos destituídos de nós mesmos em Adão. Sim, de algum modo e de alguma maneira, todos pecamos e nos desviamos da imagem e da glória de Deus.

Em Cristo, no entanto, fui morto para o que me matava, pois o que me matava era o meu exílio de mim mesmo. Todavia, fui ressuscitado em Cristo para poder ser quem sou em Deus. Quem eu sou em Deus é absolutamente singular. Tão singular que corresponde a ter "um novo nome que ninguém conhece, exceto aquele que o recebe".

Assim, cada indivíduo tem de se reconciliar com Deus, a começar da reconciliação consigo mesmo, pois ninguém poderá caminhar na direção de sua própria imagem em Cristo se não se dispuser a ser plenamente em Deus.

É "normal" que um ser humano exista todos os dias de sua vida sem jamais ser plenamente um único dia de sua existência. Isso é estar morto em delitos e pecados. Isso é estar sem Deus no mundo. Isso é estar banido da face do Senhor e da glória de seu poder. Isso é viver como o filho pródigo do Evangelho, que deixou de ser e perdeu-se. E só voltou a ser quando "caiu em si"... quando voltou a si... ao se ver... e comparar seu estado com a imagem do amor do Pai como vocação para ser.

O caminho da restauração da imagem de Deus em nós é também um caminho de abraço do indivíduo ao seu eu verdadeiro, pois não haverá nenhuma imagem de Deus em crescimento em nós se nós não nos deixarmos transformar em quem fomos chamados para ser Nele.

Quanto mais alguém abrir seu chamado para ser em Cristo, deixando-se transformar pelo Espírito conforme a revelação do entendimento da verdade de acordo com o Evangelho, mais caminhará para ser em sua melhor expressão. No chamado para abraçarmos a nós mesmos em Cristo, não há nada de conformidade com nossas próprias doenças, que, muitas vezes, disfarçam-se como "traços imutáveis de nossa 'personalidade'".

Geralmente, quando falamos de "traços imutáveis", estamos apenas revelando quais são as doenças do ser que não queremos enxergar, porque a genuína conversão inicia o processo de voltar a ser, na melhor manifestação de si, e que será tão mais bela quanto mais próxima esteja do eu real, que é em Deus.

Jesus é a imagem de Deus no homem. Ele é o Filho do Homem. Assim, crescerei para ser eu mesmo quanto me tornar seguidor interior de Jesus, conforme a fé que atua pelo amor. O oposto disso é seguir o "curso deste mundo e o príncipe da potestade do ar", conforme disse Paulo, e é também se "conformar com esta era".

O espírito de conformação é concessão à clonagem de nossa era, que sempre propõe modos e modas existenciais, às quais a maioria se entrega, deixando-se levar pelo fluxo dessa onda que afasta o indivíduo cada vez mais de si mesmo, de seu eu real. Portanto, estar em Cristo é também me libertar da falsificação do eu, por isso sou também chamado a render esse "eu" a Deus, visto que somente em Deus encontrarei a mim mesmo como eu real.

Assim, o caminho da transformação é sempre uma jornada de autodescoberta e de encontro conosco, até que cheguemos à plenitude de nós mesmos em Deus. Não há crescimento na imagem de Deus que não signifique também um caminho de individuação em Deus e que somente acontece quando nos deixamos transformar de glória em glória conforme a imagem de Deus em Cristo Jesus.

Com alegria

Deus é alegre, e eu quero ser também.

> Ainda que seja tudo ruim, alegro-me no Senhor, no Deus da minha salvação.

> Muitas vezes, as alegrias mais profundas vêm nas correntes das lágrimas.

A alegria vem de Deus. Deus é alegre. Deus é feliz. Deus é amor.

O amor é feliz, alegra-se, exulta, come e bebe contentamento, até quando não há razões externas, pois a alegria do amor vem do alto, vem de Deus, e não depende de mais nada além da felicidade de Deus, da paz de Deus e do gozo do amor no qual Deus É. Afinal, se Deus me manda ser alegre, grato e contente, é porque Ele mesmo é assim...

Deus grato? Que blasfêmia! Grato a "quem"?

Não sei como é, mas sei que Deus é grato, assim como Jesus demonstrou gratidão sempre.

Se Deus se entende com Deus por mim, segundo o patriarca Jó, e se Jesus disse que Deus é manso e humilde de coração, e se Paulo falou que Deus se submeteu a Deus em Jesus, então é simples crer que Deus seja também grato e feliz. Afinal, a alegria do Senhor é a nossa força!

Toda a tônica da escritura, quando se trata de bem-aventuranças, sempre nos remete para a alegria. Os salmos são convites regulares e frequentes à alegria, ao salmodiar, ao fazer poesia para Deus e para a vida... Os profetas sempre dizem que o sinal da reconciliação do homem com Deus implica alegria, festa, folguedo, dança e baile de gratidão. No Evangelho, tudo é alegria, até a lágrima que faz o coração estranhamente feliz: uma verdadeira bem-aventurança. Até o fim do mundo deve ser visto com exultação prospectiva, pois se crê que haverá novos céus e nova terra.

Segundo Jesus, a grande resposta do homem à calamidade, à perseguição da verdade e da justiça, deve levá-lo para um lugar de exultação. "Alegrai-vos", "Exultai", "Erguei as vossas cabeças", são expressões que nos mandam abraçar a alegria mesmo que seja na fuga errante... e sem chão no mundo...

Paulo nos diz que o grande poder na vida é contentamento sempre, é gratidão sempre, é a capacidade de poder tudo Naquele que nos fortalece. Provavelmente, o grito mais emblemático desse mandamento existencial da alegria venha do profeta Habacuque, quando disse que deveríamos viver alegres com uvas ou espinhos, com leite ou lama, com pastos verdes ou grama marrom da seca, tendo ou não tendo, ou até esperando e vendo a promessa mentir ou se atrasar... Enfim, em qualquer circunstância e sempre dizendo: "Ainda que seja tudo ruim, alegro-me no Senhor, no Deus da minha salvação".

No entanto, o contentamento, a alegria, a gratidão que vêm de Deus só se estabelecem em nós com a invasão da eternidade no coração do homem e a consciência em fé que o faça transcender, sim, na esperança da glória de Deus. Somente depois disso é que se dá o passo seguinte, que é aprender a gloriar nas próprias tribulações.

Em Paulo, sua maior exortação à alegria foi feita enquanto ele estava preso em um calabouço gelado e sem amigos... Assim, saiba, você não tem que andar gargalhando... Alegria não é gargalhada necessariamente... Ao contrário, muitas vezes, as alegrias mais profundas vêm nas correntes das lágrimas...

Entretanto, seja sorrindo, seja chorando, a alma pode aprender a alegria e a serenidade exultante no espírito! Sim, pode, pois o espírito da vida habita em nós!

Com humildade e bom humor

Umidade, humildade e humor derivam da mesma palavra: húmus.

Bom humor é uma atitude fértil, rica, cheia de húmus e de umidade e, portanto, aberta à vida.

Humildade designa o ser de atitude proativa, ensinável, acolhedora, receptiva, bem-humorada, umedecida pela boa vontade. Sendo assim, um ser aprendiz, ou seja, humilde.

"... e por não haver umidade, secou...", Jesus.

Umidade é essencial... a palavra designa aquilo que está afetado pela presença da água, especialmente em estado gasoso ou vaporizado. Umidade vem da mesma raiz de húmus, que designa o estado de adensamento de matéria orgânica carregada de fertilizantes naturais produzidos por minhocas e micro-organismos, deixando o chão fértil.

Umidade, húmus, humor...

Humor também tem seu vínculo com a mesma raiz filológica. Afinal, o que é humor senão uma atitude fértil, rica, cheia de húmus e de umidade e, portanto, aberta à vida?

Jesus disse, na parábola do semeador, em Marcos, que a semente que produziu foi aquela que caiu em terra com umidade, humorada por húmus e humildade. Humildade também se conecta à mesma raiz de húmus, humor e úmido. Humildade designa o ser de atitude proativa, ensinável, acolhedora, receptiva, bem-humorada, umedecida pela boa vontade. Sendo assim, um ser aprendiz, ou seja, humilde.

Segundo a sabedoria de Jesus na parábola do semeador, as sementes que não vingaram foram as que caíram em terra seca, ou superficial, ou pedregosa, ou mesmo saturadas de espinhos – que nascem, em geral, em lugares secos. Ora, isso deixa claro que até para que alguém aproveite o Evangelho, é necessário que nele haja umidade interior, o que demanda a presença de húmus/humor, húmus/humildade. Ou seja: é preciso ter a atitude interior de uma terra rica, aberta, acolhedora, umedecida, bem-humorada para com a bondade de Deus. Sim, terra/coração humilde e, portanto, ensinável e pronto para ficar prenho do sêmen do Evangelho.

Quem assim se oferece a Deus, ao Evangelho, à palavra semente da vida é boa terra e, em tal estado, se manterá se não perder o húmus, o humor, a umidade, a humildade. Sim, quem assim é e assim se mantém dará fruto de crescimento no amor a 30%, 60% e 100%.

Jesus nos chama a aprendermos com Ele a sermos mansos e humildes de coração.

Com decisão

> Decisão é aquela vontade, aquela deliberação que cinde, que corta; que faz a cisão; é a consciência submetida à verdade que corta o que não seja razoável, o que não seja bom, o que não seja verdadeiro, o que não sirva para minha vida.
>
> A verdadeira fé é também sinônimo de decisão. A fé desperta o eterno em nós, visto que privilegia o que pesa para a eternidade.

Decisão é aquela vontade, aquela deliberação que cinde, que corta; que faz a cisão; é a consciência submetida à verdade que corta o que não seja razoável, o que não seja bom, o que não seja verdadeiro, o que não sirva para minha vida. Não há álibis para dar à pessoa qualquer tipo de justificativa. Toda decisão precisa de um começo. Sem começo, não há decisão, e sem decisão, não há começo de nada.

Saber disso muda a vida, seja no âmbito mais simples ou no mais complexo.

Decisão não é apenas boa intenção. Boa intenção é a sepultura dos covardes que não fazem nada além de falar, falar, falar... É completamente triste e devastador quando você encontra pessoas viciadas em "boas intenções" e que, em geral, são incapacitadas de realizar o que "formulam", justamente porque sua "bem-intencionada conversa" é apenas uma máscara que esconde a incapacidade (em pensar, em falar, em propor) de realmente tomar uma decisão. Sem decisão, toda boa intenção já está morta!

Toda decisão carrega, para quem a pratica, a possibilidade do pecado. Pois quem sabe se a boa intenção é mesmo boa? A questão é que a decisão precisa ser boa, e nenhum de nós sabe além de sua própria intenção. Por isso, se somos chamados para boas obras, também o somos para que as façamos com alegria, apesar de não sabermos se, no fim, elas todas serão realizadoras do bem.

Ora, isso tudo parece nos colocar num "chão" de total paradoxo, visto que sou chamado a fazer com boa intenção todas as coisas, ao mesmo tempo em que não sei se o que eu chamo de "bom" é de fato o que Deus chama de bem. E ainda sou chamado a fazer todas as coisas com alegria e gratidão.

Portanto, tomar uma decisão implica uma entrega, pois, de fato, não se sabe nada sobre aquilo acerca do que se decide. Sim, nunca! Dessa forma, vindo a ser para o bem, ou para o mal, a decisão precisa ser em fé e boa consciência, pois somente o tempo revelará se foi boa ou má a obra que fiz.

Assim, meu chamado é para a obediência, porque toda decisão deve gerar alguma "partida", alguma cisão. Cordões umbilicais se partem... Não nasce um homem sem decisão! A obediência sempre será por muitos outros olhos vista como desobediência, visto que, num mundo caído, o que é bom para uns nem sempre é bom para todos. Na maioria das vezes, a minha bênção é vista como algo péssimo para algum outro ser humano.

O que nos salva da loucura é a ignorância! Essa é minha melhor lucidez! Pois se conhecêssemos os desdobramentos de todas as nossas ações e decisões, provavelmente não as suportássemos.

O coração do homem faz planos, mas a resposta certa vem da boca do Senhor. Daí Paulo dizer que tudo o que não vem da fé é pecado. O que nos salva da moralidade judiciosa e enlouquecedora das decisões é a fé que age com boa consciência diante de Deus. Do contrário, sem fé, todo ato de obediência se tornaria loucura. Cada um, porém, tem de decidir conforme sua própria consciência, mesmo que isso seja "desobediência" para quem observa. Essa será sempre a sua sanidade!

O covarde que não entrará no reino dos céus é todo aquele que teme decidir pelo bem revelado, pois achou mais segurança no mal como estabilidade. A verdadeira fé é também sinônimo de decisão. A fé desperta o eterno em nós, visto que privilegia o que pesa para a eternidade.

Com bom ânimo

Bom ânimo é muito mais que pensamento positivo ou autoajuda.

O bom ânimo sobre o qual Jesus falou não era "o poder do pensamento positivo". Nem era mera autoajuda. Ele vai muito além de tais coisas, por mais positivas que sejam.

O bom ânimo ensinado por Ele acontecia contra fantasmas, tempestades e aflições do mundo.

Uma atitude mental positiva tanto é resultado de uma espiritualidade sadia como também pavimenta o caminho de todo ser humano bem-sucedido. Mesmo *ateus-positivos* se dão melhor na vida que *ateus-negativos*. O mesmo princípio se aplica a cristãos.

Conforme Pedro, Jesus disse aos discípulos, em meio à tempestade, quando pensavam estar vendo um "fantasma", que tivessem bom ânimo. Depois disse do homem que teve bom ânimo e tentou ir ao encontro Dele andando sobre as águas e afundou que era um "homem de pouca fé".

De acordo com João, na última ceia, Jesus disse que, no mundo, haveria muita aflição, mas que era para ter bom ânimo, pois Ele havia vencido o mundo.

Assim, há o bom ânimo que é uma pequena fé, mas suficiente para despertar em alguém até a vontade de andar sobre as águas. E há o bom ânimo que é focado em Jesus e na vitória Dele sobre as aflições desta existência.

No primeiro caso, Pedro – aquele que andou sobre as águas e depois sucumbiu – tomou a iniciativa abandonando o medo do fantasma e o pavor do poder da tempestade, baseado no fato de que Aquele com quem ele falava era o próprio Jesus. Desse modo, ousou o impensável para, então, sucumbir ao primeiro medo que o assolara: o medo da tempestade.

Já no segundo caso, o próprio Jesus diz que a vitória sobre as aflições vem exclusivamente de ter a Ele, Jesus, como referência absoluta para a visão da vida, pois Ele é Aquele, único, que venceu o mundo.

Desse modo se fica sabendo que o bom ânimo que existe apenas como uma predisposição psicológica e positiva para pensar o melhor ajuda muito a qualquer um, mas apenas quando a vida está boa. Nesse caso, o bom ânimo é bom humor e também é positividade. E há grande poder nesses sentimentos e atitudes. Funcionam na vida de qualquer pessoa. Sim, porque até mesmo bandidos positivos prosperam mais que bandidos negativos.

O bom ânimo que é de si mesmo é útil à vida, mas não anda sobre as águas, além de que foge de fantasmas. O bom ânimo sobre o qual Jesus falou não era "o poder do pensamento positivo". Nem era mera autoajuda. Ele vai muito além de tais coisas, por mais positivas que sejam. Isso porque o que Jesus ensinou não se estribava em circunstâncias favoráveis. Ao contrário, o bom ânimo ensinado por Ele acontecia contra fantasmas, contra tempestades e contra as aflições do mundo. Pois, no primeiro caso, era na direção de Jesus que Pedro andava e, no segundo caso, a vitória sobre as aflições vem de focar na fé, Naquele que é nossa vitória sobre nosso pecado, sobre as nossas tristezas e sobre todas as nossas angústias, pois Ele é Aquele que levou nossos pecados e que levou nossa morte, morrendo por nós e ressuscitando.

Sem esse foco em Jesus, em Deus, e sem esse andar certo de seu amor por nós, ninguém encara fantasmas nem enfrenta as tempestades impensáveis (andando sobre as águas) e, menos ainda, conseguirá vencer o mundo, cujo maior poder é o da desesperança (no caso de quem continua honesto) e o do cinismo (que é o que acomete àquele que fica dormente para não morrer).

O bom ânimo afasta os temores de nós. Não é possível temer e ter bom ânimo ao mesmo tempo. No medo, não há ânimo para nada, a não ser, na melhor das hipóteses, para "enterrar o talento". É somente na confiança de quem "está em casa" que se tem ousadia de aumentar o ganho ou de procurar "a dracma perdida" até achá-la, conforme ensinou Jesus.

Assim, é o "não medo" aquilo que deflagra o bom ânimo, e o bom ânimo é que tem o poder de alterar a realidade para o bem. O medo, porém, tem o poder da imobilidade covarde. Mas, na maioria das vezes, o que ele produz é inatividade perversa e omissa. Sim, o medo deixa todos os mundos acabarem, ou, então, ele mesmo, pelo seu agir contra o bom ânimo, instaurando caos no mundo.

E aqui está mais um paradoxo: o medo realiza tudo aquilo que teme, pois, não havendo bom ânimo, o desânimo provocado pelo medo carrega o germe da autodestruição, sem falar que o medo exala convite à desgraça. Não temer e ter bom ânimo são as recomendações de Jesus quando se está no meio da tempestade!

Sim, mas de onde vêm esses poderes?

Alguém apressadamente responde dizendo "do interior", sem explicar que é também do "interior" que vêm "maus desígnios". Portanto, não se trata de algo que, por "vir do interior", carregue em si a virtude de algo "profundo". Existem as "profundidades interiores do mal" – e isso em todos nós!

De fato, a libertação do medo e o bom ânimo nascem apenas no berço da confiança. Temos de confiar em Alguém, embora haja aqueles que confiem até mesmo em algo. E não é possível negar, tanto na prática quanto psicologicamente, que qualquer tipo de confiança produz segurança, ousadia e feitos. Uma pessoa confiante, ainda que com pequenas e medíocres motivações, produzirá, "para o lado de fora", muito mais que uma pessoa acovardada e insegura, mesmo que seja inteligente. No entanto, tais "autoajudas" têm seu teto baixo, pois são ainda apenas dinâmicas de autotreinamento do homem, sendo o homem e seu saber a medida e a proporção do poder adquirido.

Assim, pela autoajuda é possível surfar ondas pequenas, mas não enfrentar o da existência quando ela se tipifica como dor e desgraça, como tempestade de angústia e perplexidade, e em cujo tempo até Deus parece com um fantasma! Mas Jesus disse que era para "não temer... e para ter bom ânimo" em meio à tempestade e também diante da perplexidade. Sim, porque às vezes, além da tempestade, somos visitados pelo assombro, pela visão fantasmagórica de Alguém andando por sobre as águas.

Quem é de Jesus e Nele já cresceu em confiança um pouco mais não precisa ter medo de nada, nem do absurdo, nem de fantasmas, nem das estranhezas de Deus, nem de qualquer outra criatura... Assim, para ter "autoajuda" basta um bom treino mental e de etiqueta relacional. Mas para enfrentar a Deus como fantasma e a tempestade como açoite – sendo que Jesus mesmo os havia estimulado a atravessar sozinhos –, tem-se de reconhecer uma Voz. "Não temais! Sou Eu! Tende bom ânimo!", bradou Ele. Assim, não há "do lado de fora", em nossas realidades e seguranças, nada que nos valha na hora da tempestade que não brinca!

Tem gente pensando que tempestade é aquela hora na qual as crianças ficam felizes no fundo do quintal tomando banho de chuva. Quem dera! Vejo os homens "mais que fortes" sucumbirem quando a visão interior é de medo e pânico, ou quando veem que seus poderes pessoais se acabaram! "Sou Eu!", também disse Ele.

E como estamos outra vez entrando no âmbito da realidade intangível e impossível de ser "provada" à luz da realidade observável, sem esse Supremo "Sou Eu", nosso poder se desvanece ante os primeiros banzeiros da existência. Esse não medo chama-se confiança no fato de se ser amado por Alguém, que é o sentido de tudo. E esse bom ânimo é a fé que se origina na confiança de que esse Alguém ama e me ama. E anda, ainda que de estranhas maneiras, em minha direção. E entende meu temor e me anima dizendo que é Ele mesmo quem está ali, comigo, em minha fraqueza.

É dessa possibilidade de ver o "Eu Sou/Sou Eu" por trás de tudo que se pode andar sem medo e, portanto, com bom ânimo. Sem Deus no mundo, à exceção de alguns truques de bem-estar químico que a natureza descarrega em nós aqui e ali, e as gratificações de circo que a sociedade nos propõe como méritos e honrarias enganosas, o que resta é vontade de chutar cão, de amarrar rabo de gato no telhado do vizinho incômodo, de abusar de todos os abusivos, de dar na cara antes de levar, de viver de modo tão cansado que seja um existir de esgotamento e morte... ainda que se chame a isso de "meu prazer e minha escolha".

Sem Deus no mundo, que bom ânimo há?

Sei que me mataria se vivesse sem Deus no meu mundo, onde a vida nasce em meu coração! Com isso, dou testemunho de que vivo sem medo de morrer e tampouco de viver! Surtei no amor de Deus e fiquei eterno, imortal, inacabado para sempre... porque sou sempre sendo Nele!...

Quando mudo minha visão interior e a projeto no que se chama realidade, a que os olhos veem, deixando-me invadir por ela e impressionando-me com suas muitas ondas, sinto que, na mesma hora, essa realidade vai crescendo em poder sobre mim e vai transformando minha visão em algo muito maior e mal, a qual me é devolvida como pessimismo e inoperância existencial, uma espécie de "deixa pra lá", um, só que contra o ser. Pois não é misericórdia com os bobos, mas desistência do "bom ânimo" para viver.

E esse estado também conheço razoavelmente bem!

Pedro, vendo que era Jesus, foi ter com Ele andando por sobre as águas. Reparando, porém, na força do vento e das ondas, teve medo e começou a submergir. Jesus, todavia, socorreu, tomando-o pela mão e disse-lhe: "Homem de pequena fé, por que duvidaste?". Basta perder a visão interior, do coração, olhar a realidade tangível e com ela se impressionar, que mesmo aquele que ousa andar sobre as águas começa a submergir.

"Bem-aventurado o homem cuja força está em Ti e em cujo coração estão os caminhos aplanados, que, passando pelo vale de Baca, vale árido e de lágrimas, faz dele um manancial." Ora, é em razão do real-está-no-coração que Jesus diz que Seus discípulos seriam felizes apesar de qualquer realidade, fosse aprendendo sempre em humildade, mesmo que sabendo; fosse chorando, mesmo que sendo herdeiro; fosse sendo perseguido como injusto, mesmo que seja justo; fosse não sendo compreendido, ainda que só estivesse desejando a paz; fosse perseguido em razão da justiça do bem que realiza como extensão do bem de seu coração.

Jesus chega mesmo a dizer que a "realidade", o "mundo exterior", não teria o poder de nos tirar a alegria de viver, de crer, de exultar, de esperar dos céus o Filho do Homem! Essa é a alegria que Ele disse que o mundo não tinha e nem teria poder de nos roubá-la do coração. Todavia, para não sermos roubados, o nosso olhar precisa enxergar a partir dos paradigmas do interior, do que vale para sempre e do amor que é. Do contrário, não há ninguém que não venha a submergir ante o pânico da tempestade. É só uma questão de tempo.

Alguém diria que essa fé é também um "truque da mente", sendo também uma "fabricação mental". Portanto, também humana e de natureza "psicológica". Ora, para quem deseja pensar assim, acho justo que assim seja. Afinal, no plano da subjetividade, qualquer um pode dizer o que desejar, e a única demonstração de verdade, nesse caso, é a vida, o amor, a paz, a graça, a bondade, a vontade de ser para o que é bom e faz bem.

Por isso, sou daqueles que não tenta provar nada a ninguém. Apenas afirmo o que creio. E aprendi isso com Jesus. Ele nunca discutia, Ele apenas fazia. Ele era e demonstrava. Ele provava em si mesmo; Ele era a prova. Também foi por essa razão que quando Pilatos perguntou a Ele o que era a Verdade, Jesus nada disse.

Ora, Ele era a verdade e estava ali, bem na frente de Pilatos! O que poderia Ele dizer? Eu existo? Não podes me ver? Logo Ele que ensinou que quem quer que deseje saber se a verdade do Pai é verdade, ou não, precisa antes saltar e a ela se entregar?

Não! Ele não tinha discursos gregos e apologéticos a fazer a Pilatos nem a ninguém. Não! Ele simplesmente se manifesta como quer e a quem quer. Assim, quem beijar, beijou; quem não beijar, quem sabe, não beije mais... pelo menos, por um bom longo quase eterno tempo.

O Evangelho e Jesus são a mesma coisa. Portanto, não é um corpo de doutrinas, mas uma visão ulterior da própria existência, e que produz a coragem de ser e do bom ânimo apenas porque, quem Nele crer, provará que Deus é vivo. Quem, porém, não crer, terá meu lamento. Não aquele lamento perversamente calamitoso dos crentes-de-si-mesmos, mas tão somente o lamento daquele que provou e que apenas pode convidar a que se prove também.

No entanto, para quem acha que tudo não passa de um truque da mente, proponho que desenvolva uma "autoajuda" que seja eficaz quando a desgraça chegar de súbito, quando a enfermidade comer quem ele ama, quando um acidente levar um filho que ele mais que ama, quando sua vontade de fazer o que é bom for tratada como maldade...

Sim, quero ver essa "autoajuda" ser suficiente quando as portas do absurdo se abrirem e quando as caretas mais cruéis da existência se tornarem os motivos de seu baile de máscaras. Não é sarcasmo! Se você acha que é, então, perdão, é que você não tem o que pôr no lugar!

Quem será? Ou, quem sabe, o que será? "Isso" ou "esse" que você porá em tal lugar interiormente divino? Sei em quem tenho crido e estou bem certo de que Ele guardará meu tesouro até aquele dia! Porque a única visão interior é essa loucura do amor de Deus por nós!

Paulo ensinou que o pensar em coisas boas, honestas, edificantes, positivas e enaltecedoras é um exercício que todos os discípulos de Jesus devem praticar. E acrescentou: "E o Deus da paz será convosco". Entretanto, ele mesmo disse que o único poder capaz de nos habilitar para sermos mais que vencedores era a consciência em fé sobre o amor de Cristo por nós.

"Não turbe o vosso coração. Credes em Deus? Crede também em mim."

Quando se olha apenas para Ele, fé é bom ânimo, e bom ânimo é a própria fé. Mas quando não se olha apenas para Ele, então nosso ânimo variará conforme as circunstâncias. Afinal, quem de nós vence o mundo? Sim, quem de nós vence tudo o que nos relativiza, culminado na própria morte?

Assim, há somente uma coisa a fazer: caminhar com fé, em confiança, crendo no cuidado e no amor de Deus por nós, sabendo que todas as coisas, todas elas, contribuem para o bem daqueles que amam a Deus. Ora, o fruto da caminhada é bom ânimo em tudo, pois quem dá esse significado à existência e à vida tem também um olhar venturoso acerca de tudo. Afinal, já sabe que tudo acrescenta valor e significado à sua existência.

Com fé

O justo não anda pelas sensações.

> A maioria sofre porque não anda com fé.
> Noventa por cento das angústias humanas nada têm a ver com hoje, mas com ontem.

A maioria sofre porque não anda com fé. Embora confessem que vivem pela fé, na maior parte das vezes, as pessoas vivem pela alma, pela emoção e pelas sensações e impressões. O que é desastroso no dia a dia.

Viver pela fé é não viver por emoção, sensação, circunstância, impressão, alegrias ou sucesso. Viver pela fé é ver o invisível apesar de todas as visibilidades negativas. É subjugar a alma ao espírito. É tirar a alma de seu estado de submissão natural aos poderes do inconsciente e de suas pulsões e, pela consciência que advém da certeza da fidelidade de Deus e de Seu juramento de não se arrepender de nada concernente ao que Jesus fez, viver a vida que não se impressiona mais com nada disso. É sentir as águas invisíveis de um dilúvio de emoções nos afogando e, mesmo assim, tratá--las como miragem e/ou como truques da subjetividade frágil e impressionável da alma. É, no pior dia, poder dizer: "Mais são os que estão conosco do que os que estão com eles". É afirmar que a vitória que vence o mundo é a nossa fé. É cantar louvores entre lágrimas. É ver a Nova Jerusalém mesmo em dias de Apocalipse. É ver na morte, qualquer morte, apenas um portal para a vida. É saber que nada pode nos separar do amor de Cristo: nem a vida, nem a morte, nem o pecado, nem o diabo, nem qualquer criatura, nem qualquer poder ou ambiente de mal.

O problema, como disse, é que a alma é retardada. Ela é tardia para crer, como disse Jesus. Muitas vezes, o espírito já viu a vitória, mas a alma ainda chora lutos de defuntos que já ressuscitaram.

Elias é um bom exemplo. Pedira a Deus que golpeasse a Baal, deus da fertilidade, a fim de que os supostos poderes de Baal fossem relativizados pela ausência de chuva. Enquanto isso, todos os profetas genuínos haviam sido mortos, e ele peregrinava e se escondia. Quando, porém, chegou a hora do enfrentamento no espírito, ele estava pronto. Convocou o povo e os profetas de Baal e do poste-ídolo e os venceu. Fogo caiu. O povo disse: "Só o Senhor é Deus!", e ele se alegrou no Espírito de Deus. Mandou dizer a Acabe que a chuva viria como temporal. E correu mais que carruagem, tamanha era a sua euforia. Mas quando Jezabel, agora já enfraquecida pela desmoralização de Baal, mandou dizer que o mataria, ele, que a tudo e todos enfrentara, refugiou-se a 580 quilômetros de distância, em Horebe, e fez um discurso sobre a alma retardada. O que ele disse a Deus na caverna teria feito sentido três anos antes, mas, naquele momento, depois de ter sido vindicado por Deus mediante uma vitória retumbante, era a manifestação de um coração entregue às emoções atrasadas.

O espírito está pronto, mas a "carne" – alma, emoções, impressões – é fraca e sempre atrasada. Assim, ele se deprime com três anos de atraso, pois, enquanto estava sob a tensão proveniente da perseguição, a alma não tinha tido ocasião de se expressar. Agora, porém, depois de haver prevalecido, deu a si mesmo o direito retardado da autopiedade.

É por isso que Paulo diz que nenhuma dimensão pode nos separar do amor de Deus, mas não inclui o passado na lista de Romanos 8. E a razão é simples: a alma se alimenta do passado. E conquanto nem o passado possa nos separar do amor de Deus, ele, entretanto, pode nos separar da alegria vigente do amor de Deus. A alma é retardada em razão de se alimentar de dores antigas, na maioria das vezes.

Daí a psicologia lidar sempre com o passado, pois é dele que vêm as falsas impressões que pretendem cristalizar nossa alma em estados que já não são.

Noventa por cento das angústias humanas nada têm a ver com hoje, mas com ontem. Portanto, para que se viva pela fé, tem-se de deixar de ser movido pelo ontem – e até pelo hoje circunstancial – e aprender a viver no dia chamado hoje.

Quem crê nisso, ganha e perde, mas não se impressiona. Chora lutos, mas não se sepulta junto. Lamenta perdas, mas não se faz perdido. Constata a realidade, porém pela fé a transcende.

No dia em que o povo de Deus de fato andar com fé, praticamente tudo aquilo que hoje enche as clínicas psicológicas e os gabinetes pastorais já não existirá como problema. Pois o que se vê é que a maioria sofre de miragens, porque não anda com fé, mas apenas pelas sensações e impressões.

A fé, porém, é a certeza de coisas que se esperam e a firme convicção de fatos que não são vistos.

Com esperança

No Evangelho, a esperança é essencial à vida.

É pela esperança que o coração se alegra em Deus, tanto nas coisas por vir como também nas dores que já vieram e ainda virão.

Quando a esperança passa pela estrada da dor, o que ela gera, caso continuemos firmes na fé, é um ser forte, que não desiste, que aprende e usa o que aprendeu e que passa a não ser mais confundido pela dor ou pela perplexidade.

De fato, o evangelho é boa nova de esperança para a presente existência e para a vida que é sem fim. Esperança, segundo o

Evangelho, é graça do Espírito Santo em nós. Pela esperança se diz que o ser é santificado, pois "a si mesmo se purifica todo aquele que Nele tem esperança". Pela esperança se diz que o ser é mantido vivo, pois é pela "ousadia e exultação da esperança" que se enfrenta o absurdo da existência sem fraquejar na fé. Pela esperança, a alma é preservada em adoração, mesmo que unindo seus gemidos aos da criação.

O caminho histórico-existencial do desenvolvimento da esperança em nós é algo que começa na fé. Justificados, mediante a fé, temos paz com Deus. Essa fé nos imerge no ambiente da graça na qual estamos firmes. Assim, aprendemos a nos gloriar na esperança da glória que Deus tem reservado para todos nós que estamos em Cristo. E não somente isso, pois aprendemos a nos gloriar também na glória da tribulação no tempo presente.

A graça do perdão – a justificação – cria um ambiente, um estado de existência na graça para o ser que confia. Nesse ambiente tudo remete para a esperança. Viver na graça é viver em esperança. Na esperança da glória eterna. Na esperança da presença real do Espírito nas tribulações de ainda.

Entretanto, é por essa esperança que o coração se alegra em Deus tanto nas coisas por vir como também nas dores que já vieram e ainda virão, mesmo que venha tribulação. Quando vivida na esperança da glória de Deus, a tribulação cria e forja o caminho que nos fará mais fortes, mais rijos, mais existencialmente audazes, mais perseverantes, mais experientes, mais esperançosos...

Na graça, a tribulação aprofunda e enraíza a esperança. Assim, quando a esperança passa pela estrada da dor, o que ela gera, caso continuemos firmes na fé, é um ser forte, que não desiste, que aprende e usa o que aprendeu e que passa a não ser mais confundido pela dor ou pela perplexidade, pois a esperança que o visita nessa jornada não confunde a pessoa, antes dá a ela aquele paz certa sabedora de que tudo tem a ver com o amor de Deus por nós.

Ora, quando o processo se fecha assim, então, mais do Espírito Santo é derramado em nossos corações... Mas para se ter esperança para viver na Terra, é necessário ter a esperança da glória que é para além do imediato, ou seja, a esperança da glória de Deus. Sem que a mente esteja cheia da certeza da glória eterna, o que sobra como esperança para o tempo presente?

Então, sem a esperança celestial, não se tem chão no caminho imediato. É a esperança da glória de Deus o poder existencial que me dá força para perseverar, para aprender, para crescer em esperança e para ter o coração pacificado para além das dúvidas. A esperança que vem depois de toda tribulação é o antídoto contra toda dúvida. A esperança não confunde.

Hoje, as pessoas já não têm mais a exultação na esperança eterna. A maioria vive de projetos, campanhas, pequenos desejos, sonhos de consumo. Essa é a glória dos crentes de agora. São filhos da esperança de açúcar. Assim, tendo glória apenas como prosperidade terrena, essas pessoas jamais ganham densidade espiritual e jamais ficam firmes na fé. Entretanto, quem não encher o coração com o peso da glória eterna, não terá o poder para suportar as ondas de tribulação que estão por vir sobre todos os habitantes da Terra.

Só aprendo a me gloriar nas próprias tribulações se meu coração se gloriar diariamente na esperança da glória de Deus! Sem esperança, a "fé" é um bingo, uma aposta, uma loteria, uma torcida nervosa para alguns sonhos imediatos de consumo ou de sucesso. Mas essa "fé" não suporta as tribulações da vida.

Com confiança

A confiança é medida pelo descanso que a alma experimente a enquanto confia.

A consciência de que Deus é amor implica a certeza de que Deus é Cuidado.

Confiança é o bem maior que pode se instalar no ser de um homem. Confiar é, portanto, o maior desafio do ser humano. A verdadeira confiança é um estado da fé quando se transforma em entendimento espiritual, o que torna a confiança não apenas um ato, mas a realidade de um estado permanente. Somente a fé que permanece confiante é que carrega consigo as certezas de coisas que se esperam e a firme convicção de fatos que se não veem.

Confiança, portanto, não se entrega pela metade, nem nos provê com suas bênçãos se a entrega a ela não for total. E, "total", neste caso, é apenas aquilo que se transforma em descanso. De tal modo que a confiança é medida pelo descanso que a alma experimenta enquanto confia.

Confiança deve ser o estado do ser pacificado com Deus. Por outro lado, ninguém é pacificado em Deus se não se entregar em confiança ao amor e à fidelidade de Deus.

Confiança é alguém saber que nada pode separá-lo do amor de Deus! Confiança é uma disposição do coração de se entregar. Confiança é fruto da fé que amadureceu no amor de Deus.

A consciência de que Deus é amor implica a certeza de que Deus é Cuidado. Essa certeza faz com que nossas lógicas se rendam à soberania de Deus. Essa rendição não carrega mais nenhum conflito do tipo: será que as coisas apertaram porque eu deixei de fazer algo para Deus? Ou será que estou sendo punido? Ou será que é por que estou deixando de dar o dízimo? Ou será que é por que cometi algum pecado?

Quando a gente sabe que o pecado e a lei morreram em Cristo, e confia que o que Ele fez na cruz não apenas nos salva para o céu mas nos salva para a Terra – para uma vida sem culpa, sem medo e sem barganha –, não cabe mais nenhuma questão. Cabe apenas a seguinte decisão: mesmo não entendendo o que me está acontecendo, farei o melhor e entenderei a vida a meu favor. Não há uma conspiração contra mim. Há, sim, um plano soberano que me educa e amadurece no amor. Esse amor expulsa todo o medo, inclusive o medo da sobrevivência. Ora, isso nos mergulha na paz e, nesse lugar de descanso, a gente ouve a voz de Jesus: "Porventura não valeis mais do que pardais e lírios?". Daí em diante, é andar no espírito de Romanos 8. Mesmo entregues à morte o dia todo e passando por todos os perrengues, somos ainda mais que vencedores.

Mas tudo começa com um mergulho e com a disposição de saber que a fé agrada a Deus, mesmo nos dias em que nós não estamos agradados de nós mesmos. Ele é o meu Deus na luz e na escuridão! É desse chão que nasce a confissão de Paulo: "Tudo posso Naquele que me fortalece!".

É um caminho... O Caminho! Nele o justo vive pela fé, gloriando-se nas conquistas de Jesus e entendendo que todas são bens que lhe foram concedidos gratuitamente.

Aquietai-vos e sabei que Eu Sou Deus!

Desse modo, confie. Entregue seu caminho ao Senhor, confie Nele, e o mais Ele fará. Você aprenderá tudo por essa confiança! Sim, você aprenderá que a confiança cria a melhor ação, que é o agir pelo não agir! Portanto, seja produtivo na inatividade da confiança que move montanha!

Você achará até mesmo gosto no desgosto com essa confiança. Por ela, veja o grande no pequeno, o muito no pouco, e vença o ódio com amor no coração. Também pela confiança, reconheça o difícil antes que apareça sua dificuldade, e realize o grande, amando o pequeno. Saiba que tudo quanto hoje é grande começou com pequeno, e tudo quanto é complicado começou simples. Sim, todo o grande nasce pequeno, pois assim é tudo o que é de Deus. Assim é o reino: uma semente.

O homem de fé não se preocupa com sua salvação e, por isso, encontra-a na confiança e no descanso. Não confie em ninguém que facilmente promete, pois esse não é de confiança. A promessa do confiante não é feita de palavras, mas de gestos do agir pelo não agir.

Por isso, quem age levianamente, fazendo promessas de arrogante, esbarra inevitavelmente na dificuldade.

O homem de confiança prevê as dificuldades, ainda que não ande ansioso por causa delas. É por isso que ele sempre vence as dificuldades.

Quem confia sempre verá a confiança se transformar em bem. Afinal, quem confia, vê que "o mais" Ele fará.

Com resignação, renúncia e paciência

São as bases do caráter de Jesus em nós.

> Hoje o que se tem é frustração no lugar de; resignação impotência no lugar de renúncia; ansiedade no lugar de paciência.

> Não existe caráter que possa ser forjado em nós sem resignação, renúncia e paciência.

Essas são as três palavras mais alienígenas à consciência cristã atual. As novas gerações nem sabem mais o que elas significam, de tão estranhas e distantes que se tornaram do cotidiano existencial, psicológico e espiritual de quase todos nós.

Hoje o que se tem é frustração no lugar de resignação; impotência no lugar de renúncia; ansiedade no lugar de paciência! Ora, a morte dessas palavras foi obviamente precedida pela morte dos seus valores e significados nas práticas e nas consciências dos cristãos.

Entretanto, até uns quarenta anos atrás, ainda era comum ouvir discípulos de Jesus dizendo que se haviam resignado ante uma impotência; ou que haviam renunciado a algo que poderiam fazer, mas que julgavam não deveriam realizar; ou mesmo que haviam decidido esperar com paciência no Senhor alguma coisa, em vez de morrerem de ansiedade, ou mesmo de buscarem aquilo com obstinação. Certamente, as três palavras não significam a mesma coisa, mas mantêm conectividade intrínseca entre si!

Resignação é o que se assume ante perdas ou impossibilidades, não necessariamente ruins em si mesmas. Assim, resignar-se é assumir que algo não foi possível, mas isso sem as dores da impotência magoada. Ou seja: a resignação é uma atitude positiva ante a negatividade da existência, sem que haja conformismo.

Renúncia, por sua vez, é uma atitude positivamente arbitrária da consciência ante algo que se pode fazer, mas que se julgue não ser conveniente ou edificante realizar apenas por ser possível, embora o coração o deseje e possua a potência para tal. Desse modo é que se renuncia a uma resposta que suscite a ira, ou se abre mão de direitos certos, ou se abdica de poderes que estejam em nossas mãos, e isso em nome de algum valor superior da fé e da consciência. Desse modo, na renúncia, pode-se, mas não se deve fazer ou acolher aquela coisa ou situação como exercício de poder, de potência.

Já a paciência é, muitas vezes, tanto uma resignação temporária quanto uma renúncia em compasso de espera. Qualquer que seja o motivo, resignar-se de algo ou renunciar a algo implica paciência. Ora, a paciência é a ciência da paz na espera. De fato, trata-se de uma paz-ciência. E mais: a paciência se conforta na esperança e na certeza das promessas de Deus mediante a fé e, por isso, alegra-se enquanto aguarda.

Essas três palavras/virtudes são membros ativos do espírito de todo sacrifício de fé. E, ainda, pelo exercício dessas virtudes, o coração cresce em esperança e alegrias não aduladas. Portanto, amadurece, faz-se forte, enrijece-se, ganha integridade e adquire caráter e amor!

Não existe caráter que possa ser forjado em nós sem resignação, renúncia e paciência! Sim, isso é fato e é lei psicológica e espiritual da vida segundo Deus!

Hoje, entretanto, com a teologia da adulação, que é essa demonologia da prosperidade a qualquer preço, tudo isso morreu entre os cristãos. Pois se resignar é coisa de quem não tem fé; renunciar é um sentimento de covardes; paciência é coisa de quem não conhece a "confissão positiva" ou os poderes mágicos para "fé", da fé que determina por seus próprios poderes de fé onipotente.

O resultado disso tudo é mais do que visível entre nós: dando certo, surge a geração esnobe, presunçosa, caprichosa, onipotente, arrogante, perversa, altiva, orgulhosa, mecânica, obstinada, adulada e desobediente. E dando errado, quando as coisas não acontecem conforme a crença mágica, surge o outro lado dessa mesma geração, que é ansiosa, inquieta, carente, fraca, frustrada, amargurada, queixosa, rixosa, insatisfeita, descontente, cínica, egoísta, desalmada e, sobretudo, sem esperança, amor e fé.

Saiba: não existe a menor chance de que se desenvolva o caráter de Jesus em nós, o caráter do Evangelho, sem que se volte a praticar, como ato de fé consciente, a resignação ante aquilo que nos seja uma impossibilidade, ainda que temporária; a renúncia como expressão da supremacia da consciência sobre o poder e a potência; a paciência como ciência da paz na espera grata e confiante no melhor de Deus para nós.

No fim, tudo isso tem a ver com amor. O amor é resignado quando tudo sofre e não se ressente do mal; renuncia quando não age inconvenientemente e não se alegra com a injustiça; é paciente quando tudo espera, tudo crê e tudo suporta.

Quem souber outro modo de ser de Jesus e de desenvolver o caráter do Evangelho, amadurecendo segundo Cristo, e que não seja este aqui clara e simplesmente exposto, então me ensine, pois não conheço outra forma de crescer em Deus, de adquirir amor, de desenvolver integridade e consistência interior, a não ser mediante as práticas dessas virtudes do amor, que, entre nós, tornaram-se bobagens e tolices a serem evitadas pelos poderes de He-Man. Com temor e tremor, Jesus venceu sendo resignado, pois sendo rico se fez pobre por amor a nós; venceu pela renúncia, já que, tudo podendo, decidiu apenas poder segundo a vontade revelada do Pai; e que, carregando a autoridade para mudar montanhas de lugares, decidiu subir com paciência o monte da Caveira para nos salvar.

CAPÍTULO 10

Os salmos e o cuidado de Deus

Salmo 23

O Senhor é o meu pastor, e nada me faltará?

Creio que a promessa do salmo do pastor cumpre-se nas vidas daqueles que conheceram o pastor do salmo.

Quando se encontra o Pastor, nada muda, necessariamente, no nosso exterior.
Tudo, porém, que nos falta no exterior é reduzido a nada em razão do tudo que se realiza internamente.

O Salmo 23 é lugar-comum na poesia da alma. Todos o amam. Ele é cheio de candura e de promessas. "O Senhor é o meu pastor, e nada me faltará!" Quem não quer precisar mais de coisa alguma? A maioria gosta do Salmo 23 porque ele é bonito e entra na alma como o pasto verde é percebido pela ovelha sem comida, vinda do deserto. Sim, o Salmo 23 mexe com nossas confianças mais infantis e, por isso, acalma-nos como se estivéssemos mamando nos peitos de Deus.

A questão é que o Salmo 23 só é lido em dois grandes momentos da alma. Ou quando tudo está bem, então, o bem sentido é compatível com a promessa do salmo do pastor. Ou quando se está em desespero, e aí o salmo é lido como que para lembrar ao pastor que nós não nos esquecemos de Suas promessas. No entanto, a maioria ama o Salmo 23 apesar de achar que ele é irreal. De fato, o salmo não parece condizer com a realidade. Parece prometer o que não cumpre.

Será que é assim?

Creio que a promessa do salmo do pastor cumpre-se nas vidas daqueles que conheceram o pastor do salmo. Mas, como se cumpre, se a vida parece gritar quase sempre o contrário?

O que mais se vê são pessoas se queixando do tanto que lhes falta! Ouvir as pessoas, sejam elas cristãs ou não, é sempre um exercício de ouvir carências e necessidade. Ora, se eu mesmo admito isso, como posso afirmar que o salmo do pastor tem seu cumprimento para quem conhece o pastor do salmo?

Estou dizendo que as pessoas não conhecem o pastor e, por isso, é que tudo lhes falta? Estou afirmando que crer no pastor é garantia de toda sorte de realização de desejos? Estou propondo uma fé que nos dê a certeza da constante abastança? O que de fato estou dizendo?

O que digo é simples: "O Senhor é meu pastor e nada me faltará" não significa que não tenhamos mais necessidades nesta existência, mas que, para aquele para quem o pastor é tudo, tudo o mais vira nada. Assim, nada me faltará, porque tudo deixa de me provocar como falta e ausência em razão da entrega ao pastor que realiza em nós satisfação no espírito, e não na alma e no corpo.

O corpo é insaciável e a alma é sempre desejosa. O espírito, todavia, só se realiza quando deixa de desejar. Esse é o paradoxo! Quando se encontra o pastor, nada muda, necessariamente, no nosso exterior. Tudo, porém, que nos falta no exterior é reduzido a nada em razão do tudo que se realiza internamente.

Assim, o cansaço, a falta de ar, a necessidade de direção, a fome, as contradições da existência, o vale da sombra da morte e tudo mais dão lugar a pastos verdejantes, águas tranquilas, a banho de frescor, a perfumes ungidos, mesmo que o ambiente esteja carregado de inimigos – que podem até se sentar à mesa conosco –, e as sombras da morte são transformadas em vereda de vida pela companhia interior do pastor.

De fato, o chamado do Salmo é para a renúncia dos desejos tirânicos e a entrega à quietude confiante. Na realidade, paradoxalmente, o caminho da paz é proporcional à ausência de desejos. Quanto mais desejos, menos paz. Quanto mais paz, menos desejos.

Não é esse, porventura, o significado de morrer a fim de se ganhar a vida, conforme o convite do bom pastor?

Quanto mais morte, menos desejo, quanto menos desejo, mais paz, quanto mais paz, mais alegria no espírito. Portanto, mais vida. Então, bem-aventurado é todo aquele que, no espírito, pode dizer a si mesmo: "O Senhor é a minha porção e a minha herança". Ou ainda: "Bem nenhum tenho, senão a Ti somente, ó Senhor".

Felizes os desapegados, pois esses possuem tudo, no nada.

Salmo 91

Sob as asas do Altíssimo, tudo é proteção.

> Para muita gente, o "esconderijo do Altíssimo" é onde Deus se esconde. Então, a pessoa quer encontrar o lugar onde Deus se protege. É como achar o *bunker* de Deus.
>
> O "esconderijo do Altíssimo" é onde eu me escondo em Deus; não onde Deus se oculta. Jesus ensinou que esse lugar-ser é a obediência à palavra em confiança.

O Salmo 91, por vezes, parece ser a poesia mais triunfalista já produzida na Bíblia. Chega mesmo a fazer os crédulos usarem-no como "espanta-bicho" (uma espécie de "comigo ninguém pode", aquela "plantinha mágica"), aberto em casa, de preferência à entrada, na sala. Por outro lado, para os de alma oposta, não passa de um exagero de louvor aos cuidados de Deus pelo homem que Nele confia, mas que não guarda relação com a realidade da existência.

Na verdade, o Salmo em si não tem nenhum poder mágico. De fato, foi sua descrição de tantos cuidados divinos por aquele que, em Deus, tem seu refúgio, o que fez o diabo usá-lo na perspectiva "mágica" a fim de tentar a Jesus (Mateus 4). Jesus reagiu ao salmo mágico e afirmou a verdade do salmo da confiança.

Na mágica, há crença na suposta dinâmica das coisas. Na fé, há confiança simples, que não confia em meios, mas apenas na verdade da promessa.

"Pula daqui abaixo, pois está escrito: aos seus anjos, dará ordens a teu respeito para que te guardem", disse o tentador.

O salmo, todavia, seguia de onde o diabo parou. O diabo sempre para antes... "... para que te guardem em todos os teus caminhos", completa o Salmo 91. E o caminho do homem não é o do passarinho! O chão do homem é o chão. O salmo é para quem anda no chão da realidade, e não para quem deseja um salmo de amparo à fantasia.

Entretanto, o conceito "51" – a boa ideia da qual tudo nele emana – é um só: "Aquele que habita no esconderijo do Altíssimo e descansa à sombra do Onipotente diz ao Senhor: Tu és..." e diz tudo o que o salmo garante como promessa. Portanto, tudo o mais que se diz não tem nenhum valor sem o conceito 51 do salmo. Assim, tudo o mais depende desse ser-estar habitando o esconderijo do Altíssimo e descansando à sombra de Suas asas.

Para muita gente, o "esconderijo do Altíssimo" é onde Deus se esconde. Então, a pessoa quer encontrar o lugar onde Deus se protege. É como achar o *bunker* de Deus. Assim, surgem as "coberturas" oferecidas pelos donos da chave do *bunker* de Deus: os pastores e os donos das chaves do reino. Desse modo, já não se precisa que o diabo tente, pois os pastores mágicos fazem o serviço iniciado no pináculo do templo – e o pobre povo pula e morre...

Entretanto, ninguém que ande assim jamais conhecerá o salmo como verdade, mas apenas como mágica. Mágica da morte.

O "esconderijo do Altíssimo" é onde eu me escondo em Deus; não onde Deus se oculta. E que lugar é esse? Ora, Jesus ensinou que esse lugar-ser é a obediência à palavra em confiança. E mais: o simples estar "em Cristo oculto em Deus" é o refúgio que nos traz todas as proteções.

O esconderijo do Altíssimo é a graça que nos cobre.

Não adianta abrir o salmo como magia de crente! Assim fazendo, a única coisa que ele impede é a nossa visão da fé que opera na realidade da existência. Ele só faz diferença quando a gente, pela fé, entra na confiança e, assim, encontra descanso e, por isso, diz ao Senhor: confio em Ti para tudo na minha vida; de dia e de noite; nas trevas e na luz; na guerra e na paz; ante as feras ou na sombra; enfim, em tudo o que for existência, minha alma confia em Ti.

Para quem assim confia, o Salmo 91 não é exagero poético, apenas um exagero de amor efetivo e que nos guarda conforme está prometido, até quando aquele que confia é acidentado, pois, **sob as asas do Altíssimo, já não existe acidente. Tudo é proteção.**

Jesus, nossa "chave hermenêutica", nos interpreta o Salmo 91 sem mágica. Ou teria o salmo falhado na vida Dele, por Ele ter sido matado? Ora, não. O Salmo 91 só se cumpriu em sua plenitude absoluta e constante no único que, de fato, viveu o tempo todo no refúgio e na sombra dessa galinha de proteção total e que guarda seus filhotes sob Suas asas.

Desse modo, aprendemos que o estado de confiança não se separa do estado de descanso em Deus. Quem confia, descansa, e só descansa quem confia. Então, o Salmo 91 só é verdade na confiança que descansa em fé e na fé que descansa em confiança.

Superior por fora, fraco por dentro

Esse é tipo de alma que cresce para se tornar segundo o coração de Deus.

Tribulação produz autoconhecimento quando a alma é piedosa.

A tribulação pode me fazer bem, mas é meu direito pedir a Deus que me livre dela.

O Salmo 142 tem sua conexão histórica com o episódio de Davi poupando a vida de Saul, quando este aliviava o ventre dentro de uma caverna e foi poupado pelo seu genro, o poeta de Israel, o herói que vencera o gigante Golias: Davi. Uma vez tendo demonstrado a Saul que, se desejasse, poderia tê-lo matado dentro da gruta, enquanto o rei estava nu, Davi prosseguiu o seu caminho... mas, com pesar. Até mesmo Saul teve um acesso de arrependimento e foi pelo caminho reconhecendo que Davi era mais digno do que ele.

A questão é que a vitória da nobreza nem sempre produz sossego no coração. Davi "vencera", mas sua alma não desejava ter que estar "vencendo". O que ele queria era não precisar prevalecer, pois o que ele almejava era a paz. A maior demonstração disso é o salmo que surge como expressão da alma de Davi "depois da vitória". Leia:

"Com a minha voz, clamo ao Senhor; com a minha voz ao Senhor suplico.

Derramo perante ele a minha queixa; diante dele exponho a minha tribulação.

Quando dentro de mim esmorece o meu espírito, então Tu conheces a minha vereda.

No caminho em que ando, ocultaram-me um laço. Olha para a minha mão direita e vê, pois não há quem me reconheça; refúgio me faltou; ninguém se interessa por mim.

A ti, ó Senhor, clamei; eu disse: Tu és o meu refúgio, o meu quinhão na terra dos viventes.

Atende ao meu clamor, porque estou muito abatido; livra-me dos meus perseguidores, porque são mais fortes do que eu.

Tira a minha alma do cárcere, para que eu louve o teu nome; os justos me rodearão, pois me farás muito bem".

O salmo tem as seguintes divisões no seu fluxo psicoteológico:

1. A total franqueza espiritual de chamar a tribulação pelo nome de tribulação. Hoje em dia, essa oração não seria recomendada pelos propositores da neurolinguística cristã. Nem mais para Deus se pode falar com franqueza. Deus foi substituído pela "dinâmica de funcionamento das leis do sucesso". E isso inclui não confessar tribulação nem mesmo para Deus. "Enfraquece", é o pensam.

2. A descrição da natureza da tribulação denota a total insegurança dele. Ele sabia que não andava em caminhos que não fossem minados. Nem mesmo entre os que ficavam à "direita" – ou seja, no lugar da confiança –, ele podia encontrar a certeza de que sabiam quem ele era. O sentimento de deixar de ser "reconhecido" como ser e essência é algo desolador. Quem já se sentiu não "reconhecido" como ser-caráter sabe a dor que causa descobrir que não há em volta ninguém que saiba qual é a sua essência. A falta de refúgio é o sentimento da pessoa que sabe que não há "conspirações em seu favor". Tal pessoa está só. Não há solidariedade sendo planejada com a finalidade de facilitar-lhe a vida.

3. A consciência do papel terapêutico e autorrevelador da tribulação. Davi sabia que aquele era o tempo mais profundo de sua existência e que mesmo em meio a esses desconfortos e inseguranças, ainda assim, quem haveria de sair ganhando era ele mesmo. Afinal, seria sob a insegurança que sua alma aprenderia quem era Deus e quem ela própria era em sua consistência. Tribulação produz autoconhecimento quando a alma é piedosa!

4. A demonstração da atitude certa frente à tribulação. Somente quem possui a certeza de que a maior tribulação desta vida não diminui o quinhão e o tesouro do ser é que pode fazer sua "queixa", reconhecer a natureza de suas angústias, discernir que há uma terapia em curso em meio ao processo e, ainda assim, manter uma atitude confiante.

5. A prática da lógica da oração do atribulado diante de Deus é a confissão da fraqueza que produz o poder da graça. Diante de Deus, não se espera nada além de realidade. Se os inimigos são mais fortes, que sejam admitidos como tais. Diante de Deus, a alma que reconhece o valor terapêutico da tribulação não tem de manter nenhum compromisso com nenhuma forma de masoquismo espiritual.

A tribulação pode me fazer bem, mas é meu direito pedir a Deus que me livre dela e que me cerque de boas companhias, dando-me uma vida boa.

Assim, o Davi que vencia em nobreza para "o lado de fora" era o mesmo que experimentava a "vitória" como tristeza, pois seu grande desejo era não ter que ser campeão daquele tipo de competição. Desse modo, vê-se a força do guerreiro conciliar-se com a dor e a sensibilidade do homem.

É dessa síntese entre o forte e nobre e o fraco e humilde que nasce o tipo de alma que cresce para se tornar segundo o coração de Deus.

Se Deus é por nós...?

Todas as coisas contribuem para o bem daqueles que amam Deus.

Mesmo entregues à morte o dia todo não nos abatemos.

Nada pode nos separar do amor de Deus.

Que frase! Começa com um "se". Logo a seguir ela se desdobra: Se Deus é... Primeiro, tem-se de saber e crer se Deus é... e que Deus é esse. Se Deus é por nós... Sei que Deus é... e sei que Deus é esse. Mas sei se é por mim? Se Ele for e for por mim... então não há quem possa ser contra mim!

Geralmente, quando esse é o texto, as pessoas antes de tudo perguntam a si mesmas, no fundo e até no inconsciente: será que estou merecendo que Deus seja por mim?

Romanos 8 – de onde procede essa certeza – afirma que tudo vem da graça: fomos conhecidos, predestinados, eleitos, chamados, justificados e glorificados em Jesus e, depois disso, não dá para ficar pior.

Todas as coisas contribuem... Somos mais que vencedores... Temos toda defesa e toda justiça a nosso favor. E, por isso, mesmo entregues à morte o dia todo não nos abatemos. Afinal, nada pode nos separar do amor de Deus.

Que verdade!

Se Deus é por nós, quem será contra nós?

Ora, por nós Ele não poupou Seu próprio Filho; antes, por todos nós O entregou.

Alguma outra pergunta?

Aleluia!

Sobre a ausência de Deus

O modelo de paternidade de Deus.

> Em qualquer dia ou hora, Deus vive em mim e, por isso, sempre estou possuído Dele, até quando o vale é o da sombra da morte.
>
> A sutil presença do Pai, que, muitas vezes, é até interpretada como ausência, é um sinal de que é tempo de crescer.

Quando um primogênito nasce a alguém, em geral, o pai ou a mãe logo sentem medo de não conseguirem criar aquela criança. Com o tempo, a gente aprende que não é assim e que não se corre o risco de matar uma criança, a menos que se não a ame e deseje; do contrário, todo pai e mãe sabem como criar um filho, evitando, assim, que morra de inanição.

Depois, surgem as angústias da educação, do estabelecimento de limites e, sobretudo, a vigilância ante a suposta autonomia da criança, que, agora, por saber andar, julga poder caminhar sozinha para todos os lugares.

Assim, conforme o tempo passa, as crises paternas vão mudando de contornos. Sim! Até que se chegue ao tempo no qual o pai tenha de deixar o filho ir e precise aprender a não mais interferir como um dia fez, aprender a crer que como foi com ele, será também com seu filho, até que se torne um homem em plenitude e, assim, entenda seu pai.

Desse modo, chega o tempo em que já não se fala com os filhos todos os dias, nem o tempo todo quando se viaja. Pois os pais aprendem com os filhos na lembrança de como nós mesmos nos sentíamos em relação aos nossos pais, na mesma fase da vida, quando éramos apenas filhos.

Bons pais são os que amam com senso de propriedade, sempre incentivando o filho a crescer para ser homem e pai e, por isso, também sempre praticando a sabedoria que mede palavras e intervenções, a fim de que o filho aprenda as tarefas de um homem pleno e, assim, fique preparado para as dificuldades da existência.

Ora, assim é Deus, assim é o Pai!

Quando éramos meninos, as sarças ardiam, as colunas de nuvens nos seguiam, as torres de fogo iluminavam as nossas noites, os mares se abriam, as aves se entregavam a nós como refeição, as rochas nos serviam águas, os rios se abriam, as muralhas caíam, o sol parava, os exércitos inimigos viam anjos ao nosso lado, relógios atrasavam em nosso favor, águas viravam vinho, peixes assaltavam nossas redes, ventos e ondas fugiam de nossa presença subitamente, via-se Deus andando sobre águas ao nosso encontro.

Entretanto, quando deixamos de ser meninos, foi porque a cruz nos emancipou e, assim, tivemos de aprender a sermos filhos sem a presença do Pai como manifestação óbvia. Por isso, tivemos de crescer a fim de sustentarmos um testemunho de ressurreição que somente nós mesmos vimos pela fé. Mais que isso, somente nós julgamos ter a importância das coisas essenciais, assim como um filho adulto sabe o que é essencial entre ele e seu pai.

Até que se cresce para a percepção de que a presença do pai não é algo que acontece porque o pai esteja se manifestando como presente. Pois, muitas vezes, um bom pai se torna melhor ainda para o seu filho depois que se vai.

Pai cresce para se tornar uma presença invisível, porém inafastável!

Meu pai se foi. No entanto, jamais irá, visto que se deixou em mim com tamanha força que sinto todos os dias a sua presença de amor e sabedoria. Eu mesmo, muitas vezes, sinto que vou assimilando a sua semelhança de modo involuntário, muito mais hoje do que quando ele estava ao alcance do telefone ou de uma viagem de avião.

Ora, assim é com o Pai!

Houve tempos em que sem Sua manifestação mais óbvia, eu não O via e, então, chorava. Hoje sei que Ele é e está. Sei que Ele vive em mim, e isso me dá liberdade sobre os dias e as horas, visto que, em qualquer dia ou hora, Ele vive em mim e, por isso, sempre estou possuído Dele, até quando o vale é o da sombra da morte.

Hoje, quase nunca os mares se abrem ou as aves se matam como comida para mim. O sol também não para. Os rios precisam ser atravessados. Os exércitos se acampam e ameaçam, e a vitória é apenas não temê-los.

Quando Jesus chamou Deus de Pai, Ele também nos dizia que o caminho do homem com Deus é como o caminho de um homem com um pai que seja bom. Isso nos limites de cada coisa e conceito de bondade.

Quando a sopa ou o suco escorria da boca de meu pai na UTI, e eu dizia: "Paizinho, perdão. Derramou!". Ele apenas sorria e dizia com a boca torta: "É assim mesmo!". Eu não poderia imaginar que, naquela simplicidade, ele estaria me dizendo o que vale para um homem que deixou de ser criança faz tempo, pois, de fato, a gente cresce para aprender que é assim mesmo.

Ora, feliz é o pai que ensina isso e que vive para praticar o que professa. Afinal, assim fazendo, ele próprio emancipa definitivamente seu filho. Desse modo, a sutil presença do Pai, que, muitas vezes, é até interpretada como ausência, é um sinal de que é tempo de crescer.

Silêncio e quietude!

Deus fala no silêncio.

É melhor treinar na quietude todos os dias, fazendo exercícios cotidianos de descanso da alma.

Bem-aventurados os que se aquietam, pois eles saberão e conhecerão quem é Deus.

"Aquietai-vos e sabei que eu sou Deus" é talvez a ordem divina mais difícil de ser atendida. A dificuldade está no fato de que é Deus quem fala, mas é o homem quem tem de se aquietar, deixando o motor de suas ansiedades parar, permitindo-se levar no "automático da confiança".

Ansiedade é terrível pelo poder que tem de tornar o presente inaproveitável, escravizando o indivíduo, pela insegurança, à virtualidade angustiada do que não existe ainda, pois a ansiedade se faz serva do futuro, ou seja, ela escraviza o ser ao que não é e o impede de viver o dia que é hoje.

A ansiedade é barulhenta, aflita, ruidosa, e seus ruídos são como o barulho que se ouve à noite quando se anda sob fios de alta tensão: invisíveis, porém reais e destrutivos. O ruído e a energia da ansiedade faz a alma sentir-se eletrificada pela força hostil e negativa, que, pela sua própria natureza, se alimenta de preocupações... escravizando a alma ao fantasma que o medo concebeu como futuro.

O corpo todo sofre quando você está ansioso. Os braços, especialmente, parecem ficar lotados de uma carga como que elétrica e que vaza pelos membros, angustiada por fazer "um terra" que a descarregue, embora, no estado de ansiedade, nada absolutamente faça esse "terra" pelo qual se possa descarregar tal energia. Ao contrário, toda a tentativa de se "fazer terra" apenas aumenta a ansiedade, que se alimenta da imprevisibilidade da terra, portanto, do tempo e do espaço.

A mente ansiosa trabalha correndo atrás do pior, angustiada por não saber o que reserva o amanhã. Assim, quanto mais energia alguém dedica à ansiedade, mais insaciável ela se torna e mais fraca a pessoa se sentirá em relação ao poder do que ainda não é... Chega o ponto em que, drenada, impotente, angustiada, gelada de medo, a pessoa passa a crer que todo o mal que ela teme a alcançará e, assim, imagina que não conseguirá vislumbrar soluções.

A ansiedade é a fé no pior; é filha da desconfiança; é tão certa quanto a culpa de cada um; é tão implacável quanto o vaticínio de inimigos; é tão covarde quanto o diabo. Por essa razão, assim como a fé é a certeza das boas coisas, a ansiedade é a expectativa amedrontada de tudo o que é ruim. Daí, não raramente, a ansiedade chamar à existência justamente as coisas que temermos, das quais fugimos, contra as quais tentamos nos prevenir.

Na ansiedade não há fé, pois onde há fé, não há ansiedade! Na melhor das hipóteses, a ansiedade gera uma fé nervosa e que existe em estado de desespero. É por essa razão que o "aquietar-se" e esperar na intervenção de Deus é uma das coisas mais difíceis que se pretende realizar. Aliás, se houver ansiedade, jamais se terá tal descanso, pois o estado de descanso vem da confiança e da entrega.

O que é mais difícil nisso tudo é que "aquietai-vos" evoca uma decisão pessoal; uma resolução; uma consciência que abre mão do instinto aflito de autodefesa; é uma vontade de paz; uma entrega confiante da impotência pessoal, na crença de que aí nasce o poder que realiza o impossível. Aquietar-se em Deus é o agir pelo não agir!

Provavelmente, a maioria das pessoas só pensa nesse mandamento divino quando tudo está nebuloso e já não se tem saída. A contradição é que essa é a pior hora para começar no caminho da quietude. Antes na calamidade do que nunca... No entanto, o que se deve almejar é entrar num estado permanente de descanso e confiança, intentando fazer até mesmo com que a própria respiração e cadência do fluxo sanguíneo se ponham também sob as bênçãos da ordem de vida dada por Deus.

Ou seja, é melhor treinar na quietude todos os dias, fazendo exercícios cotidianos de descanso da alma, chamando o "potro" angustiado que há dentro de cada um de nós para acalmar-se junto às águas de descanso e nos pastos verdejantes da quietude interior.

Ora, se assim se faz em tempo de paz, muito mais fácil fica não abandonar o compromisso com a confiança que gera quietude no dia da guerra, pois se aprende na vida a começar das pequeninas coisas. O fato é que é preciso que se "aquiete" antes, a fim de que se possa "saber" quem é Deus "depois".

Deus se deixa conhecer como Deus na quietude confiante e no silêncio entregue e pacificado que vem da fé. A questão é que temos horror de confiar, crer, entregar, abandonar, descansar, deixar a vida correr no fluxo... E, sem temor, não temer perder nada, pois tudo aquilo que é entregue a Deus jamais se perde, mesmo que não esteja em nossas mãos.

Em meio a tudo isso, nesse "aquietai-vos", há também um convite ao silêncio interior. **Deus fala no silêncio**! Silêncio em Deus é o momento em que os processos mentais se acalmam, a alma se deita aconchegada, o espírito se levanta voluntário, o coração se aninha humilde, os ouvidos interiores se abrem e nossas vozes emudecem... Sim, é depois de tudo isso que podemos ficar abertos para ouvir Deus no silêncio...

E Ele fala. Fala dentro de nós. Fala sem palavras e sem linguagem. Fala por meio de sentimentos... Às vezes, de angústias que emulam a consciência; outra vezes através de brisas, ventos, folhas, pássaros que cantam, estações que mudam, luares sombrios ou iluminados, bem como mediante gestos, acontecimentos, inspirações, alegrias puras, gratidão, esperança, sonhos e, sobretudo, mediante o silêncio da palavra, que fala sem gritar e que admoesta em consolação.

Experimente a santa irresponsabilidade de descansar em Deus, de dizer "não estou nem aí... está nas mãos de Deus..." ou, ainda, experimente fazer da quietude o seu tesouro, o seu modo de vida, o seu sentir mais normal e sua ambição mais preciosa.

Ah! Grande alegria e contentamento há na confiança que sossega e se aquieta!

Quem age assim, em fé, conhecerá a Deus. Sim, esse "terá conhecimentos" profundos sobre o poder que emana em favor da alma que se aninha na amizade de Deus. Bem-aventurados os que se aquietam, pois eles saberão e conhecerão quem é Deus!

CAPÍTULO 11

A cura da alma e a pacificação do ser

Queres ser curado?

Só é curado quem quer.

> A maioria dos doentes não quer mais ser curada.
>
> Essa é a pior doença: ficar enfermo da própria doença.

"Queres ser curado?" – perguntou Jesus ao homem do tanque de Betesda. Jesus disse: "Levanta-te, toma teu leito e anda", significando dizer, já que tu queres ser curado, vê a ti mesmo curado. Veja-se curado, e você ficará curado!

A razão da pergunta de Jesus é que a maioria dos doentes não quer mais ser curada, porque, muitas vezes, quando o tempo da doença já é muito longo, a enfermidade passa a ser parte da existência da pessoa. A enfermidade vira braço, perna e até coração. Essa é a pior doença: ficar enfermo da própria doença!

Coragem de ser e entrega ao amor

Não tenha medo de amar, pois é o amor que cura o medo.

> Os que têm coragem de ser são exclusivamente os que têm coragem de amar e de não fugir do amor.
>
> O amor desafia a audácia dos existencialistas que se jactam de sua coragem de ser enquanto desdenham do amor.

Ter coragem de ser é o meu chamado como homem na Terra. Ter coragem de ser não é ter descontrole sobre o ser.

Tem gente que pensa que os seres existencialmente corajosos são aqueles para os quais não há limites. Pura bobagem. Os que têm coragem de ser são exclusivamente os que têm coragem de amar e de não fugir do amor, não das paixões. A entrega às paixões faz cada vez diminuir mais a capacidade interior de experimentar o amor.

O amor demanda certa vontade limpa e virgem existindo na alma. Quanto mais simples for o amor, mais profundo será. O amor quer apenas ser uma maneira de ver o outro, os outros e a vida. O amor é. O amor só poderia ser puro mistério. Afinal, sua procedência é mistério, pois Deus é amor. O amor desafia a audácia dos existencialistas que se jactam de sua coragem de ser enquanto desdenham do amor.

Pobres lutadores de lutas contratadas. Morreram secos e infelizes... cheios de casos que não o caso do coração. A morte do bravo será sempre o descansar de um coração que não fugiu do amor quando o encontrou. Esses conquistaram mais que impérios. Sim, eles conquistaram o medo mais essencial dos humanos enquanto não sucumbiram à fobia da morte, que é o seu oposto: o medo de amar.

É por isso que a conquista de Deus sobre o homem só acontece quando o amor de Deus seduz a alma para sempre. E é essa entrega ao amor que acabará por nos curar do medo. Antes disso, Deus não terá sido o Deus da libertação. Pois se é a verdade que liberta, é mediante a entrega ao amor que a liberdade se consuma.

A receita de cura de Isaías

O que cura tudo é o amor.

Sem amor, toda existência se torna doença.

Quem quer ser curado, ame, pois quem cuidar das coisas do amor, esquecendo-se de si mesmo, será curado no caminho, enquanto liberta e cura outros.

Isaías 58 nos diz que o que cura é o amor. Não adianta orar, jejuar, humilhar-se e odiar com devoção piedosa o inimigo, pois sem amor nada terá proveito. Sem amor, toda existência se torna doença.

O cenário que Isaías divisava era caótico. Um povo que vivia cheio de crenças e nenhuma fé. Além disso, um povo que se acostumara a usar a crença como feitiço para soluções de problemas. Oravam por contenda e para buscar, diante de Deus, alguma vantagem sobre o próximo em qualquer coisa ou área da vida.

Por isso, diz o profeta, eles secaram. Oravam e não eram atendidos. Jejuavam e apenas emagreciam. Buscavam vantagens, mas se tornavam estéreis como um deserto. Suas obras viravam ruínas em seus próprios dias. Enquanto isso, eles, em sua insegurança, buscavam exercer controle e poder sobre os outros. Por isso, prendiam, escravizavam, amarravam ao próximo ou o algemavam em cadeias de dependência ou de manipulação.

Então, vem Deus e diz: "Se vocês pararem de orar a oração do ódio, da contenda e da disputa e, em vez disso, dedicarem-se a soltar as ligaduras da impiedade e a quebrar toda dependência que vocês criaram sobre o próximo, e se vocês, em vez de se vingar, tratarem o inimigo com bondade, e se abrirem a própria alma confessando fraqueza com os fracos, e se não fugirem do encontro com o próximo, o semelhante, então, Eu digo: Eu estarei com vocês, de tal modo que serei glória atrás e luz adiante de vocês; serei Aquele que nem mesmo os deixará pedir ou clamar, pois, antes que o façam, Eu já terei respondido e, antes que gritem, Eu mesmo me adiantarei e direi: Ei! Eu estou aqui!".

E Deus ainda diz: "Quando vocês começarem a curar o próximo e as relações de vocês com a vida, Eu mesmo curarei as doenças de vocês". Desse modo, afirma o Senhor: "Quem quer ser curado, ame, pois quem cuidar das coisas do amor, esquecendo-se de si mesmo, será curado no caminho, enquanto liberta e cura outros".

Essa é a verdade do Evangelho de Deus para mim e para você!

Os caminhos do coração humanos são indecifráveis... Você vê gente sofrendo de tudo e vivendo como se tudo fosse normal. Vê, por outro lado, gente sofrendo de nada como se sofresse de tudo. Na realidade, cada vez mais minha experiência vai mostrando que não há escolas psicológicas capazes de atender a alma humana.

De fato, cada uma das almas demanda uma psicologia pessoal e particular... Não é possível dizer que Freud explica muita coisa. Freud explica a si mesmo e olhe lá! Sua psicanálise é autoanálise, por mais "científico" que ele pretendesse ser, pois por mais isento que fosse, a "ciência" que ele praticava só poderia ser verificada a partir dele mesmo, não apenas de sua interpretação, mas de sua experiência existencial e psicológica particular.

Há pessoas que me procuram com crises de contornos "freudianos". Para elas, Freud parece funcionar bem. Outras, porém, nada têm a ver com o que Freud pressupôs haver em todo homem. Nesses casos, tateio até ver a "porta de entrada" da pessoa e, frequentemente, verifico que tal "entrada" não existe nas matrizes das linhas psicológicas clássicas ou pedagógicas e, portanto, demanda uma psicologia singular, tecida entre você e a pessoa, até que o sistema esteja mais ou menos visível e, portanto, discernível. Em outras palavras, tem de ser como Jesus praticava...

A "psicologia" de Jesus era simples e se servia das metáforas que as pessoas traziam ou compreendiam. Tudo, porém, tinha a ver com "aquela" pessoa, e não com uma matriz psicológica universal.

Assim, com Jesus não há padrões. O padrão é o indivíduo. Desse modo, cada pessoa demanda uma psicologia singular, por mais que os modelos psicológicos possam ajudar aqui e ali. No entanto, depender exclusivamente deles é pura tolice.

O modelo de Paulo, a confrontação, é o que vejo que melhor ajuda as pessoas, pois, de fato, trata-se de um método não metódico, que busca discernir a essência da questão e trata dela cara a cara, sem medo de afirmar, de indagar, de sugerir, de provocar, de perturbar mesmo... até que a verdade vá aparecendo e, assim, a pessoa vá se enxergando e tomando as decisões práticas quanto a debelar o vício como mal a ser tratado como causa... sem que o seja.

Os pudores psicológicos atrasam em demasia a cura das pessoas. Vejo pessoas oito, dez, doze anos em um terapeuta, ruminando os mesmos bagaços, pagando caro para serem ouvidos, sem que isso deslinde qualquer coisa em seus interiores, até que chegue o dia da verdade. Então, sem pudor, atendo essas pessoas; algumas já sabem tudo de tudo, até mais que a maioria dos psicólogos, de tão entendidas que vieram a se tornar. A surpresa para elas é que o que durou anos, por vezes em uma, duas, três semanas, ou em poucos meses, ceda e, então, abra o espaço interior para que, pela via da confrontação, pararem de chocar seus quase dramas e, assim, sem pena de si mesmas, sem transferências de nada para ninguém, sem autopiedade ou autocomiseração, reajam e, em não muito tempo, fiquem perplexas com os resultados; sem saber a razão de não precisar ser um processo necessariamente tão longo e demorado.

Na realidade, o que a maioria das pessoas necessita é do enfrentamento na e da verdade! Noto o despreparo brutal da maioria dos chamados profissionais de psicologia. Alguns nada dizem, apenas porque não têm mesmo o que dizer. Outros gostam da lentidão, ela é lucrativa. Há ainda os que são tão doentes que fazem psicologia para se distraírem de si mesmos ouvindo os outros. Mas poucos há com consciência do que seja a ajuda de que as pessoas precisam.

Isso sem falar naqueles que são pagos apenas para consentirem com o devaneio do indivíduo. São os psicólogos do "vamos que vamos". Sim, você o paga apenas para que ele diga que você tem razão em soltar todas as frangas e todos os bichos do seu zoológico particular.

No meio disso tudo, há alguns profissionais da psicologia que são, de fato, muito bons, embora sejam poucos.

O que me ressinto mesmo é do fato de que se houvesse entendimento do Evangelho, amor e limpidez de propósitos, todo verdadeiro pastor de almas naturalmente seria um psicólogo. Mas quase não há nada disso, a maioria dos pastores está tão perdida que nem mesmo dá conta de sua própria alma, quanto mais a dos outros!

A melhor terapia desta vida sempre será o serviço em amor!

Quem se esquece de si e arranja olhos para a vida, em geral, fica curado, enquanto limpa feridas e cuida de angústias alheias. Aquele, porém, que apenas cuida de si, de suas supostas dores, e se concentra exclusivamente em sua angústia como pivô da existência universal pode contratar o melhor psicólogo para que lhe ande a tiracolo, pois, ainda assim, jamais ficará curado...

Ninguém sabe em que espírito o samaritano vinha sem seu caminho. Entretanto, pouco importa se ele vinha cantando, alegre, feliz e grato, ou se vinha sofrendo, angustiado e infeliz. Sim, o que importa é que ele olhou para o outro, o outro pior do que ele, o outro sem autodeterminação, caído no caminho. E mais: fez isso sem que se importasse o que fosse um para o outro, sem que fosse significativo como o samaritano estava se sentindo. O que valeu foi o ato, foi o feito, foi a parada e o levantar do homem. Sim, o importante não era a subjetividade, mas a objetividade da decisão.

Muitos jamais ficarão curados enquanto não se esquecerem de si mesmos e não transformarem sua vitimização em ação proativa em favor da vida. Pense nisso e pare de lamber as suas próprias feridas.

Uma pílula de alma

A cura depende da integração do ser e da transformação do homem psíquico no homem pneumático.

> O homem natural (ou psíquico) é como uma rolha no oceano dos desejos, dos medos, das fobias, dos caprichos, das fantasias e das escolhas do instante.
>
> Assim é o caminho do discípulo pneumático: ele goza sem machucar; alegra-se sem ofender; chora sem se lamuriar; enfrenta sem se fazer inimigo; aprecia tudo o que faz bem, e não apenas o que é sensorialmente gostoso.

A alma é força vital sem autodeterminação consciente. Ela fala, pede, implora, demanda, impõe, mas nada tem a ver necessariamente com verdade e realidade, pois a alma não é um ente da verdade e da realidade, mas sim da impressão e da fantasia.

Por isso, Paulo diz que o homem psíquico (natural, na tradução de Coríntios) não discerne as coisas do Espírito de Deus, que só são discerníveis espiritualmente. Assim, o homem natural (ou psíquico) é como uma rolha no oceano dos desejos, dos medos, das fobias, dos caprichos, das fantasias e das escolhas do instante. Esse homem psíquico é um ser-resposta, sem proposta que emane da escolha limpa, livre, sóbria, sábia e simples do espírito.

A alma só decide à revelia da consciência e, mesmo assim, ela é sempre decidida por outras forças. Na alma, não habita nenhuma sabedoria! Isso porque aquele que vive da alma, existe para as circunstâncias! Sim! A pessoa não existe em si, mas apenas sob os impactos bons e maus que lhe vêm de fora ou, outras vezes, existe para cumprir carmas de caprichos feitos de insegurança + fantasia = existência da alma.

O espírito não é catastrófico, mas a alma é acidente em estado puro. Daí as grandes catástrofes da existência nascerem da alma. A alma em estado livre é tragédia. A maioria tem alma sem espírito. Então, o que sobra é a existência da rolha no oceano dos desejos loucos e sem porto de serenidade.

Já o discípulo pneumático não é assim. Paulo simplifica a descrição dizendo apenas que ele vive pela fé no Filho de Deus que o amou e a Si mesmo se entregou por ele. E mais: que essa revelação sempre se faz acompanhar do fruto do amor, e o amor é espiritual, pois Deus é amor. Por isso, o discípulo pneumático é filho exclusivamente do dogma do amor. Para ele, qualquer outra via é inviável.

Ora, o discípulo pneumático é um ser psíquico também. Portanto, emociona-se, chora, ri, gargalha, experimenta solidão, sente necessidade de amigos, deseja e quer ser desejado em amor, tem sonhos, gostos e preferências, e tudo o mais que é como a alma gosta. Todavia, conforme se vê na existência de Paulo, tão evidentes em suas cartas, essas coisas da alma podem e devem ser conduzidas pelo espírito. Nesse caso, não são elas que determinam o andar e o agir (reagir) da pessoa, mas a sua consciência, sempre dando preferência à sabedoria em vez do mero impulso ou desejo, e, desse modo, tendo sempre a chance de não se condenar naquilo que aprova, pois no amor não há vontade de chocar ou de ferir ninguém. E, ao mesmo tempo, como o amor é o condutor da verdade de Deus, a pessoa também não deixa de buscar crescer serena e sensata naquilo que aprova, conferindo sempre coisas espirituais com coisas espirituais, de modo que ela não se sente mais julgada por ninguém, pois ela mesma julga todas as coisas.

Assim é o caminho do discípulo pneumático: ele goza sem machucar; alegra-se sem ofender; chora sem se lamuriar; enfrenta sem se fazer inimigo; aprecia tudo o que faz bem, e não apenas o que é sensorialmente gostoso. A vida abundante vem da integração de todas as dimensões no Espírito Santo – e isso inclui nosso corpo-ser, lugar síntese da integração de nosso ser total.

Salvação e cura para a vida

O alvo do Evangelho é gerar cada vez mais indivíduos sadios de alma e de espírito.

Somos salvos para sermos sarados, não para ficarmos doentes da alma, por medos, culpas, fobias e terrores que nos assolam todos os dias.

Ninguém é curado enquanto existe como culpado. E aqui não falo de receber uma cura para os ossos ou para a pele, estou falando de cura para o ser, para a alma.

Na década de 1980, falei muito sobre a relação entre cura e salvação nas ações de Jesus. Isso era na época em que eu sonhava muito com a possibilidade de que a "igreja evangélica" se tornasse uma "comunidade alternativa e terapêutica", não uma comunidade paralela e doentia, conforme então já era e hoje se tornou ainda mais profundamente, para além de toda a imaginação!

Jesus curava e dizia: "A tua fé te salvou". Quando Ele perdoava pecados também usava a mesma declaração: "A tua fé te salvou". E Mateus nos diz que Ele fazia isso a fim de que se cumprisse a escritura: "Ele levou sobre as nossas dores e as nossas enfermidades", citando Isaías 53. De fato, Isaías 53 não é uma descrição da crucificação, mas, sim, da vida redentora de Jesus. Toda ela.

O que não foi entendido ainda é que a cruz é anterior à crucificação. Na realidade, a cruz vem antes de tudo, pois o Cordeiro foi imolado antes da fundação do mundo. A criação, especialmente em sua forma "consciente" – a dos humanos – é a própria história da cruz. Ele tomou sobre Si nossas dores antes de elas existirem. E Ele as fez Dele antes de elas existirem para nós.

Por isso, a vida de Jesus é a vida na cruz. A encarnação inicia o processo histórico no qual a crucificação foi apenas o cenário de um fato que, em Jesus, aconteceu o tempo todo. Jesus viveu na cruz, por isso é que morreu nela. Esse é o poder de Sua ressurreição.

Também esse é o poder que Lhe deu autoridade "para abrir o livro e lhe desatar os sete selos", conforme Apocalipse 5. Quem abre o livro é um Cordeiro, "como havia sido morto".

Ora, o que isso tem a ver com cura e salvação? Ele levou sobre Si as nossas dores, enfermidades, iniquidades, transgressões, descasos, preferências pela morte e nossas falsas impressões visto que "olhamo-Lo, e nenhuma beleza havia Nele que nos agradasse".

Antes de curar um paralítico, Ele disse: "Estão perdoados os teus pecados". Como os fariseus e seus cúmplices se revoltassem, Ele indagou: "O que é mais fácil? Dizer 'Estão perdoados os teus pecados', ou dizer 'Levanta-te, toma o teu leito e anda?'". Para que saibam que o Filho do Homem tem autoridade para perdoar pecados, então disse ao paralítico: "Levanta, toma o teu leito e anda".

Para Jesus, toda cura sinalizava a salvação, pois a salvação era a verdadeira cura. Como a cruz foi a vida de Jesus, assim também os benefícios dela crescem na existência daquele que crê. É um processo: Ele viveu a cruz até a crucificação. Eu venho da cruz-crucificação e caminho salvo para ser curado no resto do caminho até o mergulho final, quando esse corpo de morte será absorvido pela vida. As implicações disso são inúmeras. Aliás, tudo o que se tem para falar aos humanos tem a ver com esse processo.

O Evangelho é o chamado para essa viagem de cura na graça de Deus. Estou afirmando isso porque as pessoas pensam que salvação é apenas um levantar de mãos que supostamente sinaliza o fato de nós "aceitarmos Jesus". Quem aceita Jesus, ainda está colocando algo em sua vida, dando permissão para alguma coisa entrar em sua existência. A questão é que a salvação implica o caminho oposto. Ela vem de eu entrar na vida de outro: Aquele que, por mim, morreu e ressuscitou. Isso é estar "em Cristo".

Você pergunta: e que diferença isso faz? Ora, faz toda a diferença. A começar do fato de que somos salvos da ideia de uma salvação estática e paralisante. Esse tipo de salvação gera o mal da presunção que hoje nos acomete. Somos os salvos mais doentes da Terra! Somos os salvos em quem não é possível enxergar salvação, mas no máximo "declarações de salvação".

Pela graça, sou e estou salvo para sempre. Mas é pela mesma graça que caminho na direção de minha total salvação. Esse processo termina quando nasce o homem conforme a imagem de Cristo, o varão perfeito, o homem refeito em Deus. Dessa forma, fico sabendo que a salvação que recebi não me indica um caminho de "santidades doentias" nem de "salvações que enfermam a alma". Qualquer coisa – não importa travestida de que nome "santo" apareça – que faça adoecer, não faz parte da salvação.

Quando alguém diz que está se santificando, mas vemos que a pessoa está menos sadia do que antes de começar a se "santificar", pode-se saber que aquilo ali não é santificação. Não carrega uma salvação para o ser, mas apenas o engana com algo que não se realiza como bem para ele. Portanto, qualquer prática cristã que enferme a alma não é salvação, mesmo que seja praticada em nome dela. Somos salvos para sermos sarados, não para ficarmos doentes da alma por medos, culpas, fobias e terrores que nos assolam todos os dias. Mesmo enquanto arrogantes nos dizemos salvos.

"A tua fé te salvou. Entra na Paz!", dizia Ele também. A verdadeira salvação faz a gente entrar na paz. Daí em diante, acabam-se todos os todos os medos em relação a Deus e inicia-se o caminho da pacificação da alma, de onde vem a nossa cura progressiva. Quando se tem essa consciência, até as enfermidades físicas carregam um poder terapêutico. Depois disso, tudo cura. Até aquilo que dói.

O objetivo do Evangelho é gerar seres humanos cada vez mais sadios de alma e espírito. E essa é uma realidade que só nos acontece quando estamos na paz. Daí para frente, a jornada é toda terapêutica. Mas não há cura enquanto pender sobre nós a culpa do pecado. Por isso, antes de tudo, Ele disse ao paralítico: "Estão perdoados os teus pecados". Ninguém é curado enquanto existe como culpado. E aqui não falo de receber uma cura para os ossos ou para a pele; estou falando de cura para o ser, para a alma. Ninguém cresce no caminho da cura enquanto caminha na neurose e na fobia do pecado. Somente depois que fico sabendo e creio que Ele já levou sobre Si todas as minhas mortes, é que começo a andar no caminho que me levará à paz. Afinal, o castigo que nos traz a paz estava sobre Ele, por isso é que, pelos Seus passos, somos sarados.

Assim, a grande questão da vida já não é o pecado, mas a vida. Quem vive de pensar, ver e falar do pecado é aquele que ainda está profundamente doente. Nos Evangelhos, quem mais fala de pecado é a religião, não Jesus. Jesus fala em pecado em duas perspectivas:

1. Como denúncia. Interessante como esses discursos se dirigem aos que só falavam em pecado, o dos outros: os fariseus e os religiosos.

2. Como uma realidade sobre a qual Ele traz graça. E também é curioso que aqueles aos quais Ele disse "Estão perdoados os teus pecados" são justamente aqueles sobre os quais a religião dizia: "Este é pecador".

A religião fala de pecado. Jesus fala de perdão a pecados. E fala de pecado àqueles que denunciam o pecado, sem enxergarem que quanto mais falam no assunto, mais doentes em sua presunção de não serem pecadores eles se tornavam.

Desse modo, a questão do perdão dos pecados é a primeira a ser resolvida – e para sempre –, a fim de que se possa crescer no dom da salvação como saúde humana. "Eu vim para que tenham vida, e a tenham em abundância", disse Ele.

Se a compreensão em fé do Evangelho não nos levar até aí, falaremos de pecado a vida toda, agarrando-nos freneticamente à salvação, mas sem jamais usufruirmos de seu primeiro bem, que é a paz com Deus, e sem jamais podermos crescer em Sua promessa, que é a vida abundante, começando aqui na Terra.

A pacificação do ser

A paz de Deus não decorre de circunstâncias favoráveis.

Em Jesus, com sucessos ou não, a paz é real e não se intimida nem foge ante a angústia, a perda, a catástrofe, o cerco, a opressão e qualquer outra coisa dessa existência.

A paz de Deus não é uma bandeira; é apenas paz para ser vivida, e não pregada como discurso de sedução aos angustiados.

As escrituras fazem diferença entre paz e paz. Sim! Uma é a paz dos homens e outra é a paz de Deus. Foi por isso que Jesus disse: "A minha paz vos deixo, a minha paz vos dou; não vo-la dou como a dá o mundo".

A paz dos homens tem a ver com conforto, equilíbrio de poderes, controle, domínio, bens, seguranças, sucessos, liberdade de expressão, determinações afetivas, reconhecimento, tranquilidade, autodeterminação, boas sensações. Tire qualquer dessas coisas de um homem e ele perderá toda paz que supostamente possua.

A paz de Deus, no entanto, decorre de Deus apenas, e não de circunstâncias favoráveis. A paz do homem é sempre emocional. A paz de Deus é ultracircunstancial, visto ser um estado que transcende a tudo. Jesus deixou claro que uma é a paz da terra e outra a do céu.

Assim, pergunto: qual é a paz que você busca? A que depende de o paraíso se manifestar na Terra, conforme os caprichos e ilusões do homem, ou aquela paz que excede o entendimento e que está presente em nós, mesmo quando o mundo todo nos designa como azarões?

O conceito judaico de paz, o *shalom*, é o de uma paz integral: corpo, alma e espírito. A paz de Cristo é ainda maior do que o *shalom*. Afinal, em Jesus, com sucessos ou não, a paz é real e não se intimida nem foge ante a angústia, a perda, a catástrofe, o cerco, a opressão e qualquer outra coisa dessa existência.

Sim! Jesus é a nossa paz, e nada mais além Dele!

Alguém lê isso e diz: "Eu já sabia. Nada de novo!".

Ora, não estou aqui para pregar novidades, mas apenas para anunciar aquilo que, em sendo vivido pela fé, faz a pessoa viver em novidade de vida. Portanto, pergunto: qual é a vantagem de dizer que sabe algo que você jamais provou? A paz de Deus não é uma bandeira; é apenas paz para ser vivida, e não pregada como discurso de sedução aos angustiados.

Paulo diz que tudo isso se transforma em fato e realidade em nós, se aprendermos a pensar, sentir, imaginar e falar, pois a paz de Deus enche o coração de quem pensa o que é bom e justo e busca sentir e falar apenas aquilo que seja construtivo. A esses se diz que a paz de Deus que excede a todo entendimento encherá suas mentes e seu coração.

Tudo isso que estou dizendo somente será verdade quando for verdade em você.

O único modo de aferição da verdade do Evangelho acontece na vida, pelo resultado da existência, se é plena de vida, conforme a justiça, a paz e a alegria no Espírito Santo. O Evangelho não tenta explicar nada, mas convida a uma confiança que é fruto do toque da graça, transforma-se numa atração e entrega-se como rendição, cuja resposta é "seguir" Jesus.

Assim, aquele que se entrega a Jesus não recebe um pacote de explicações, mas aceita seguir, porque foi convencido pela experiência do bem do Evangelho que tocou o indivíduo de alguma forma, fazendo-o provar que "o Senhor é bom". Portanto, essa pessoa não fica preocupada em "entender Deus". Sua felicidade está em que Deus a entende. Assim, ela caminha sem querer saber o que Deus está planejando, mas apenas o que Jesus propõe como caminho. E, para ela, cada coisa não é passível de uma explicação, mas de uma resposta própria. Desse modo, se impotente, ela ora; se abastada, ela agradece; se visitada pela calamidade, ela confia no bem oculto no amor de Deus; se é objeto de perseguição, ela exulta; se milagres acontecem, ela se alegra; se não acontecem, ela se entrega ao milagre da confiança... Enfim, essa pessoa aprende o "como", não o "porquê" das coisas. Aliás, ela até poderá aprender o "porquê", desde que, antes, tenha a coragem, em fé, de viver conforme o "como" do Evangelho.

É o "como" do Evangelho que explica o seu "porquê" – isso quando explica. E, normalmente, a "explicação" nunca é "lógica pela lógica", mas algo que se experimenta como bem interior, inexplicável e que convence o coração sobre a verdade pela paz que promove no interior, cujos frutos se manifestam como "modo" de caminhar.

O Evangelho não oferece explicações, mas diz como se deve viver. E é desse "como", que não é um manual de condutas, e sim um modo de ver, de ser, de valorizar, de desvalorizar, de reagir, de agir conforme princípios e de enfrentar a existência, que vem o crescimento da fé.

Por isso é que no Evangelho as coisas caminham de fé em fé, assim como também crescem de experiência em experiência. E, no final, não se entende tudo, mas se experimenta o amor de Deus, que traz consigo uma esperança que não nos deixa jamais confusos sobre nada, muito menos acerca das tribulações e dos absurdos da existência.

Somente aquele que se entrega e pratica o Evangelho em fé, com toda a confiança, é que experimenta a verdade conforme Jesus, visto que a verdade só se faz verdade para o indivíduo se for por ele provada.

A paz gera segurança

O mundo está vivendo sob o signo da insegurança.

Quase tudo que se chama de segurança não é segurança; é, estranha e paradoxalmente, exatamente seu oposto manifestado com as máscaras da segurança.

Um homem seguro em Deus não conhece segurança nem sucesso, mas apenas alegria confiante, tanto no dia bom como no dia ruim.

Segurança é o que todo ser humano quer! Entretanto, nem todos pensam em segurança com as mesmas categorias de conteúdo.

Há aqueles, por exemplo, para quem segurança significa muito dinheiro ou um emprego estável, ou um bom plano de saúde, ou uma herança certa e farta, ou muita saúde, ou não perder o marido provedor, ou ter uma casa própria, ou conseguir pagar pela educação formal dos filhos, ou ter uma família.

Por outro lado, há aqueles para os quais segurança é estar do lado forte nas disputas de poder, ou possuir poder de sedução, ou ter a certeza de que é desejado, ou a sutileza de "pular a cerca" sem deixar indícios, ou conseguir fazer o errado sem ser apanhado, permanecendo em *off* na vida, assim como se fosse apenas a "fonte secreta" de um jornalista honesto com as pessoas e com a profissão.

Assim, sejam boas ou más as razões pelas quais as pessoas buscam segurança, o fato é que quase tudo que se chama de segurança não é segurança; é estranha e paradoxalmente, exatamente seu oposto manifestado com as máscaras da segurança.

A verdadeira segurança é fruto da paz de se saber amado e, portanto, da satisfação de ser quem é. Isso porque essa certeza de ser amado vem de uma dimensão do ser que existe muito antes de tudo aquilo que, cegamente, chamamos de "vida".

Segurança, portanto, em sua qualidade mais essencial, é fruto da confiança no cuidado e na bondade de Deus para conosco, mesmo quando dói. Sim, porque, em tal caso, a certeza do amor de Deus por nós imediatamente nos remete para outra certeza, que o faz dizer: "Dói; não entendo esse caminho, mas sei que Quem o conduz sempre faz tudo visando ao bem de meu ser que é e que há de permanecer para sempre!".

Então, sem certeza do amor que é, do amor de Deus, nenhuma confiança jamais nascerá de nós para Deus. É porque Ele nos ama e age em nosso favor que respondemos a Ele, quando respondemos em amor e confiança também. Ora, nossa resposta em amor ao amor de

Deus se manifesta como obediência natural ao único mandamento, que é amor ao próximo e que esse passa a ser o meu altar de culto a Deus.

Criados em amor ao próximo, experimentamos confiança crescente, que nos faz habitar aquele lugar que alguns homens, há milênios, aprenderam poeticamente a chamar de "refúgio bem presente na tribulação", ou ainda de "sombra do Altíssimo", ou mesmo de "minha fortaleza", ou de "minha luz e minha salvação".

Segurança, assim, não é uma condição de vida na Terra, mensurável e fruto de contas e de investimentos que nos deem alguma "previsibilidade", isso se o coração não parar sem dar qualquer explicação. Segurança também não é licença para correr riscos. Digo isso porque há pessoas que pensam que certos indivíduos dispostos a qualquer risco são seguros de si. Na realidade, não há ninguém tão inseguro quanto esse suposto ser "seguro de si".

Na maioria esmagadora das vezes, salvo em casos de natureza psicopatológica, esses seres "seguros de si" são apenas gente sem um mínimo de amor próprio e, por isso, inafetivos. Pois as pessoas que se amam e que amam não procuram riscos: apenas os enfrentam quando não acham meios de evitá-los.

O ser verdadeiramente seguro evita o risco quando o vê. O homem seguro não teme, mas não busca o perigo, nem ama o risco. O homem seguro ama a paz. Afinal, ele próprio é filho da paz.

Assim, se você algum dia vir alguém que não teme nada, que faz tudo o que lhe vem à cabeça, que diz ter prazer nos riscos, que se entrega ao perigo como um homem-bomba, saiba: bem diante de você está a pessoa mais insegura que você já conheceu. E meu conselho é: fique longe dela, pois essa suposta valentia atrairá toda sorte de coisa ruim para sua alma.

O ser seguro apenas é, pois ele sabe que é em Deus e ele descansa. E é desse descanso confiante e aninhado em Deus que vem a personalidade inabalável desse ser humano que anda em seu caminho de fé. O ser seguro sabe que o que é dele, está guardado. Sabe que o que é seu, ninguém tira. Sabe que tudo segue a lei da vida quando se anda em confiança e amor. Sabe que seu sustento jamais faltará. Sabe que nada vale mais do que buscar o reino de Deus antes de tudo. Sabe que todo diabo cai do céu quando, em seu coração, o ódio, o rancor ou a amargura dão lugar ao perdão ao próximo, qualquer próximo, até o inimigo.

E mais: essa pessoa sabe que Aquele que veste lírios e alimenta pardais o ama ainda mais. Sabe que, muito mais que saber, o que importa é ser, pois no ser há saber. Ora, essa pessoa também sabe que todo saber que não vire ser nada é, visto que um saber que não gera vida é um saber para a morte. No mínimo, vira presunção, e nada mata mais a alma que a presunção que a impede de crescer.

A presunção é a sombra que impede o sol de fazer crescer qualquer que seja a semente boa no espírito humano. Porém, à sombra da presunção, crescem os frutos da insegurança: avareza, idolatria, materialismo, narcisismo, infidelidade e espírito de inafetividade, suicídio.

Hoje, eu, você e o mundo inteiro estamos existindo sob o "signo da insegurança". E nada há de mais desgraçadamente mortal do que isso! É em razão de tanta insegurança, do plano macropolítico às decisões de natureza afetiva, que tomamos decisões de morte. Olhar para as nossas próprias decisões possibilita-nos ver que, na maioria das vezes, escolhemos a segurança-insegura como refúgio e autoengano, embora, entre nós, tal insegurança disfarce-se sob o manto da "segurança de si". Assim, a maior insegurança de um homem é sempre confessada como sua segurança!

Então, o Evangelho tira o que se esconde dentro de nossa casa e o expõe gritando seu nome da varanda da alma, dizendo: "O que você chama de minha segurança ou de meu sucesso, de fato, é sua mais profunda insegurança, pois um homem seguro em Deus não conhece segurança nem sucesso, mas apenas alegria confiante, tanto no dia bom como no dia mal".

Jesus é nossa única e real segurança.

CONCLUSÃO

A felicidade

Feliz? Neste mundo?

O homem inviabiliza a própria felicidade.

Jesus ensinou que, neste mundo caído, a bem-aventurança está em não contribuir com a infelicidade do mundo e resistir no contentamento e na exultação, sem jamais chorar lágrimas que já não tragam em si o consolo.

O que nos impede de sermos felizes é nosso coração incapaz de se abrir para o entendimento de que a vida será tanto mais fácil e boa quanto menos peso nós pusermos uns sobre os outros.

É inegável que o desejo mais profundo de todo ser humano é ser feliz. O problema é que o interior do homem é completamente confuso, e o ambiente que ele mesmo constrói a fim de ser a sua moradia relacional é um mero reprodutor daquilo que o coração carrega.

Assim, o mundo é a nossa cara e se faz perceber não como o lugar onde furacões acontecem, enchentes caotizam regiões e terremotos sacodem o chão, mas como o lugar onde existe o homem, um ser que reproduz na Terra os desertos, os rios envenenados, o ar poluído, as carências de vida, os desequilíbrios, os lixões, os paredões de execução, os presídios, as chacinas, o câncer que come o corpo inteiro como corrupção social que existe em seu interior. E mais: esse ser faz isso mediante muitas caras, pois aparecem como verdades religiosas, padrões morais, convenções, muros enormes e mísseis tão velozes para matar quanto a sua própria língua.

O homem quer ser feliz, mas ele mesmo cria o mundo que impossibilita sua própria felicidade. Foi por isso que Jesus ensinou que, neste mundo caído, a bem-aventurança está em não contribuir com a infelicidade do mundo e resistir no contentamento e na exultação, sem jamais chorar lágrimas que já não tragam em si o consolo, nem ter nenhuma causa que não seja pacificação e justiça, bem como não carregar em si nada além de um coração aprendiz e uma consciência firme no que é o bem de toda aventurança nesta vida.

Somente assim, alguém pode ser feliz nesta terra de desencontros, em que a busca da felicidade acontece como um desejo que é assassinado pelo próprio homem, tanto em razão de ele ser como é como também em razão do ambiente que ele cria a fim de procurar encontrar a tal felicidade.

Ora, o problema não é a Terra. A Terra é boa. Com boa consciência e entendimento em respeito e reverência – não é preciso nem falar em amor –, todos os humanos poderiam ser muito felizes neste planeta, apesar de todos os seus acidentes e incidentes. O que nos impede de sermos felizes é nosso coração incapaz de se abrir para o entendimento de que a vida será tanto mais fácil e boa quanto menos peso nós pusermos uns sobre os outros.

Quando deixarmos de policiar a felicidade nossa e alheia, então, lentamente, a bem-aventurança começará a brotar bem de leve e bem úmida na terra do nosso coração. E, quem sabe, do coração ela se espalhe?

A verdadeira felicidade
A felicidade decorre da obediência a Jesus.

> Para Jesus, felicidade era sempre espiritual.
> Para Jesus, os infelizes eram aqueles que riam quando muitos sofriam.

O que é ser feliz em um mundo como este?

Ser feliz é ser como Jesus e ver e sentir a vida como Ele! Entretanto, quase ninguém acredita nisso. Todos querem que Jesus os torne felizes. E é justamente para a felicidade que Jesus chama todos os homens. No entanto, a maioria de nós não percebe que Jesus nos chama para a felicidade justamente quando nos convida a segui-Lo, ou seja, para andarmos em Seus passos, como Pedro e Paulo afirmaram posteriormente.

Ora, se é para andarmos em Seus passos, também é para entendermos e provarmos felicidade conforme Jesus. Aliás, Ele mesmo afirmou como base de Seu ensinamento que Seu convite é para a felicidade, para a bem-aventurança, para a boa ventura.

Contudo, felizmente para quem crê e infelizmente para quem não crê para Ele felicidade verdadeira só acontece sob a injustiça, o choro, a percepção do contraditório, a necessidade de provar a humildade como atitude consciente em razão da arrogância imposta pela maioria e, sobretudo, como disposição de sofrer pela verdade, pela justiça, pelo amor e, se for o caso e o contexto, sofrer também por viver como discípulos de Jesus.

Tem gente que pensa que "a felicidade de Jesus" era estar sentado em um bar de pecadores da Galileia e, entre eles, ser ou o contador de histórias divertidas, regadas a muita cevita, a cerveja do primeiro século, ou, ser aquele que ouvia a tudo de modo educado e politicamente correto. Por outro lado, tem gente que pensa que a felicidade de Jesus era ficar pulando como um desses milagreiros modernos, que se regozija de si mesmo quando algo considerado pelo povo como extraordinário vem a acontecer.

Entretanto, Jesus nunca se sentou na roda dos escarnecedores. Como diz o Evangelho, Jesus tomou lugar à mesa com publicanos e pecadores, fazendo, assim, pela Sua presença e em razão do interesse deles, de qualquer mesa, a Sua Mesa.

Jesus teria se sentado na mesa dos escarnecedores se comesse na mesa do sumo sacerdote, das autoridades do templo ou de todos os que explorassem o povo ou manipulassem as pessoas, especialmente em nome de Deus e, em segundo lugar, da desfaçatez política, tipificada nos evangelhos na figura dos Herodes.

Para Jesus, os infelizes eram aqueles que riam quando muitos sofriam; eram os que gargalhavam enquanto muitos gemiam à volta; eram os que se davam bem à custa do povo; eram os que achavam "elevado" comer na mesa do governador ou da autoridade; eram os que se regozijavam no exercício do poder; eram os que orgasticamente se deleitavam em ser relacionados com todos; eram os que amavam ser elogiados pelos "importantes" da coletividade; eram os que viviam à busca de prazer pelo prazer; eram os que davam razão ao sentido de autopreservação do sacerdote e do levita na história do samaritano; eram os que viviam conforme um preço; eram os que confiavam nas riquezas e nos bens; eram os avarentos; eram os hipócritas; eram os que cultivam vaidades; eram os orgulhosos de si mesmos; eram os que amavam mais seus próprios sonhos do que desejavam preservar suas próprias almas do mal; eram os espertalhões; eram os que, pelo poder, seriam capazes de matar, exilar ou aniquilar profetas ou quem atrapalhasse interesses; eram os que trocavam a verdade pela injustiça; eram aqueles que viviam para os desejos do ventre e cuja existência se contentava em ir do prato à boca, mesmo sabendo que nem só de pão vive o homem, mas de toda a palavra que sai da boca de Deus.

Para Jesus, quem quer que viva para o prazer, o poder, o orgulho e a fantasia da felicidade – como um bem divino na forma de matéria, de sentimento agradável, de conforto, ou de qualquer que seja a vaidade de ser – é profundamente infeliz, assim como é igualmente infeliz todo aquele que existe com o olhar comparativo, ou seja, invejoso ou com inveja.

Para Jesus, aquilo que nós mesmos reprovamos como "conceito" ou como prática "nos outros", mas que praticamos do modo mais disfarçado possível sob o pretexto de que "é assim que o mundo funciona" e que, por isso, dizemos ser necessário ser feito e sonhado por nós, em normalidade com afirmação "mundana" de nosso significado nesta existência, é justamente aquilo que nos infelicita de morte, de morte até à morte.

Esse é o suicídio humano pela busca da felicidade como engano do inferno!

Entretanto, é em busca dessa felicidade que a grande maioria existe, e até mesmo aquele que a reprova como conceito existencial nem se apercebe que é assim mesmo que vive, perseguindo ilusões ou vaidades... Ora, foi por isso que Jesus disse aos Seus discípulos (João 14-16) que Ele estava para manifestar-se a eles, e não ao mundo, o que provocou perplexidade em Judas, não o Iscariotes, conforme nos esclarece João. Sim! Pois se o convite de Jesus é para a felicidade, para a bem-aventurança, para a vida abundante. E se Ele disse que tudo quanto fosse vida Nele implicava que a pessoa O seguisse como discípulo no coração e na prática simples da vida, então, o que Ele também dizia era que o mundo não O amaria jamais, não enquanto o mundo fosse como mundo é, jazendo no maligno, seguindo o projeto existencial do príncipe deste mundo, o Satanás.

Contudo, a maioria dos "discípulos" de Jesus anda exatamente seguindo o diabo. Não nas declarações verbais, mas nos sentimentos, nas emoções, nos deslumbres, nas ambições, nos desejos, nos sonhos, nos caprichos, nos ideais, nas aspirações existenciais, no gosto pela vereda larga do ressentimento e da antipatia ou mesmo da desconfiança crônica. E mais: nas fantasias de importâncias humanas e de importâncias até para "Deus". Não veem que, para Jesus, felicidade era sempre espiritual. Por isso, os felizes de Jesus são os *makarius*, os felizes espiritualmente, conforme a língua original nos faz ver.

Os felizes de Jesus são. Ele não diz que eles têm. O que eles têm é apenas o que eles são. Pois assim é diante de Deus. Os felizes de Jesus andam com espírito de quem deseja sempre aprender, e aprender o bem de quem vive da bondade e para a bondade, pois esses são os humildes, os aprendizes e os que mais contribuem com as riquezas do céu pela prática de suas vidas simples e temperadas com sal.

Para Ele, os seres que se controlam ante o contraditório e que se apaziguam na verdade eterna são os mansos que herdarão a terra. Para Ele, os que não temem chorar pelo outro de modo amigo, sincero, solidário ou até distante fisicamente, porém de modo condoído e intercessor, são os que, aqui neste mundo, mais são consolados, pois, paradoxalmente, experimentam grande felicidade.

Para Ele, os que andam sem malícia, porém apenas mediante a sabedoria simples do amor e da verdade, são os que veem Deus já aqui, nesta vida, uma vez que assim seja o olhar de Deus e que assim foi o olhar de Jesus.

Para Ele, os que buscam o melhor para os outros, antes de para si mesmos, são os que têm fome e sede de justiça, e não os que demandam que outros façam justiça, porquanto somente possa interceder pela justiça em favor de outros aquele que pratique a justiça que esteja diante e ao alcance de suas mãos e possibilidades. Sobre esses, Jesus disse que serão fartos já aqui neste mundo, não por verem o mundo se tornar justo, mas por terem feito justiça como quem bebe água gelada onde quer que tenham podido ou chegado. E, na era por vir, eles verão o novo mundo tornar-se aquilo que aqui sonharam e fizeram acontecer em tudo o que puseram as mãos.

Para Ele, os que vivem de misericórdia e para a misericórdia são os grandes fazedores de felicidade da Terra e, por isso, são felizes do tamanho da misericórdia que servem aos outros, por terem recebido muito mais de Deus e por verem-nas renovadas todas as manhãs em suas vidas, mesmo quando dói.

Para Ele, os felizes são os que não desviam a sua rota de amor em razão de perseguições e que também não se tornam inimigos de seus perseguidores. Antes, são pessoas que amam os inimigos e oram pelos que os persigam, tornando-se, assim, semelhantes a Deus, o Pai, que ama justos e injustos.

Para Ele, feliz é ficar tão parecido com Jesus nos modos, nos atos, nos sentimentos, nas interpretações, na verdade, nas alegrias sinceras, ainda que seja enquanto se chore, que o mundo identifique Jesus em nós e, assim, ou a Ele se una, ou nos rejeite como quem rejeita, não a nós, mas a Ele em nós, apenas por sermos Dele e cada vez mais semelhantes a Ele.

Para Ele, a Sua grande felicidade acontece sempre que alguém nos vê e diz: "Ele está ali".

Para Ele, ser feliz é dar bom gosto à vida, como o sal; é iluminar a escuridão fabricada pelo ódio e pela insensibilidade com o olhar e existência conforme o olhar da verdade e do amor.

Para Ele, ser feliz é não julgar ninguém e, muito mais que isso, jamais sentenciar ninguém em nome de Deus!

Para Ele, ser feliz é não ter a carência que faça a pessoa jogar pérolas aos porcos. Ou seja: ser feliz é não se deixar seduzir e encantar por quem apenas quer se aproveitar de nós.

Para Ele, ser feliz é ser discreto diante de Deus e dos homens, seja ajudando ao próximo, seja jejuando, seja orando, seja fazendo o que quer que seja, exatamente como Ele, que não quis aparecer, que se ocultava da curiosidade desnecessária, que não dava qualquer valor à adulação, que não se impressionava com nada que impressionasse a vaidade humana, que mandava que não dissessem a ninguém nada do que Ele fazia e que nunca pedia que O defendessem de coisa alguma.

Para Ele, ser feliz era escolher o caminho desprezado, a rota do amor, a vereda da compaixão, a trilha da justiça, da verdade e da esperança.

Enfim, para Ele, ser feliz era erguer a vida sobre a Sua Palavra, sobre as bases e os fundamentos de Seus ensinamentos – não doutrinas – e, sobretudo, praticar cada uma de Suas palavras/ensinamento como quem respira, ou, pelo menos, tendo a consciência de que, sem Suas palavras como pão da vida, ninguém subsiste neste mundo.

Desse modo, Ele diz: "O feliz é quem faz como Eu mando!". Ou em Suas palavras: "Se sabeis essas coisas, felizes sereis se as praticardes!".

O mais não é felicidade; é miragem e engano de felicidade patrocinados pela mesma serpente que vendeu o primeiro pacote de felicidade aos humanos.

Felizes os que creem que essas não são palavras minhas!

Concluindo, felicidade é ser consolado, porque o coração não teve medo de chorar todos os choros da fé, da esperança e do amor. É ter o reino de Deus no coração, pois se aprendeu a ver e crer com a humildade das crianças.

Felicidade é andar pela terra como herdeiro de tudo, apenas porque o coração manso não se sente dono de nada. É fazer da misericórdia o chão do caminho de ida e de volta.

Felicidade é ver Deus simplesmente porque a mente está livre da maldade e sempre pensa com amor. É andar reconhecido como filho de Deus por causa da paz na qual se anda e para a qual se vive.

Felicidade é ser farto da certeza da justiça da qual se tem fome e sede. É ter o céu no coração porque que se olha para Deus e não para as perseguições da injustiça que persegue a justiça.

Felicidade é ser irmão de Jesus e dos profetas nas mesmas causas da vida.

Acreditamos nos livros

Este livro foi impresso pela Gráfica Santa Marta para a Editora Planeta em dezembro de 2020.